갈라디아서 주해

철학 박사 김수홍 지음

도서
출판 **언약**

Exposition

of

Galatians

by

Rev. Soo Heung Kim, S.T.M., Ph.D.

Published by
Eonyak Publishing Company
Suwon, Korea
2024

"성경의 원어를 읽든지 혹은 우리 번역문을 읽든지,
성경을 읽는 것은 성부 하나님, 성자 예수님, 성령 하나님을 읽는 것이고,
본문을 아는 것이 하나님을 아는 것이며,
성경 본문을 붙잡는 것이 하나님을 붙잡는 것이고,
성경본문을 연구하는 것이 하나님을 연구하는 것(신학)이다".

■ 머리말

갈라디아서는 비록 6장으로 된 짧은 서신이지만 바울 사도의 4대 서신(로마서, 고린도전서, 고린도후서, 갈라디아서) 중의 하나로 알려져 있다. 갈라디아서는 복음이 하나라는 것을 강하게 말하고 있고 결코 세상에 다른 복음은 없다는 것을 강변하고 있다. 갈라디아서가 특별히 두드러지게 나타난 것은 말틴 루터(Martin Luther)가 주해를 내놓은 후 갈라디아서를 빈번히 사용한 데서부터였다.

갈라디아서는 우리가 어떻게 하는 것이 율법으로부터 자유 함을 얻을 수 있는가를 선명하게 보여주고 있다. 율법을 완성하신 예수 그리스도를 믿을 때 우리는 비로소 모든 율법을 지키는 자가 되어 의에 이를 수 있다는 것을 알려주고 있다. 갈라디아서야 말로 법에 얽매어 살고 있는 인류에게 자유에 이르는 오직 한 길을 제시하고 있다. 우리는 바울 사도의 갈라디아 서신에 놀라운 빚을 지고 있다. 당시 갈라디아 교회들의 위기는 오늘날 우리의 위기를 극복해주는 계기가 되고 있다. 갈라디아 교회들이 다시 율법으로 돌아가려는 것을 막기 위해 바울 사도가 붓을 들어 집필한 갈라디아서가 오늘날 우리에게 이토록 놀라운 은혜가 될 줄이야 당시 바울 사도도 몰랐을 것이다. 오늘 무수한 사람들은 갈라디아서를 읽고 또 연구하며 많은 진리를 깨닫게 되었고 은혜를 받게 되었다. 우리는 하나님의 섭리에 감사할 뿐이다.

필자는 연륜을 더하면서 감히 필자의 지혜로 성경을 푸는 일을 포기했다. 필자는 예수 그리스도께서 풀어주시도록 기도하고 또 기도한다. 이렇게 기도하는 이유는 그리스도께서 풀어주시지 않으면 엉뚱한 결과가 나올 수 있다는 생각에서이다. 예수님께서 부활하시던 날 엠마오로 가는 두 제자에게 나타나셔서 성경을 풀어주실 때 두 제자의 마음이 뜨거웠다는 말씀(눅 24:32)은

필자의 마음을 온전히 사로잡았다. 필자는 문법적해석, 역사적해석, 정경적해석을 시도하면서도 오늘도 주님께 기도하면서 한 절한 절 성경을 풀어가고 있다.

필자가 내놓은 주해서가 벌써 여러 권이다. 마가복음 주해, 요한복음 주해, 사도행전 주해, 로마서 주해, 옥중서신 주해, 살전후-디도서 주해, 공동서신 주해를 펴내면서 하나님의 무한대(無限大)하심과 필자의 무한소(無限小)를 더욱 절감하면서 몸부림치며 써가고 있다. 이제 이 갈라디아서주해를 세상에 내 놓으면서 다시 한 번 자신의 부족함을 절규하는 바이다.

지금은 참으로 위태한 때이다. 신학사상이 혼탁하고 민족의 윤리가 땅에 떨어졌다. 너무 어두워졌고 너무 음란해졌으며 바른 이념이 사라져가고 있다. 안상무신(眼上無神), 안하무인의 시대가 되어 한 치 앞을 분간하기 힘든 때를 만났다. 이때를 당하여 필자는 하루도 쉴 사이 없이 이 땅의 교회들과 민족을 염려하며 성경주해를 써가고 있다. 이 성경주해가 세상에 나가서 어둠을 밝혔으면 하는 일념(一念)뿐이다. 주님이시여, 이 나라와 교계에 더욱 밝음이 오게 하옵소서!

2009년 10월
수원 원천동 우거에서
저자 김수흥

1. 성경을 성경으로 해석해야 한다는 원리를 따랐다. 따라서 외경이나 위경에서는 인용하지 않았다.

2. 본 주해를 집필함에 있어 문법적 해석, 역사적 해석, 정경적 해석의 원리를 따랐다. 성경을 많이 읽는 중에 문단의 양식과 구조와 배경을 파악해냈다.

3. 문맥을 살펴 주해하는 일에 심혈을 기울였다.

4. 매절마다 빼놓지 않고 주해하였다. 난해 구절도 모두 해결하느라 노력했다.

5. 매절을 주해하면서도 군더더기 글이 되지 않도록 노력했다. 군더더기 글은 오히려 성경을 더 복잡하게 만들어 놓기 때문이다.

6. 절이 바뀔 때마다 독자의 편의를 위하여 한 줄씩 떼어놓아 눈의 피로를 덜도록 했다.

7. 본 주해를 집필하는 데 취한 순서는 먼저 개요를 쓰고, 다음 한절 한절을 주해했다. 그리고 실생활을 위하여 적용을 시도했다.

8. 매절(every verse)을 주해할 때 히브리어 원어의 어순을 따르지 않고 한글 개역개정판 성경의 어순(語順)을 따랐다. 이유는 우리의 독자들을 위해야 했기 때문이다.

9. 구약 원어 히브리어는 주해에 필요한 때에만 인용했다.

10. 소위 자유주의자의 주석이나 주해 또는 강해는 개혁주의 입장에 맞는 것만 참고했다.

11. 주해의 흐름을 거스르는 말은 각주(footnote)로 처리했다.

12. 본 주해는 성경학자들과 목회자를 위하여 집필했지만 일반 성도들도 얼마든지 이해할 수 있도록 평이하게 집필했다. 특히 남북통일이 되는 날 북한 주민들도 읽고 이해할 수 있도록 가능한 쉽게 집필했다.

13. 영어 번역이 필요할 경우는 English Standard Version(ESV)을 인용했다. 그러나 때로는 RSV(1946-52년의 개정표준역)나 NIV(new international version)나 다른 번역판들(NASB 등)을 인용하기도 했다.

14. 틀린 듯이 보이는 다른 학자의 주석을 반박할 때는 "혹자는"이라고 말했고 그 학자의 이름은 기재하지 않았다. 그러나 단지 필자와 다른 견해를 제시하는 학자의 이름은 기재했다.

15. 성경 본문에서 벗어난 해석들이나 주장들을 반박할 때는 간단히 했다. 너무 많은 지면을 쓰는 것은 바람직하지 않고 독자들을 피곤하게 만들기 때문이다.

16. 성경 장절(Bible references)을 빨리 알아볼 수 있도록 매절마다 장절을 표기했다(예: 창 1:1; 출 1:1; 레 1:1; 민 1:1 등).

17. 가능한 한 성경 장절을 많이 넣어 주해 사용자들의 편의를 도모했다.

18. 필자가 주해하고 있는 성경 책명 약자는 기재하지 않았다(예: 1:1; 출 1:1; 막 1:1; 눅 1:1; 요 1:1; 롬 1:1 등). 제일 앞의 1:1은 욥기 1장 1절이란 뜻이다.

19. 신구약 성경을 지칭할 때는 '성서'라는 낱말을 사용하지 않고 줄곧 '성경'이라는 용어를 사용했다. '성서'라는 용어는 다른 경건 서적에도 붙일 수 있는 용어이므로 반드시 '성경'이라는 용어를 사용했다.

20. 목회자들의 성경공부 준비와 설교 작성을 염두에 두고 집필했다.

21. QT에도 적절하게 사용할 수 있도록 주해했다.

22. 가정 예배의 교재로 사용할 수 있도록 쉽게 집필했다.

23. 오늘날 믿음을 잃은 수많은 젊은이들이 주님 앞으로 돌아오기를 바라면서 주해를 집필하고 있다.

갈라디아서 주해

Exposition of Galatians

갈라디아서의 저자는 누구인가

내적증거: 본서의 저작자는 바울 사도이다(갈 1:1-3; 5:2). 바울은 본서 1:1-3
에서 "사람들에게서 난 것도 아니요 사람으로 말미암은 것도 아니요 오직
예수 그리스도와 그를 죽은 자 가운데서 살리신 하나님 아버지로 말미암아
사도 된 바울은 함께 있는 모든 형제와 더불어 갈라디아 여러 교회들에게
우리 하나님 아버지와 주 예수 그리스도로부터 은혜와 평강이 있기를 원하노
라"고 말하고 있다. 또 본서의 저작자가 바울이라고 하는 사실은 본서의
문체와 사상이 증거하고 있다. 다시 말해 본서의 문체와 사상이 로마서와
고린도전후서의 그것과 일치하고 있는 점은 본서가 바울 사도의 저작임을
극명하게 증언하는 셈이다.

외적증거: 그리고 본서가 바울 사도의 저작이라는 사실을 교부들이 증언하고
있다. 폴리갑(Polycarp, A.D. 70년경-150년 순교)은 그의 서신에서 본서 4:26
과 6:7을 사용하였고, 이레니우스(Irenaeus, A.D. 130-220)는 본서 4:8-9을
인용하였으며 알렉산드리아의 클레멘트(Clement of Alexandria, A.D. 155년
경-220년경)도 본서 4:19을 인용하였다.
　　또한 심지어 말시온(Marcion)도 본서를 바울 사도의 편지로 인정하였고
(*Adv. Marc.,* V), 무라토리 단편(Muratorian Fragment)도 본 서신이 바울
사도의 저작임을 의심치 않았으며, 19세기의 튀빙겐 학파를 포함한 대부분의
학자들도 본 서신이 바울 사도의 저작임을 의심치 않았다.

갈라디아서의 수신자는 누구인가

본서의 저자 바울은 "함께 있는 모든 형제와 더불어 갈라디아 여러 교회들에게"(1:2) 갈라디아서를 보낸다고 말한다. 그렇다면 "갈라디아 여러 교회들"이 어디에 있는 교회들인가. 이를 두고 학자들은 크게 둘로 갈린다. 한쪽은 북쪽 갈라디아 교회들을 지칭한다고 주장하고 또 다른 학자들은 남쪽 갈라디아 교회들을 지칭하는 것이라고 주장한다. 초대교회 때 이후 학자들은 북쪽 갈라디아 지역으로 알고 있었으나 18세기에 들어 남쪽 갈라디아지역으로 보는 경향이 뚜렷해지기는 했으나 아직도 양설의 주장은 팽팽한 것으로 보인다. 사실은 북 갈라디아설을 주장하든지(J. B. Lightfoot, 1828-89) 혹은 남 갈라디아설을 주장하든지(W. M. Ramsay, 1851-1939) 이 문제는 기독교 교리에나 우리의 구원에는 하등의 문제가 되지 않으나 다만 이런 학설이 있다는 것을 아는 것으로 족할 것이다. 갈라디아의 역사는 BC 4세기 프랑스의 동남부의 골족(Gauls)이 이동함으로 시작되었다. 원래 켈트족(Celtic)에 속했던 골족은 BC 390년에 이태리를 침공하여 로마를 공약한 일이 있었으나 일시적인 성공을 거두었을 뿐 BC 281년 골족은 동쪽으로 이동하기 시작해서 헬라를 거쳐 소아시아를 침공하여 정착을 시작했는데 헬라사람들은 그 소아시아를 "골의 땅" 즉 "갈라디아"로 불렀다. 소아시아 북쪽에 정착한 골족은 계속하여 그들의 영토를 확대하였으나, BC 239년 버가모 왕 앗타루스 1세(Attalus I)에게 패배하여 더 이상 침략하지 못하고 종식되었고 따라서 그 왕국의 한계도 확정되었다. 이 왕국은 BC 232년부터 BC 25년까지 대략 200년간 고정되었고 바로 이 지역이 북갈라디아설을 주장하는 학자들의 영역인 것이다.

갈라디아가 로마에 속하기 직전부터 이 소왕국은 다시 확장 공작을 시작했으나 그 움직임이 오히려 그들의 파국을 재촉한 결과가 되었다. BC 40년 데이오타루스 왕(Deiotarus)의 죽음과 더불어 로마의 안토니 장군은 갈라디아의 실권을 잡게 되었다. BC 25년 갈라디아 왕국의 최후의 왕 아민타스(Amyntas)는 그의 왕국의 영역을 브루기아(Phrygia), 비시디아(Pisidia), 루

가오니아(Lycaonia), 이사우리아(Isauria)에까지 확대시켰으나 호모나데스
족(Homonades)과의 전쟁에서 죽음을 맞이했을 때 그의 유언에 따라 갈라디
아 왕국이 로마로 귀속되었다. 로마의 한 주(洲)가 된 갈라디아는 BC 5년
파플라고니아(Paphlagonia)까지 병합하여 그 영역은 구 갈라디아 왕국에
비해 약 3-4배에 달했다. 이와 같이 확장된 영역이 바로 남갈라디아 설자들이
주장하는 지역이다. 남갈라디아 설을 주장하는 학자들이 말하는 지역은 북쪽
(구 갈라디아)을 제외한 남쪽만을 지칭하고 있다.

북 갈라디아설: 본문의 "갈라디아 여러 교회들"이란 소아시아의 북방에
위치한 고대 갈라디아 왕국의 영역이었을 것이라는 학설을 지칭한다. 고대의
교부들을 위시하여 18세기 말엽에 이르기까지 많은 학자들(Calvin,
Coneybeare Howson, Erdman, Findlay, Neander, Grejdanus, Conybeave,
Kerr, Hilgenfeld, Lightfoot, Ellicott, Moffat, Schmoller 등)이 지지하고
있었다.

북갈라디아 설을 주장하는 학자들은 바울 사도가 사도행전 16:6에서
말하는 바 "성령이 아시아에서 말씀을 전하지 못하게 하시거늘 그들이 브루
기아와 갈라디아 땅으로 다녀갔다"는 말을 두고 여기 브루기아와 갈라디아
땅이 북쪽 갈라디아 지역으로 본 것이다.

그런데 문제는 부르기아와 갈라디아가 어디를 말하는 것인지 학자들의
의견은 양분되어 있다. 어떤 학자들은 이 지방들이 북쪽 갈라디아라고 주장하
기도 하며 또 한편 다른 학자들은 이 지방들이 남쪽 갈라디아라고 주장하기도
한다.[1] 여러 정황으로 보아 누가는 선교사 일행이 북쪽 갈라디아가 아니라,

---

1) 북 갈라디아 설을 주장하는 학자들은 브루기아는 비시디아 안디옥과 이고니온이 위치했던
지역이었다고 말한다. 그리고 북쪽으로 가면 로마 영토인 갈라디아 주, 즉 옛 갈라디아로 갔을
것이라고 주장한다. 선교단원들은 아마도 페시누스(Pessinus), 앙키라(Ancyra-현대의 앙카라)와
타비움(Tavium-이 도시는 드로아로 가는 길목에 있다)을 방문했을 것이고 그곳에서 교회를
세웠을 것이라고 한다. 그러나 문제는 신약성경에서 이곳에 어떤 교회가 세워졌다는 언급이
없다. 반면에 남 갈라디아 설을 주장하는 학자들은 헬라어 "브루기아"와 "갈라디아"라는 단어가
"땅"(region)을 수식하는 형용사로 사용되었다는 점을 지적한다. 즉 "브루기아 갈라디아 땅"이라

남쪽 갈라디아를 통과하여 무시아 앞에 이르렀다고 말한 것으로 보인다.

남쪽 갈라디아설: 본문의 "갈라디아 여러 교회들"이란 소아시아 지방의 남쪽 지방인 로마제국의 식민지 판도 내였다는 학설이다. 바울 사도는 북쪽 갈라디아를 택하지 않고 남쪽 갈라디아를 다녀가면서 복음을 전했다는 것이다. 이 학설은 현재 많은 학자들의 지지를 받고 있다(Schmidt, Ramsay, Zahn, Burton, Thiessen, Lesski 등). 남갈라디아 학설을 주장하는 학자들은 바울 일행이 북쪽을 통과하면서 복음을 증거한 흔적이 없다는 것이고 오히려 반대로 바울 일행은 남쪽 갈라디아 지역을 통과하면서 복음을 전한 흔적은 성경에 많다는 것이다. 즉 비시디아 안디옥(행 13:14-50), 이고니온(행 13:51-14:5), 루스드라(행 14:6-24), 더베(행 14:20)등을 통과하면서 복음을 전했다는 것이다. 렌스키(Lenski)는 "누가는 바울의 선교여행을 매우 정확하게 묘사하여주고 있다. 사도행전 전체에 있어서 바울이 상부 갈라디아를 방문하였다는 말이 한 마디도 없다. 누가의 기록에 의하면 바울이 상부 갈라디아로 갈 수 있었던 유일한 시기는 그의 마음이 비두니아를 겨누고 있었을 무렵이었다. 그러나 성령은 바울을 그 판도로부터 드로아로 데리고 갔다. 바울이 이곳에 도착한 후 그를 마게도냐 지방으로 인도하려고 유럽으로 건너가게 하였다(행 16:6-10)"고 말한다.[2]

고 되어 있다는 것이다. 두 개의 형용사들은 로마 영토인 남 갈라디아의 남쪽에 있는 땅을 묘사한다는 것이다. 그곳에서는 브루기아인들이 살고 있었다고 한다. 이 문제를 두고 키스테메이커(Kistemaker)는 "남 갈라디아 설이 옳은 증거가 확실하다. 첫째, 브루기아에는 많은 유대인이 살고 있었다. 이 유대인들은 구약 성경의 교훈을 이방인들에게 소개했다. 이 성경지식은 복음을 전파하는데 큰 공헌을 했다. 둘째, 누가는 브루기아를 오순절에 소개된 여러 나라 중의 하나라고 말한다(2:10). 갈라디아에는 주전 3세기에 유럽의 골(Gaul)로부터 소아시아의 비두니아로 이민온 사람들이 정착하고 있었다. 로마 정부는 갈라디아 사람들이 살고 있던 그 지역을 하나의 주(洲)로 만들었는데 그 주는 북쪽의 비두니아와 본도로부터 남쪽의 브루기아와 루가오니아에 이르는 주가 되었다. 그런고로 남쪽 갈라디아는 다인종 지역이어서 바울 사도의 선교전략은 이 지역들 안에 주로 복음을 전했다. 이런 이유로 하여 많은 학자들은 바울 사도가 갈라디아의 북쪽 지역에 있는 이방인들에게만 복음을 전했다는 것을 제안하는 것을 꺼린다"고 말한다. *Acts*, New Testament Commentary, pp. 583-83.

2) 렌스키(Lenski), *갈라디아서, 에베소서*, 성경주석, 장병일역 (서울: 복음서원, 1978), p. 12.

저작 연대 및 기록한 장소

본서의 기록 연대에 대해서는 적어도 네 가지 학설이 있다. 1) 바울 사도가 제 1차 전도여행(A.D. 46-48)을 마친 후로부터 예루살렘 공의회(A.D. 49년)가 있기 전에 기록한 것으로 보기도 하고, 2) 2차 전도 여행 중(A.D. 50-52년)에 기록한 것으로 보기도 하며, 3) 2차 전도 여행을 마친 후나, 4) 3차 전도 여행(A.D. 53-58년)중에 기록한 것으로 보기도 한다. 이 네 가지 학설 중에 2차 전도 여행을 마친 후에 안디옥에서 기록한 것으로 볼 수도 있고 혹은 3차 전도 여행 중에 에베소의 장기 체류 중에 본서를 기록한 것으로 볼 수도 있으며 혹은 마게도냐에서 기록한 것으로 볼 수도 있을 것이다. 이유는 바울 사도가 본서 4:13에 "내가 처음에 육체의 약함을 인하여 너희에게 복음을 전한 것을 너희가 아는 바라"라고 말하여 그의 제 1차 전도 여행의 경험(행 13:4-14:28)을 쓴 것을 보면 본서는 1차 전도 여행 때에 저술한 것은 아님을 알 수 있다. 그리고 둘째로 본서를 기록한 연대를 추정하는데 도움을 주는 말로 본서 1:6의 말씀, "그리스도의 은혜로 너희를 부르신 이를 이같이 속히 떠나 다른 복음 좇는 것을 내가 이상히 여기노라"고 말하여 바울 사도가 1차 전도 여행 때 그리스도를 전한 후로 갈라디아 교회들이 유대주의자들의 영향으로 비교적 속히 그리스도를 떠난 사실을 바울 사도가 알고 2차 방문 후 비교적 빠른 시일 안에 안디옥에서 이 편지를 쓴 것으로 보인다. 그리고 또 다른 한 가지 본서 기록 연대를 추정할 수 있는 사건으로 행 18:23-20:35을 들 수 있는데 바울은 3차 전도 여행 때 에베소에서 3년간 체류하면서 고린도 전서를 기록한 후 본서를 기록한 것으로 볼 수도 있으며, 아니면 그 후 마게도냐로 가서 고린도 후서를 기록한 후 갈라디아 교회의 어려움을 해결키 위해 본서를 기록한 것으로도 볼 수 있다. 여러 정황을 살펴보아 본서는 A.D. 55-56년경 마게도냐에서 기록한 것으로 보인다(이것이 제일 보편적인 학설이다). 아무튼 갈라디아서의 저작자가 바울이라는 것은 너무 분명하여 부인 할 수 없음에 반하여 그 저작 시기와 장소에 대해서는 분명하게 잡을 수 없는 것이 사실이다.

편지를 쓴 목적은 무엇인가

바울 사도가 본서를 기록한 목적은 너무 확실하다. 첫째, 바울 사도의 복음에 재를 뿌리는 사람들의 잘 못을 지적하여 갈라디아 성도들의 신앙을 원상대로 돌려놓기 위해 본서를 기록했다. 바울 사도가 1차 전도 여행 때 갈라디아에서 복음을 증거하고 난 후 예루살렘으로부터 유대주의자들이 와서 율법을 지켜야 구원을 받는다고 주장하여 갈라디아 사람들은 다른 복음을 좇게 되어 바울 사도는 다른 복음은 없다는 것을 말하기 위하여 본서를 기록한 것이다. 둘째, 바울 사도는 자신이 참 사도임을 알리고 자신이 증거한 복음이 참 복음임을 알리기 위해 본서를 기록했다(5:2-15; 6:12-17).

갈라디아서의 특징은 무엇인가

바울 사도의 제 1차 전도여행 때(행 13:13-14:23) 세워진 갈라디아 교회의 성도들은 바울의 2차 전도여행(행 15:41-16:5)을 통하여 더욱 굳게 되었으나 유대주의자들의 다른 복음 전파 때문에 혼란에 빠지자 바울 사도는 비교적 짧은 편지인 갈라디아서를 써서 보내 그 혼란을 수습하려 했다. 따라서 1) 갈라디아서는 그 어느 편지보다 훨씬 논쟁적인 분위기를 보이고 있다(1:1; 3:1, 3; 6:17). 2) 본서는 바울 사도의 그 어느 편지보다 바울 자신의 자서전 비슷한 성격을 띠고 있기도 하다(1:18-2:14). 3) 본서는 어느 서신보다 율법과 복음의 관계를 극명하게 보여주고 있다(3:1-4:31). 4) 그런 특징들 이외에도 기독교 윤리 방면에 대해서도 구체적으로 말하고 있다(5:1-6:10).

갈라디아서의 주제는 무엇인가

갈라디아서의 주제는 복음은 하나라는 것이다. 달리 말해 바울 사도가 갈라디아 교회들에게 보낸 편지에서 다른 복음은 없다는 것을 강조하고 있다. 사도는 "사람이 의롭게 되는 것은 율법의 행위로 말미암음이 아니요 오직 예수 그리스도를 믿음으로 말미암는 줄 알므로 우리도 그리스도 예수를 믿나니 이는 우리가 율법의 행위로써가 아니고 그리스도를 믿음으로써 의롭다 함을 얻으려 함이라"(2:16)고 주장하고 있다. 2:21; 3:9, 11; 4:2-6; 5:2-6; 6:14-16 참조. 율법 행위로 말미암지 않고 믿음으로 말미암는 칭의(稱義)는 로마서의 주제이기도 한데 로마서와 본서 사이에는 크게 닮은 점이 있다. 두 서신은 모두 창세기 15:6("아브람이 여호와를 믿으니 여호와께서 이를 그의 공의로 여기시고")의 말씀을 가지고 있다(롬 4:3; 갈 3:6). 이 두 절만 아니라 두 서신 안에는 또 유사절들이 많이 있다(롬 6:6-8; 갈 2:20; 롬 8:14-17; 갈 4:5-7; 롬 13:13-14; 갈 5:16-17).

바울 사도는 갈라디아서에서 율법주의자들(할례주의자들)을 맹렬하게 질책하고 있다. 갈라디아서의 수신자들은 율법주의자들의 유혹에 넘어가서 그들을 따르려는 경향이 있어 바울 사도는 수신자들을 준열하게 책망을 했는데 서신의 후반부로 올수록 약간 약해지는 경향이 있다(1:6, 8-9; 3:1-4; 5:12). 바울 사도가 갈라디아 교인들을 그렇게까지 책망한 이유는 그들을 사랑한 때문이었다. 사도는 "나의 자녀들아 너희 속에 그리스도의 형상을 이루기까지 다시 너희를 위하여 해산하는 수고를 하노니 내가 이제라도 너희와 함께 있어 내 언성을 높이려 함은 너희에 대하여 의혹이 있음이라"라고 말한다(4:19-20). 사도는 1장과 2장에서 자신의 사도직이 인간 단체에서 얻어진 것도 아니고 어떤 개인으로부터 얻어진 것도 아니라는 말로 시작하여 그와 같이 그의 복음도 역시 하찮은 인간적인 고안이 아니라 하나님의 계시에 의한 것임을 천명하고 있다. 아무튼 바울 사도는 시종일관 갈라디아서에서 율법의 행위와 관계없는 믿음으로 말미암는 칭의의 복음을 확고히 주장하고 있다.

사상의 발전

바울 사도는 처음 1장-2장에서 자신의 사도직이 사람들 단체로부터 받은 것도 아니고 또 한 개인으로 말미암은 것이 아니라 "오직 예수 그리스도와 그를 죽은 자 가운데서 살리신 하나님 아버지로 말미암아 사도"가 되었다고 말한다(1:1). 사도가 이렇게 강변하는 이유는 자신의 복음이 사람의 뜻을 따라 된 것이 아니고 그리스도의 계시로 말미암은 것이라는 것을 말하기 위함이었다. 만약에 할례주의자들(유대주의자들)이 바울은 사도가 아니라는 말이 설득력을 얻으면 그가 전한 복음은 크게 훼손될 것이기에 바울 사도는 그의 사도직이 하나님과 그리스도로 말미암은 것임을 강하게 주장했다. 바울은 자신의 사도직이 예루살렘 교회의 사도들과 똑 같다는 것을 주장하지 않으면 그의 복음이 위협을 받을 수밖에 없는 것을 알고 사도는 그리스도께서 바울 사도를 위해서 행하신 일을 말하면서 그가 조금도 부족함이 없는 사도라는 것을 강하게 주장했다.

다음으로 바울 사도는 3장-4장에서 그가 전한 복음이 어떠한 것임을 말했다. 자신이 전한 복음은 믿음을 불러일으키는 은혜의 메시지임을 밝힌다. 율법은 믿음을 일으키지 못하고 오히려 저주를 가져온다고 말한다. 그리스도는 그 저주로부터 사람들을 구속하시기 위하여 저주를 받으셨다고 말한다.

바울 사도는 마지막으로 5장-6장에서 크리스천의 삶을 말하고 있다. 복음을 믿은 자는 그 복음대로 살아야 한다고 말한다. 사도는 5:13-14에서 "너희가 자유를 위하여 부르심을 입었으나 그러나 그 자유로 육체의 기회를 삼지 말고 오직 사랑으로 서로 종노릇 하라. 온 율법은 네 이웃 사랑하기를 네 자신 같이 하라 하신 한 말씀에서 이루어졌다"고 말한다. 이웃 사랑은 율법의 완성이니 이웃 사랑하기를 네 자신과 같이 하라고 권한다. 그리고 사도는 십자가의 능력과 성령님의 힘은 성도들의 놀라운 능력이며 힘이라고 말한다. 이 능력과 이 힘을 의지하고 얼마든지 복음대로 살 수 있음을 천명하고 있다. 사도는 "너희는 성령을 따라 행하라 그리하면 육체의 욕심을 이루지 아니하리라"고 말한다. 사도는 성도들에게 성령을 따라 사는 것은 승리의 삶임을 천명한다.

■ 내용분해

3.누구든지 바울을 괴롭게 하지 말라는 쓴 소리   6:17

4.축도   6:18

특제: 성경 주해를 하는 순서와 방법

■ 참고도서

1.박윤선. *바울서신*. 성경주석. 서울: 영음사, 2001.

2.번역위원회, *문법해설집*, 신약원어대해설. 서울: 요단출판사, 1994.

3.벵겔, J. A. *고린도전서·갈라디아서*, 벵겔신약주석. 서울: 도서출판로고스, 1992.

4.브루스, F. F. *사도행전*(하), F. F. 브루스 성경주석, 김재영, 장동민 옮김, 서울: 아가페출판사, 1986.

5.렌스키, R. C. H. *갈라디아서, 에베소서*, 성경주석, 장병일역. 서울: 복음서원, 1978.

6.스톳트, 존. *갈라디아서강해*, 문인현, 김경신 옮김, 서울: 아가페출판사, 1986.

7.아이언사이드, H. A. *갈라디아서*, 아이언사이드강해시리즈, 신성수, 이상원 옮김, 서울: 복자서원, 1994.

8.옥스퍼드 원어성경대전, *갈라디아서, 에베소서*. 서울: 제자원, 2001.

9.윌럼 헨드릭슨. *갈라디아서*, 헨드릭슨 성경주석, 김경신 옮김. 서울: 아가페출판사, 1985.

10.이상근. *갈. 히브리서*, 신약주해. 서울: 대한예수교장로회 총회교육부, 1980.

11.헨리, 매튜. *갈라디아, 에베소, 빌립보, 골로새, 데살로니가서*, 남준희역. 서울: 기독교문사, 1983.

12.Barclay, W. *The Letters to the Galatians and Ephesians*. International Critical Commentary. Edinburgh: St. Andrew Press, 1954.

13.Barnes, Albert. *II Corinthians and Galatians,* Notes on the New

Testament. Grand Rapids: Baker Book House, 1980.

14.Barrett, C. K. *Freedom & Obligation: A Study of the Epistle to the Galatians*. Philadelphia: Westminster Press, 1985.

15.Berkhof, Louis. *Systematic Theology,* Carlisle, Pa.: Banner of Truth Trust,, 1958.

16.Bruce, F. F. *Commentary on the Epistle to the Galatians.* Grand Rapids: Wm. B. Eerdmans Publishing Co., 1982.

17.Burton, Ernest De Witt. *A Critical and Exegetical Commentary on the Epistle to the Galatians.* Edinburgh: T. & T. Clark, 1980.

18.Calvin, J. *The Epistle of Paul to the Galatians, Philippians and Colossians.* Grand Rapids: Eerdmans, 1965.

19.Campbell Donald k. *갈라디아서, 에베소서, 빌립보서, 골로새서.* 정민역역. 서울: 도서출판두란노, 1996.

20.Cole, R. A. *The Epistle of Paul to the Galatians.* Tyndale New Testament Commentaries, Grand Rapids: Eerdmans, 1965.

21.Guthrie, D. *Galatians,* New Century Bible Commentary. Grand Rapids: Eerdmans, 1984.

22.Harrison, Everett F. "Galatians," In *the Wycliffe Bible Commentary.* Chicago: Mood Press, 1981.

23.Jeremiah, David. *God in You,* Orange, Calif.: Multnomah Publishers, 1998.

24.Lenski, R. C. H. *The Interpretation of St. Paul's Epistles to the Galatians, to the Ephesians and to the Philippians.* Minneapolis: Augsburg, 1963.

25.Lightfoot, J. B. *The Epistle of St. Paul to the Galatians.* Grand Rapids: Zondervan Publishing House, 1962.

26.Longenecker, Richard N. *Galatians,* Word Biblical Commentary 41.

Dallas, TX: Word Books Publisher, 1990.

27.Luther, M. *A Commentary on St. Paul's Epistle to the Galatians*. Trans. T. Graebner. Grand Rapids: Eerdmans, n.d.

28.MacArthur, Jr. John F. *이것이 참된 자유이다: 갈라디아서강해*, 명종남 옮김. 서울: 종합선교-나침판사, 1987.

29.Meyer, H. A. W. *Critical and Exegetical Hand-Book to the Galatians*. Winona Lake: Alpha Publications, 1979.

30.Morris, Leon. *Galatians: Paul's Charter of Christian Freedom*. Downers Grove, Ill.: InterVarsity Press, 1996.

31.Moulton, James Hope. *The Vocabulary of the Greek Testament*. Grand Rapids: Eerdmans, 1982.

32.Ridderbos, H. N. *The Epistle of Paul to the Churches of Galatian*. The New International Commentary on the New Testament. Grand Rapids: Eerdmans, 1981.

33.Ropes, J. H. *The Singular Problem of the Epistle to the Galatians*(Harvard Theological Studies). Cambridge: Harvard, 1929.

34.Roustio, Edward R. "The Epistle to The Galatians." In *King James Bible Commentary*. Nashville: Thomas Nelson Publishers, 1999.

35.Stott, J. R. W. *The Massage of Galatians(Bible Speaks Today)*. Downers Grove: Intervarsity Press, 1968.

36.Tenney, Merrill C. *Galatians: The Charter of Christian Liberty*. London: Pickering & Inglis Limited, 1950.

37.Vincent, M. R. *Word Studies in the New Testament*, vol. IV. Grand Rapids: Eerdmans, 1946.

38.Zenos, Andrew C. *The Plastic Age of the Gospel: A Manual of New Testament Theology*. New York: MacMillan Co., 1927.

제 1 장
바울의 사도직은 하나님께서 직접 주신 직분이다

I. 인사말 1:1-5

　　바울 사도는 갈라디아 교회들에게 인사를 하면서도 자신이 사도가 된 것이 그리스도와 또 그리스도를 죽은 자 가운데서 살리신 하나님에 의해 되었다고 선언한다. 바울 사도가 이렇게 선언하는 이유는 갈라디아 교회들을 혼란시킨 유대주의자들을 염두에 두었기 때문이다. 그리고 바울 사도는 다른 서신들과는 달리 인사를 하고 난 후에 갈라디아 교회들 때문에 하나님께 감사하는 말(롬 1:8; 고전 1:4-7; 고후 1:7; 엡 1:15-16; 빌 1:3-5; 살전 1:6-8; 살후 1:3-4)을 생략한다. 바울 사도는 대속의 공로를 허무는 유대주의자들과 또 그들의 유혹에 넘어가 다른 복음을 좇으려는 성도들을 생각할 때 감사보다는 책망을 해야 하기 때문에 감사를 생략한 것이다.

갈 1:1. 사람들에게서 난 것도 아니요 사람으로 말미암은 것도 아니요 오직 예수 그리스도와 및 그를 죽은 자 가운데서 살리신 하나님 아버지로 말미암아 사도된 바울은.
본서의 송신자 바울은 자신이 어떻게 사도가 되었는지에 대해 길게 말한다. 바울 사도는 다른 서신들을 보낼 때는 자신이 사도라는 사실을 그렇게 길게 말하지 않는다. 이유는 수신자들이 그가 사도라는 사실을 별로 의심하지 않기 때문이다.
[예]
롬 1:1에 "예수 그리스도의 종 바울은 사도로 부르심을 받아",

고전 1:1에 "하나님의 뜻을 따라 그리스도 예수의 사도로 부르심을 받은 바울",
고후 1:1에 "하나님의 뜻으로 말미암아 그리스도 예수의 사도 된 바울",
엡 1:1에 "하나님의 뜻으로 말미암아 그리스도 예수의 사도 된 바울",
빌 1:1에 "그리스도 예수의 종 바울",
골 1:1에 "하나님의 뜻으로 말미암아 그리스도 예수의 사도 된 바울",
살전에는 그런 언급이 없음,
살후에도 없음,
딤전 1:1에 "우리 구주 하나님과 우리의 소망이신 그리스도 예수의 명령을
    따라 그리스도 예수의 사도 된 바울",
딤후 1:1에 "하나님의 뜻으로 말미암아 그리스도 예수 안에 있는 생명의 약속대
    로 그리스도 예수의 사도 된 바울",
딛 1:1에 "하나님의 종이요 예수 그리스도의 사도인 나 바울",
몬 1:1에도 그런 언급이 없다.

그런데 본 서신은 길게 말하고 있다. 즉 "사람들에게서 난 것도 아니요
사람으로 말미암은 것도 아니요 오직 예수 그리스도와 그를 죽은 자 가운데서
살리신 하나님 아버지로 말미암아 사도 된 바울"이라고 길게 설명하고 있다.
바울 사도가 이렇게 갈라디아 여러 교회에 보낸 편지에서 길게 자기의 사도됨에
대해서 말한 이유는 갈라디아 교회들이 유대주의자들의 유혹을 받아 바울이
전해준 참된 복음을 버리고 다른 복음 즉 율법주의로 넘어가고 있기 때문이었다.
예수님의 십자가를 믿던 갈라디아 교회의 교인들이 예루살렘으로부터 온 율법
주의자들의 유혹에 빠져 율법을 지켜야 구원을 받을 수 있다고 믿기 시작했기에
자신이 어떻게 사도가 되었는지를 비교적 길게 말하고 있다.

바울은 자기의 사도됨이 사람으로 말미암은 것이 아니라 성부와 성자께서
직접 시키셨다는 것을 알리기를 원했다. 바울은 자기가 사도된 것을 자랑하기
위해 길게 자기의 사도됨을 말한 것이 아니라 참된 복음을 버리고 다른 복음을
좇아가려는 사람들을 생각할 때 억장이 무너지는 느낌을 받아 그들을 시정하기
위해 자기의 사도됨은 결코 인간들 단체나 그 어떤 개인의 주선에 의해서 사도가

된 것이 아니라 하나님과 그리스도의 권위로 되었다는 것을 말하기를 원했다.

바울은 먼저 자신의 사도됨이 결코 사람 작품이 아니라는 것을 말한다. 즉 "사람들에게서 난 것도 아니요 사람으로 말미암은 것도 아니라"고 말한다 (11-12절). 곧 '사람들 단체에 의해서 사도가 된 것도 아니고 또 그 어떤 한 사람에 의해서 사도로 만들어진 것이 아니라'고 말한다. 다시 말해 사람하고는 전혀 관련이 없다고 주장한다. 그런고로 그가 전하는 복음도 "사람에게서 받은 것도 아니요 배운 것도 아니라"고 강변한다(12절).

그리고 바울 사도는 적극적으로 "그리스도와 및 그를 죽은 자 가운데서 살리신 하나님 아버지로 말미암아 사도"가 되었다고 주장한다. '예수 그리스도의 중보의 손을 통하여 사도3)가 된 것이고 또 그리스도를 죽은 자 가운데서 살리신 하나님 아버지에 의해서 사도가 되었다'고 말한다(행 2:24). 바울 사도는 다메섹 도상에서 그리스도를 만나 사도로 부르심을 받았는데(행 9:6; 22:10, 15, 21; 26:16; 딛 1:3), 그가 사도로 부르심을 받은 이후에 다메섹의 아나니아4)는 바울에게 안수하여 다시 보게 했고(행 9:17) 또 바울이 앞으로 무엇을 해야 하는지를 알려주었다(행 9:6, 15-16). 그러니까 아나니아는 바울이 이미 사도로 부름 받은 후에 그리스도의 명령에 따라 몇 가지 일을 도운 것뿐이었다. 바울의 사도됨이 하나님에 의해 되었다고 말하는 이유는 자신이 증언한 복음이 그리스도를 통하여 하나님으로부터 받았다는 것을 말하기 위함이었다. 바울은 자기의 사도됨이 하나님과 예수 그리스도로 말미암아 된 것을 확신하는 가운데 복음을 확신있게 전했다. 오늘 우리는 하나님께서 직접 세우신 사도들의 증언을 그대로 받아 믿어야 한다.

---

3) "사도"란 '파견된 자,' '사자'라는 뜻인데 그 올바른 뜻은 '전권이 위탁된 자'이다(이 의미의 통례는 요 13:16과 히 3:1에 있다). 따라서 일정한 사명을 위해 권위자로부터 대표자로, 사자로 '파견된 자'이다. '사도'란 그리스도에 의해 직접 선택되고, 복음을 전하는 권위가 맡겨져 파견된 자를 가리키는데 사용되고 있다. 이른바 '12제자'='12사도'가 그것이다(마 10:2-4; 막 3:14-19; 눅 6:13-16; 행 1:13). 사도는 그 자격으로서, 주를 직접 본 자이고, 부활의 주와 교제한 자이고, 주님의 증인이 될 수 있는 자여야 했다(눅 24:48 행 1:8, 22; 고전 9:1).

4) 아나니아는 예루살렘 교회가 유대인들로부터 박해를 받을 때 다메섹으로 피난한 것이 아니라 아마도 오순절의 성령 강림 때 은혜를 받고 다메섹으로 간 것으로 보인다(행 9:13-14).

그리고 오늘날의 전도자들은 우리의 전도자 됨이 사람의 작품이 아니라 하나님과 그리스도에 의해서 된 것임을 알고 확신에 차서 복음을 전해야 할 것이다. 어느 곳에 부임하려고 할 때 줄타기를 해서는 안 된다. 줄타기(어떤 권위 있는 사람을 붙들고 들어가는 행위)는 참으로 부끄러운 일이다.

그런데 바울은 자기를 사도로 세우신 것을 설명하기 위하여 "하나님"이 어떤 분임을 설명할 때 "그(예수)를 죽은 자 가운데서 살리신 하나님 아버지"라고 설명한다. 하나님은 보통 하나님이 아니라 예수님을 죽은 자 가운데서 살리신 전능하신 하나님이라는 것이다. 바울은 자기를 사도로 만드신 분은 전능하신 하나님이라는 확신이 있었다. 그러니 그가 확신있게 사도의 사역을 감당할 수가 있었다. 우리를 성도로 만들고 또 우리를 전도자로 만드신 분은 전능하신 분임을 믿고 확신 있게 사역해야 할 것이다.

갈 1:2. 함께 있는 모든 형제와 더불어 갈라디아 여러 교회들에게.

바울 사도는 "함께 있는 모든 형제와 더불어" 편지를 한다고 말한다(빌 2:22; 4:21). 여기 "함께 있는 모든 형제"(οἱ σὺν ἐμοὶ πάντες ἀδελφοὶ)란 '함께 복음을 전하는 동역자들'을 지칭한다. 혹자는 바울이 "함께 있는 모든 형제"와 더불어 편지한 사람들을 '자신이 현재 머물러 있으면서 편지를 쓰고 있는 교회의 교인들'을 지칭할 수도 있다고 주장하나 그 가능성은 희박한 것으로 보인다. 이유는 바울 사도가 함께 머물고 있던 교회의 교인들 전체가 편지의 송신자 대열에 참여하기가 힘들었을 것이다. 그들은 아직도 이제 믿기 시작한 단계에 놓여 있어 그리스도의 십자가와 율법을 다룬 이 편지를 보낼 정도는 아직 아니었을 것이다. 그런고로 바울 사도는 그의 복음을 전하는 동역자들과 함께 편지를 보내는 것으로 보는 것이 좋을 것이다.

그런데 바울 사도는 다른 편지들에서는 함께 편지하는 사람들의 이름을 밝히고 있으나(고전 1:1; 고후 1:1; 빌 1:1; 골 1:1; 살전 1:1; 살후 1:1) 여기서는 밝히지 않는다. 이유는 아마도 바울 사도와 함께 동역하고 있는 동역자들이 현장에 없었기 때문이었을 수도 있고, 혹은 이 편지 자체가 논쟁적이기 때문이었을 수도 있다. 다시 말해 갈라디아 여러 교회들에게 책망을 하여 부담을 주는 편지를 쓰려는 마당에 편지를 보내는 송신자의 이름을 모두 쓰기를 원치 않았을 것이다. 바울 사도는 함께 있는 모든 형제들의 이름은 쓰지 않았으나 그는 함께 있는 모든 형제와 더불어 복음을 전하고 있었으며 또 함께 편지를 보내고 있다. 그는 함께 있는 동역자들과 그 편지 내용에 대해 말을 했을 것이다. 이런 편지를 보낸다고 내용을 알려 주었을 것으로 보인다. 성령의 감동으로 편지를 쓴 다음 함께 있는 동역들에게 그 편지의 내용을 읽어주었을 것이다. 함께 일하는 사람들은 그 편지의 내용을 듣고 하나님께서 주신 내용에 거부감을 표하지 않았다. 바울 사도는 다른 동역자들과 함께 일하는 사도였다. 그는 독불장군이 아니었다. 함께 복음을 전하는 사람들, 함께 협력하는 사람들이 있다는 것은 바람직한 일이다. 우리도 역시 함께 수고하는 사람들이 필요하며 함께 복음을 전하는 사람들이 필요하다.

바울 사도는 함께 있는 모든 형제들과 함께 "갈라디아5) 여러 교회들에게"(고전 16:1) 편지를 하고 있는데 "갈라디아 여러 교회들"이라는 말 앞에 칭찬과 존경의 말을 전혀 쓰지 않고 있다. 롬 1:7에 보면 "하나님의 사랑하심을 받고 성도로 부르심을 받은 모든 자에게"란 말이 있고, 고전 1:2에 "고린도에 있는 하나님의 교회 곧 그리스도 예수 안에서 거룩하여지고 성도라 부르심을 받은 자들과 또 각처에서 우리의 주 곧 그들과 우리의 주 되신 예수 그리스도의 이름을 부르는 모든 자들에게"라고 기록했으며, 엡 1:1에 "에베소에 있는 성도들과 그리스도 예수 안에 있는 신실한 자들에게"란 말을 볼 수 있고, 골 1:2에 "그리스도 안에서 신실한 형제들에게"란 말을 붙이고 있다. 그러나 "갈라디아 여러 교회"란 말 앞에는 칭찬의 말이나 존경의 말을 쓰지 않았다. 이렇게 찬사의

---

5) 여기 "갈라디아" 지방이 실제로 북쪽 갈라디아인지 혹은 남쪽 갈라디아 지역인지에 대해 학자들 간에 논란이 되어왔다. 초대교회 때 이후 학자들은 북쪽 갈라디아 지역으로 알고 있었으나 18세기에 들어 남쪽 갈라디아지역으로 보는 경향이 뚜렷해 졌다. 이유는 ①바울 사도가 전도여행을 할 때 북쪽 갈라디아를 다니면서 교회를 세웠다는 기록이 사도행전에 없으며, ②바울이 1차, 2차, 3차 전도여행을 다니면서 남쪽 갈라디아지역을 순회하면서 교회를 세웠다는 것 등을 들 수 있다.

말이나 존경의 말을 뺀 것은 갈라디아 교회가 칭찬을 받을만한 형편이 아니었기 때문이었다. 바울 사도는 갈라디아 교회들이 이제 막 율법주의로 넘어가는 것을 보고 도무지 칭찬도 존경의 말도 할 수 없어 침묵한 것이다. 바울 사도는 가식의 사람이 아니었다. 그는 올곧은 사람이었다.

바울 사도가 서신을 보낸 "여러 교회들"은 바울이 제 1차 전도 여행 때(행 13:13-14:23) 세운 교회들일 것이며 또 제 2차 전도여행 때(행 15:41-16:5)와 제 3차 전도여행 때(행 18:23) 그 지역들을 돌면서 든든하게 만들어주었던 모든 교회들일 것이다. 바울 사도는 큰 전도자로 여러 교회를 세웠고 또 여러 교회에 편지를 보냈다. 참으로 놀라운 전도자였다. 우리도 하나님으로부터 힘을 받아 많은 일을 감당할 수 있어야 할 것이다.

갈 1:3. 우리 하나님 아버지와 주 예수 그리스도로부터 은혜와 평강이 있기를 원하노라.

바울 사도는 갈라디아 여러 교회들에게 편지하면서 "우리 하나님 아버지와 주 예수 그리스도로부터 은혜와 평강이 있기를" 기원한다(롬 1:7; 고전 1:3; 고후 1:2; 엡 1:2; 빌 1:2; 골 1:2; 살전 1:1; 살후 1:2; 요이 1:3). 바울은 하나님을 "아버지"로 부르고 있으며 예수님을 "주(主)"로 부르고 있다. 우리가 하나님을 "아버지"라고 부를 수 있게 된 것은 우리가 양자(養子)의 영을 받았기 때문이고(롬 15:8), 예수님을 "주"(κυρίου)라고 부르게 된 것은 예수님이 본질적으로 구약의 "여호와"와 동일하기 때문이다. 초대 교회 교인들은 예수님을 "주"로 고백했고 또 섬겼으며 믿음의 대상으로 알았다(행 5:14; 9:42; 11:24).

바울 사도는 우리 하나님 아버지께서 주시는 "은혜와 평강"이 주 예수 그리스도를 통하여 갈라디아 교회들에게 임하기를 기원한다. "은혜"6)란 '하나

---

6) "은혜"란 '인간에 대한 하나님의 자발적이고도, 제한 받는 일 없는 사랑의 은사(선물)'를 말한다. 다시 말해 인간에게, 그 죄와 무가치함에도 불구하고, 그 크신 사랑으로 인해, 주시는 사죄와 생명을 지칭한다. 그것은 하나님을 예수 그리스도에 의해 주신 것으로서, 예수 그리스도 야말로 은혜의 압축이시다. 그러므로 사람은 그를 믿는 것에 의해 의롭다 함을 얻고, 영원한

님께서 그리스도를 통하여 주시는 모든 호의'를 뜻하고, "평강"이란 '하나님의 은혜를 받은 자에게 임하는 마음의 평안'을 뜻한다(롬 15:33; 고후 13:11). 하나님의 은혜와 평강은 무궁하다(왕상 17:14-16; 시 77:10-20). 하나님의 사랑이 무한하고 지혜가 무궁하며 하나님의 구원계획이 무궁하듯 하나님의 은혜와 평강도 무궁하다. 어떤 한계가 있는 것이 아니다. 다만 우리가 한계를 만드는 것 뿐이다.

율법주의자들 때문에 혼란했고 또 은혜가 약화되며 평강을 잃어버린 갈라디아 교회의 성도들에게는 은혜와 평강이 임해야 했다. 우리는 우리 자신들에게 은혜와 평강이 임하기를 기원해야 하고 또 다른 사람들에게도 은혜와 평강이 임하기를 기원해야 한다. 항상 찡그리고 사는 사람들에게 하나님으로부터 그리스도를 통하여 은혜와 평강이 오기만 하면 기뻐지는 것이며 얼굴의 주름은 펴지게 마련이다.

갈 1:4. 그리스도께서 하나님 곧 우리 아버지의 뜻을 따라 이 악한 세대에서 우리를 건지시려고 우리 죄를 대속하기 위하여 자기 몸을 주셨으니.
바울 사도는 본 절과 다음 절(5절)에서 그리스도(3절에 나타난 그리스도)에게 송영을 드린다. 송영을 드리는 이유는 "그리스도께서 하나님 곧 우리 아버지의 뜻을 따라 이 악한 세대에서 우리를 건지시려고 우리 죄를 대속하기 위하여 자기 몸을 주셨기" 때문이다(2:20; 마 20:28; 롬 4:25; 딛 2:14). 다시 말해 그리스도는 하나님 아버지의 뜻을 따라 이 땅에 오셨고 또 하나님 아버지의 뜻대로 자신을 희생하셔서 이 악한 세대에서 우리를 건지시려고 자기 몸을 주셨기 때문이다.

그러면 "하나님 곧 우리 아버지의 뜻"은 구체적으로 무엇인가. 그것은 "이 악한 세대에서 우리를 건지시는 것"이다. 하나님은 이 악한 세대에서 우리를 건지시를 원하신다. "이 악한 세대'라는 말은 악하지 않은 영원한 세대와 대조를

생명을 가지게 된다(요 3:16; 갈 2:16).

이루는 것으로 '현 세대'를 지칭한다(요 15:19; 17:14; 히 2:5; 요일 5:19). 예수님은 이 세상과 오는 세상을 분명히 구분하셨으며(막 10:30; 눅 20:34-35) 예수님은 이 세대를 악한 세대라고 규정하신다(마 17:17; 눅 16:8; 요 7:7). 현 세대를 악한 세대라고 할 수 있는 이유는 현 세대가 탐욕과 악의로 가득 차 있기 때문이고(눅 11:29, 39) 또 마귀의 지배를 받는 세대이기 때문이다(롬 12:2; 엡 5:16; 6:12).

예수님은 하나님의 뜻을 따라 이 세대로부터 우리를 "건지시려고"(ἐξέλη-ται), 곧 '구출하시려고,' '빼내시려고' "우리 죄를 대속하기 위하여 자기 몸을 주셨다." 여기 "우리 죄를 대속하기 위하여"(ὑπὲρ τῶν ἁμαρτιῶν ἡμῶν)란 말은 '우리의 죄들을 위하여'란 뜻이다. "위하여"(ὑπέρ)란 말은 '...의 유익을 위하여'란 뜻으로 예수님은 우리의 죄들을 씻기 위하여 자기 몸을 드리셨다. 바울 사도가 이 말씀을 하는 것은 갈라디아 교회의 교인들이 구원의 길에서 탈선한 것을 지적하기 위함이다. 예수님은 이 악한 세대에서 우리를 구출하시기(빼내시기) 위하여 우리 죄를 씻으셔야 했는데 그러시기 위하여 자기 몸을 희생하셨다. 이 말씀은 바울 사도의 구원론 전체를 대변하는 말이다. 사실 예수님의 이 구원방법 이외에 다른 구원 방법은 없다. 바울 사도는 예수님께서 우리의 죄들을 씻기 위하여 자기의 몸을 십자가에 대속의 제물로 바치신 것을 생각하면서 그리스도에게 송영을 드리고 있다.

갈 1:5. 영광이 저에게 세세토록 있을지어다. 아멘.

'그리스도께 돌려야 할 영광이 그리스도에게 세세토록 있기를 바란다'는 뜻이다. 우리 모두를 위하여 십자가에서 대속의 죽음을 죽어주신 그리스도에게 세세토록 영광이 있기를 소망한다는 것이며 또한 갈라디아 교인들도 그리스도께서 이루신 구원사역을 영원히 찬양해야 한다고 암시하는 말씀이다. 결코 유대주의 자들의 유혹에 넘어가서 할례를 주장하거나 다른 복음을 좇아서는 안 된다는 것을 말하는 말씀이다. 그러면서 바울은 "아멘"이라고 말한다. 곧 '참으로 그렇다'는 뜻이다. "아멘"(ἀμήν)이라는 헬라어는 히브리어 "아멘"('μα)에서 왔는데 구약 시대에 사람들이 서약할 때나 선언할 때 '확언한다,' '신뢰한다'는 뜻으로 사용하였다.

II.거짓 스승들을 따르지 말라 1:6-10

    바울 사도는 편지의 송신자로서 인사말(1-5절)을 쓰고 난후 하나님께 감사하는 순서를 생략하고 곧장 갈라디아 교회의 교인들에게 저주받을 거짓 스승들을 따르지 말라고 경고한다. 그 누구라도 거짓 스승들이 전하는 다른 복음을 따르는 사람이 있다면 그것은 용납할 수 없는 일이고(6-7절), 또한 다른 복음을 전하는 사람들은 저주를 받을 것이라고 말한다(8-9절). 그러면서 바울 사도는 복음을 희생하면서까지 거짓 스승들에게 아첨하지는 않겠다고 말한다(10절). 다시 말해 거짓 스승들이 다른 복음을 전하는 일을 좌시하지 않겠다고 말한다.

갈 1:6. 그리스도의 은혜로 너희를 부르신 이를 이같이 속히 떠나 다른 복음 따르는 것을 내가 이상히 여기노라.

바울 사도는 갈라디아 교회의 교인들에게 인사말(1-5절)을 쓴 후 하나님께 감사하는 순서와 또 갈라디아 교회들을 위한 기도 순서도 생략하고 곧장 본론으로 들어선다(6-10절). 바울 서신의 관례를 보면 인사를 마치면 하나님께 감사했고 또 수신자들의 약점을 보완하기 위해 기도했다(롬 1:8-15; 고전 1:4-9; 고후 1:3f; 엡 1:3f; 빌 1:3-11; 골 1:3f; 살전 1:2f; 살후 1:3f 등 참조). 그러나 본 서신에서는 두 가지 순서를 생략하고 곧장 질책하기 시작했다. 갈라디아 교인들이 바울 사도의 기대에 너무 어그러져 사도를 실망시켰고 당혹하게 만들었기 때문이었다. 물론 갈라디아 교인들을 생각할 때 감사할 일이 전혀 없었던 것은 아니었다. 그는 후에 갈라디아 교인들을 칭찬하는 말을 했다(3:3-4; 5:12-15; 5:7). 그러나 현 시점에서는 칭찬을 할 적절한 시기가 아니었다. 그는 갈라디아 교인들이 복음을 등지기 시작한 것을 보고 너무 큰 배신감을 느꼈다. 그는 당혹스러움을 금할 수가 없었다.

    바울 사도는 본 절과 다음 절(7절)에 걸쳐 갈라디아 교인들이 유대의 율법주의 이단의 유혹에 빠져 소위 다른 복음을 좇는 것은 실망스러운 일이라고 말한다. 바울 사도는 "그리스도의 은혜로 너희를 부르신 이를 이같이 속히 떠났다"고 탄식한다. "그리스도의 은혜로 너희를 부르신 이"(τοῦ καλέσαντος ὑμᾶς ἐν χάριτι (χριστοῦ))는 '하나님 아버지'이시다(3절; 5:8). 하나님은 그리스도의 대속의 은혜를 근거하고 갈라디아 교인들을 불러주셨다. 사람 측에 무슨 공로가 있어 불러주신 것이 아니고 순전히 그리스도의 은혜로 불러주신 것이다. 그런고 로 은혜를 근거하고 불러주신 하나님께 감사했어야 했는데 감사하지 않고 율법 주의로 넘어가고 있었다. 하나님께서 불러주신 것은 교회당으로 불러주신 것을 의미하는 것이 아니라 내적으로 불러주신 것을 뜻하고 실제적으로 불러주신 것을 뜻하며 성령을 주어 불러주신 것을 뜻한다. 갈라디아 교인들을 불러주신 하나님의 부르심은 내적인 부름이며 실제적인 부름이기에 하나님은 그들로 하여금 구원을 얻게 하셨고(살후 2:13), 교제케 하셨으며(고전 1:9), 거룩한 삶을 살게 하셨고(살전 4:7), 하나님의 영광을 위해 살도록 해주셨다(살전 2:12). 그런데도 갈라디아 교인들이 하나님을 "이같이," 곧 '현재 진행되는 바와 같이' 하나님을 떠난다는 것은 기가 막힌 일이었다. 본문의 "떠나"(μετατίθεσθε)란 말은 현재수동태 시제로 '지금 바뀌고 있다,' '지금 옮겨지고 있다,' '지금 추방되 고 있다'는 뜻으로 갈라디아 교인들이 과거에 율법주의로 넘어가 버린 것이 아니라 '지금 넘어가고 있다'는 뜻이다. 이런 현실을 목격한 바울 사도는 너무 기가 막혀 교인들을 질책하기 시작한 것이다. 그런데 바울 사도는 갈라디아 교인들이 그리스도의 복음을 받아드린 지 얼마 되지도 않아 "속히"(ταχέως) 떠나고 있다는 점에서 참으로 어처구니없다고 말한다(4:12-15; 5:7). 우리도 예수님을 구주로 믿는다고 고백한 사람이 아주 속히 그리스도를 떠나는 것을 보면 그 사람을 정상인으로 대하게 되지 않는다.

바울 사도는 갈라디아 교인들이 "다른 복음을 따르는 것을 내가 이상히 여기노라"고 말한다. "다른 복음"(ἕτερον εὐαγγέλιον)이란 '질적으로 전혀 다른 복음'을 지칭하는 말로 '변질된 복음 혹은 거짓된 복음'을 지칭한다. 믿음에 율법행위를 보태야 구원에 이를 수 있다고 주장하는 복음을 지칭한다. 여기

"다른"(ἕτερον)이란 말은 '종류가 전혀 다른'이란 뜻으로 우리의 십자가 복음과 유대주의자들의 주장은 종류가 전혀 다르다는 뜻이다. 유대주의자들이 주장하는 교리는 사람이 의를 행해야 구원에 이른다는 교리이다. 사람이 까닥 잘 못하면 이렇게 우리의 순수한 믿음에다가 행위를 더하려고 덤빈다.

바울 사도가 "내가 이상히 여기노라"(θαυμάζω)고 말한 것은 '내가 실망스럽게 여기노라'는 뜻이다. 다시 말해 '내가 도무지 이해할 수가 없다'는 뜻이다. 우리는 하나님을 실망시키는 일, 사도들을 실망시키는 일은 절대로 피해야 할 것이다.

갈 1:7. 다른 복음은 없나니 다만 어떤 사람들이 너희를 교란하여 그리스도의 복음을 변하게 하려 함이라.

바울 사도는 앞에서 말한 "다른 복음"의 허무함에 대해 본 절에서 설명한다. 첫째, "다른 복음"은 실제로 존재하지 않는다고 말한다(고후 11:4). 십자가 복음만이 존재할 뿐이라는 것이다. 여기 "다른"(ἄλλο)이란 말은 '종류는 같되 서로 다른'이란 뜻으로 십자가 복음과 유대주의자들의 주장은 엇비슷하지도 않다는 것이다. 바울 사도는 6절에서는 십자가 복음과 유대주의자들의 주장은 전혀 다르다고 말하고 본 절에서는 똑같은 복음으로 보이지만 그러나 실제로는 엇비슷하지도 않다는 뜻으로 말한다. 오늘도 복음과 엇비슷한 것을 강하게 주장하는 이단들이 있는데 그러나 실제로는 엇비슷하지도 않은 것들이 많이 있다. 둘째, 다른 복음은 갈라디아 교인들을 혼란케 만드는 주장이라고 말한다 (5:10, 12; 행 15:1, 24; 고후 2:17; 11:13). 그리고 셋째, 다른 복음은 유대주의자들이 그리스도의 복음을 뒤집어엎으려는 심산으로 만든 교리라는 것이다. "변하게 하려 함이라"(θέλοντες μεταστρέψαι)는 말은 '뒤집어엎으려 한다,' '왜곡시키려 한다,' '그르치려 한다'는 뜻이다. 유대주의자들의 눈에는 십자가 복음만 가지고는 구원에 이르지 못할 것으로 생각하여 거기에 이것저것 덧붙이려고 한 것이다. 그들은 계시를 받지 못하고 사람의 머리로 종교를 만들었다. 오늘도 그리스도의 복음을 변하게 하는 이단들이 많이 있다. 1) 잘 못 깨달아서 그런 경우가 많고, 2) 자기를 높이기 위해 복음을 이용하기 때문이다.

갈 1:8. 그러나 우리나 혹 하늘로부터 온 천사라도 우리가 너희에게 전한 복음 외에 다른 복음을 전하면 저주를 받을지어다.

바울 사도는 앞에서 다른 복음은 없다고 공언하고는(7절) 이제 본 절에서는 다른 복음을 전하는 피조물이 있다면 저주를 받아 마땅하다고 선언한다. 바울 사도는 "우리나," 곧 '바울이나 디모데나 실라'와 같은 주님의 종들이라 할지라 도 다른 복음을 전하면 저주를 받으라고 말한다(고전 16:22). 그리고 바울 사도는 "하늘로부터 온 천사"라 할지라도 다른 복음을 전하면 저주를 받아야 마땅하다 고 선언한다.

여기 "저주를 받을지어다"(ἀνάθεμα ἔστω)라는 말은 '저주가 있으라,' '망함이 있으라'는 뜻이다. 바울 사도는 누구든지 다른 복음을 전하면 망하라 는 것이다. 바울 사도는 예외를 두지 않는다. 바울은 단호하다. 십자가 복음에 다가 다른 것을 섞는 일은 십자가 복음을 약화시키는 일일 뿐 아니라 그 다른 요소 자체를 십자가 대속의 복음만큼이나 높이는 일인고로 그렇게 두 가지를 섞는 사람은 저주를 받아야 한다는 것이다. 오늘 천주교는 십자가에 마리아를 보태서 전하고 안식교는 안식일 준수를 구원의 조건으로 덧붙여 전하고 있는데 바울 사도는 무엇이라 하겠는가. 우리는 사도들이 전한 십자가 복음 외에 다른 복음이 없는 줄 알고 열심히 예수님의 십자가와 부활을 전해야 할 것이다.

갈 1:9. 우리가 전에 말하였거니와 내가 지금 다시 말하노니 만일 누구든지 너희의 받은 것 외에 다른 복음을 전하면 저주를 받을지어다.

바울 사도는 "누구든지 너희(갈라디아 교인들)의 받은 것 외에 다른 복음을 전하면 저주를 받아 마땅하다"는 말을 "전에," 곧 '1차전도 여행, 2차전도 여행 중에도 말했는데' 지금 다시 그 말을 또 한다고 말한다. 중요한 말이니까 말하고 또 말한다는 것이다. 다른 것을 전하면 하늘 아래 한 사람도 예외 없이, 그리고 천사들도 예외 없이 저주7)를 받는다고 말한다. 십자가 복음에다가 조금이라도 다른 것을 섞어서 전하면 저주를 받는다는 것은 철저한 공식이라고 못을 박는다 (신 4:2; 12:32; 잠 30:6; 계 22:18).

갈 1:10. 이제 내가 사람들에게 좋게 하랴 하나님께 좋게 하랴 사람들에게 기쁨을 구하랴 내가 지금까지 사람의 기쁨을 구하였다면 그리스도의 종이 아니니라.

바울 사도는 다른 복음(엉터리 복음, 거짓 복음)을 전하는 유대주의자들(율법주의자들)을 향하여 단호히 저주를 선언하고(8-9절) 난후 "이제 내8)가 사람들에게 좋게 하랴 하나님께 좋게 하랴 사람들에게 기쁨을 구하랴"라고 반문한다 (삼상 24:7; 살전 2:4). 아마도 율법주의자들은 바울 사도에 대하여 비방하기를 바울 사도는 "그의 메시지를 청중들에게 좋게 맞추는 기회주의자이며 사람의 비위를 맞추는 자"9)라고 비난한 것으로 보인다. 여기 "좋게 하랴"(πείθω)라는 말과 "기쁨을 구하랴"(ἀρέσκειν)라는 말은 모두 현재형으로 바울 사도는 지금도 사람들에게 "좋게 하고...기쁨을 구하는" 사람이라고 율법주의자들이 악(惡) 선전을 한 것이다. 사실 바울 사도는 고전 9:20-23에서 여러 사람을

---

7) "저주"란 말은 '축복의 반대'를 뜻하는 말이다. 일반적으로는 상대방에 불행이 임하기를 하나님께 구하는 일을 말하는데, 성경에서는 하나님께서 친히 저주하시는 일도 있다. 구약에는 적에 대한 [저주]의 실례가 많이 기록되어 있다(욥 31:30; 시 10:7; 59:12). 고대세계에서는 한번 입에서 발해진 저주는 반드시 효과가 있는 것으로 믿었다(민 22:6; 시 109:18; 슥 5:3). 보다 중요한 것은 죄가 저주를 가져와 불행케 한다는 신앙이다. 에덴동산의 기사(창 3장)에서는, "뱀"은 죄를 도입했기 때문에 저주 받았고, 아담부부의 죄로 땅은 저주 받았다. 신명기 27장에는 위반자에게 저주가 임할 죄의 표가 언급되어 있다. 그러나 저주는 하나님께서 사람들에게 주시려고 하시는 은혜의 상대물이라고 생각해야 할 것이다. 사람은 하나님께 순종해야 할 것인지의 여부를 스스로 결정하고 하나님께로부터 주어지는 축복을 받아야 할 것이다(신 11:26-28과 30:1, 15 비교). 신약에 있어서도, 저주의 관념은 죄를 범한 자 위에 임하는 심판과 관련되어 있다(마25:41). "무화과 나무의 저주"(막 11:12-14, 20)는 하나님께 대한 불순종에서 그들 스스로의 불행을 자초한 유대인에 대한 비유였다.
8) 바울은 "내가"라고 말한다. 그는 혼자 편지를 쓰고 있다는 것을 암시한다. 동역자들은 그 현장에 없다는 것을 암시한다. 그리고 바울은 저주도 혼자하고 있다. 그는 그리스도의 복음이 너무 확실한 진리임을 확신하였기에 이렇게 저주를 퍼붓고 있다. 누구라도 상관없이 저주를 받아야 한다고 말한다.
9) 존 스탓트, *갈라디아서강해*, 문인현, 김경신역 (서울: 아가페출판사, 1981), p. 26.

기쁘게 하려고 노력하는 것처럼 말했으나 그것은 죄가 되지 않는 한도(限度)에서 여러 사람을 구원하고자 하는 열망을 가지고 그렇게 한 것이지 현재 갈라디아 교회들 안에서 활동하고 있는 유대주의자들에까지 용납하여 좋게 하고 기쁘게 한다는 뜻은 아니다. 바울 사도는 결단코 사람을 좋게 하고 기쁘게 하는 사람은 아니라고 말한다. 오늘 우리는 사람들에게 좋게 말하는, 사람에게 아첨하는 사람들이 되어서는 안 되고 하나님께 좋게 말하는, 하나님께 영광을 돌리는 사람들이 되어야 한다. 바울 사도가 이처럼 하나님께 좋게 말하는, 하나님의 영광을 구하는 사람이 된 것은 바로 그가 "그리스도의 종"이기 때문이었다.

바울 사도는 "내가 지금까지 사람의 기쁨을 구하였다면 그리스도의 종이 아니니라"고 말한다(살전 2:4; 약 4:4). 다시 말해 바울 사도가 지금까지 사람을 기쁘게 하기 위해서 죄를 지으며 살았다면 그리스도의 종이 아니라고 단언한다. 바울 사도는 결코 사람을 기쁘게 하고 사람과 타협하지 않았다고 말한다. 그는 결코 유대주의자들과 타협하여 그들에게 좋게 하며 그들을 기쁘게 하는 일을 하지 않았다는 것이다. 그는 단호하게 율법주의자들을 배격하며 저주를 선언한다는 것이다. 사람들의 얼굴을 보아줄 필요가 없다는 것이다. 우리 역시 하나님이냐 사람이냐의 갈림 길에서 사람을 기쁘게 하는 사람들이 될 것이 아니라 하나님을 기쁘게 하는 종들이 되어야 할 것이다. 그러나 죄가 되지 않는 범위에서는 사람을 기쁘게 해야 한다. 다시 말해 하나님을 기쁘시게 하면서 동시에 사람을 기쁘게 할 수만 있다면 사람을 기쁘게 해야 하는 것이다.

"본 절 초두의 '가르'(γὰρ-for)라는 접속사는 보통은 '왜냐하면'이란 뜻을 나타내지만 그 용례(用例)가 다양해서 문맥에 따라 '실로'(yes, indeed), '확실히'(certainly)로 번역될 수도 있고, 혹은 감탄사로 번역되기도 한다. 본문의 경우는 '자, 봐라'(there!)가 될 것이다."10)

---

10) John F. MacArthur, Jr. 이것이 참된 자유이다: 갈라디아서강해, 명종남 옮김 (서울: 종합선교-나침판사, 1987), p. 32.

III. 바울의 사도직의 기원 1:11-24

　　바울 사도는 앞에서 율법주의자들을 따르지 말라고 말하고(6-10절) 이제는 자기가 전하는 복음이 초자연적 계시에 의해 임한 것임을 증명하기 위하여 자기의 사도직의 기원을 말한다(11-24절). 그는 그리스도의 계시로 복음을 깨달았음을 말하고(11-12절), 또 자신은 그리스도를 만나기 전에는 하나님의 교회를 핍박하던 자였으나 다메섹 도상에서 그리스도에 의해 부르심을 받았다고 말하며(13-17절), 그가 사도로 부르심을 받은 후 3년이나 지나서 1차 예루살렘을 방문하였으며(18-20절), 그 후 수리아와 길리기아 지방에서 복음 전하는 것을 사람들이 듣고 하나님께 영광을 돌림으로 사도로 부르심 받은 것이 입증되었다고 주장한다(21-24절).

1. 그리스도께서 비밀을 보여주심 1:11-12

갈 1:11. 형제들아 내가 너희에게 알게 하노니 내가 전한 복음은 사람의 뜻을 따라 된 것이 아니니라.

헬라어 원문에는 본 절 초두에 이유를 나타내는 접속사 (γὰρ-"왜냐하면")를 두고 있다. 바울 사도는 앞 절(10절)에서 하나님만 기쁘시게 한다고 말했는데 그 이유를 본 절에서 밝힌다. 바울 사도가 하나님만 기쁘시게 하는(10절) 이유는 그가 "전한 복음은 사람의 뜻을 따라 된 것이 아니기" 때문이라고 한다(고전 15:1). 즉 그가 전한 복음이 사람의 창작품이 아니고 "그리스도의 계시로"(12절) 받았기 때문에 하나님만 기쁘시게 한다는 것이다. 만일 그가 전한 복음이 사람의 뜻을 따라 만들어낸 창작품이라면 하나님을 기쁘시게 할 이유가 없었을 것이다. 그러나 그가 전한 복음이 사람의 고안으로 된 것이 아니고 그리스도의 계시로 된 것이니 당연히 하나님만 기쁘시게 해야 하는 것이다.[11]

---

11) 본 절의 헬라어의 이유접속사를 번역하는데 있어 KJV는 "그러나"(But)로 번역했고 NASB(신미국표준성경)는 "왜냐하면"(for)으로 번역했으며 NIV(신국제번역)는 번역하지 않고

바울 사도는 갈라디아 교인들에게 편지를 하면서 "형제들아"라는 호칭을 사용하고 있다. 막 율법주의자들의 유혹에 빠져 그쪽으로 돌아가고 있는 사람들을 향하여 바울 사도는 아직도 소망을 끊고 "형제들아"라고 친근감을 표하고 있다. 바울 사도는 갈라디아 교인들을 그냥 버리지 않고 끌어 앉는다. 그는 그들을 끝까지 구원할 목적으로 "형제들아"라고 애칭으로 부르면서 권고한다. 우리 역시 막 돌아서는 사람들을 향하여 "형제들아"라고 부를 수 있어야 할 것이다. 어느 전도자가 자기를 반대하고 교회를 나가는 사람들을 배웅 나가서 그 사람의 자동차가 자기의 시야에서 완전히 떠날 때까지 90도 각도로 절을 하면서 보냈다는 것이다. 그랬더니 훗날 교회를 나갔던 교인들 중 얼마의 교인들이 다시 그 교회로 돌아왔다고 한다.

바울 사도는 "내가 너희에게 알게 하노니"라고 갈라디아 교인들에게 주의를 요청한다. 바울 사도의 알림은 그냥 단순한 광고가 아니라 교인들을 교정하기 위한 알림이다. 그는 그들이 다시 복음으로 돌아오기를 간절히 소원해서 꼭 알리고 싶다는 것이다. 바울 사도는 갈라디아 교인들에게 다시 바른 복음으로 돌아오기를 바란다.

바울 사도가 갈라디아 교인들에게 알리기를 소원했던 것은 바로 "내가 전한 복음은 사람의 뜻을 따라 된 것이 아니라"는 것이었다. 바울 사도는 "내가 전한 복음"이라고 말한다. 즉 '내가 갈라디아 교인들에게 전파한 복음'이란 뜻으로 하나님의 복음을 지칭하는 말이다(롬 2:16). 여기 "사람의 뜻을 따라"(κα-τὰ ἄνθρωπον)란 말은 '사람을 따라'라는 뜻으로 다음 절(12절)이 그 의미를 밝혀준다. 곧 "사람에게서 받은 것도 아니요 배운 것도 아니라"는 의미이다. 다시 말해 '어떤 위대한 사람에게서 받은 것도 아니고 또 세월을 두고 사람에게서

그냥 지나갔다. 그리고 윌렴 헨드릭슨(Hendriksen)은 문맥의 연결을 고려하여 "그러므로"(for)로 해석했고, 또 렌스키(Lenski) 역시 일종의 광범위한 설명적 용어로 보아 "그러므로"로 해석했다. 그러나 "그러므로"라고 해석하기 보다는 "왜냐하면"이라는 뜻으로 보아 바울 사도가 사람에게 아부할 것이 아니라 하나님만 기쁘시게 해야 할(10절) 이유는 바울 사도가 전한 복음이 사람의 고안으로 만들어진 것이 아니라 그리스도의 계시로 받은 것이기 때문이라고 해석하는 것이 옳을 것으로 보인다.

배운 것도 아니라'는 뜻이다. 바울 사도는 그리스도의 계시를 통하여 복음을 받았다고 말한다(다음 절).

갈 1:12. 이는 내가 사람에게서 받은 것도 아니요 배운 것도 아니요 오직 예수 그리스도의 계시로 말미암은 것이라.

바울 사도는 "자기가 전한 복음"(11절)은 어떤 위대한 사람에게서 받은 것도 아니고 또 어떤 사람에게서 오랜 세월을 두고 배운 것이 아니며(1절; 고전 15:1, 3) "오직 예수 그리스도의 계시로 말미암은 것이라"고 말한다(엡 3:3). 여기 "계시"(ἀποκαλύψεως)란 말은 '들어냄,' '누설함'이란 뜻이다. 바울 사도는 자신이 받은 복음은 사람과는 전혀 관련이 없고 다메섹 도상에서 만난 예수님께서 비밀을 드러내어 알려주신 것이라고 말한다(1:15-16). 바울 사도는 예수님을 만나기 전, 유대교를 신봉하던 시절에는 그의 스승 가말리엘에게서 유대교를 받아 배웠다(행 22:3). 그러나 그리스도를 만난 이후에는 그리스도로부터 직접 복음을 받았다. 그의 복음은 신적 기원을 가졌고 또한 그의 사도직 역시 신적인 기원을 가지고 있다고 말한다.

혹자는 바울 사도가 예수님을 만나기 전에 벌써 예수님에 대한 많은 지식을 가지고 있었을 터인데 어찌 사람에게서 받은 것도 아니고 배운 것도 아니라고 말할 수 있느냐고 반문할 것이다. 물론 바울 사도가 예수님에 대해서 많은 단편 지식을 가지고 있었던 것은 사실이지만 그러나 그런 지식들은 그에게 복음으로 임하지 않았고 그저 하나의 단편 지식에 불과했다. 예수님에 대한 그런 지식은 그를 괴롭혔고 예수님을 더욱 박해하는데 자극제만 되었다. 그러다가 그가 다메섹 도상에서 예수님을 만났을 때 그는 복음을 깨달았다. 그 때에서야 바울 사도는 참으로 예수님을 하나님의 아들로 그리고 그리스도로 알게 되었다. 그러니까 그는 그리스도를 만났을 때, 그리고 성령을 받았을 때 비로소 복음을 받은 것이다. 그는 사람에게서 복음을 받은 것도 아니고 배운 것도 아니었다. 오직 예수 그리스도께서 바울 사도에게 나타나 주셔서 그리스도를 알게 되었다. 우리 역시 그리스도께서 우리에게 자신을 알려주실 때 그리스도의 복음을 알

수 있게 되는 것이다.

2. 그리스도에 의해 부르심을 받음 1:13-17

바울 사도는 그리스도에 의해 부름받기 전 과거 유대교에 있을 때의 생활상을 말하고(13-14절), 다음으로 바울 사도는 그를 부르신 하나님께서(15절) 그의 아들 예수님을 바울 사도에게 알게 하셨을 때 혈육과 의논하지 아니하고(16절) 또 신앙선배들을 만나지도 아니하고 아라비아로 갔다가 다메섹으로 돌아갔다는 말씀을 한다(17절). 바울 사도가 유대교에 있을 때를 회고하는 이유는 현재 갈라디아 교인들에게 해를 끼치는, 다른 복음을 전하는 자들의 해독을 누구보다도 더 잘 안다는 것을 말하기 위함이다.

갈 1:13. 내가 이전에 유대교에 있을 때에 행한 일을 너희가 들었거니와 하나님의 교회를 심히 핍박하여 멸하고.

바울 사도는 이제 본 절과 다음 절(14절)에서 자신의 과거를 말한다. 본 절에서는 바울 사도가 "유대교12)에 있을 때에" 외적(外的)으로 하나님의 교회를 박해하고 박멸하려 했던 사실을 말하고, 다음 절에서는 내적(內的)으로 유대교에 열심했

---

12) "유대교"란 유대인의 종교로서 그 국교. 유대교의 기원은 구약성경의 종교와 한가지로 오랜 것인데 일반적으로는 바벨론 포로기 이후의 이스라엘 민족의 종교를 말한다. 그리스도교의 모체는 유대교이고, 바울 사도는 그 출신자이다(갈 1:13-14). 율법, 예언, 문학으로 되어 있는 구약성경 중, 특히 율법을 중히 여기고, 유일, 절대의 신 여호와(→하나님의 이름)를, 자기의 자유 의지로서 모든 것을, 특히 이스라엘 민족의 역사를 지배하시는 산 인격적 신으로 믿는 일신교이다. 유대교는 현재도, 세계 각국에 분포하여 예수 그리스도를 거부하고, 자기들 나름의 구주의 출현을 기대하고 있다. 1세기의 유대교도는 팔레스티나의 유대교도와 디아스포라의 유대인으로 구분할 수 있다. 전자는 대부분 아람어를, 후자는 헬라어(그리스어)를 썼다. 팔레스틴적 유대교의 내부에 바리새, 사두개, 엣세네의 각파가 있었다. 전체적으로 제1세기의 유대교는 모세의 율법을 열심히 준수하고, 또한 하나님으로부터 주어진 특권의식에 정열을 불사르던, 잘 통일된 민족종교였다. 그 열성이 성문(成文)의 율법서의 주변에 많은 구전(口傳)의 해석(탈무드 등)을 낳았다. 이로부터 도덕은 외면적인 규칙의 일로 되고 형식주의에 빠지고 말았다. 생활의 사소한 것까지도 규정하는 율법주의는, 율법의 정신을 어긋나게 하여, 형식적으로 율법을 지키게끔 만들었다. 종교에 있어서의 낮은 율법관은 사람을 율법자가 되게 하고, 높은 율법관은 사람을 은혜의 탐구자로 되게 만들었다(마 5:17). 유대교는 하나님의 백성을 그 적의 압박에서 구해내는 왕을 대망하고 있는데, 특히 다윗의 가계에서의 지상적 왕(구주)을 대망하고 있다. 메시야 내림을 대망하는 정치적인 종말만을 오늘날은 견지하고 있다.

던 사실을 말한다.

바울 사도는 자기가 과거 "유대교에 있을 때에 행한 일을 너희(갈라디아 교회 교인들)가 들었다"고 말한다. 여기 "행한 일"($\dot{\alpha}\nu\alpha\sigma\tau\rho\circ\phi\acute{\eta}\nu$)이란 말은 '생활 방식,' '행동,' '태도'를 뜻하는바, 바울 사도는 자기가 과거에 유대교 신자로 있을 때에 행한 못된 행위를 갈라디아 교인들이 잘 들었다고 말한다. 바울 사도가 유대교에 있을 때에 행한 일이 너무 사악하여 갈라디아 교인들이 소문을 들어 잘 알고 있었다. 바울 사도는 자기에 대한 소문이 수리아와 길리기아에까지 퍼졌던 것을 언급한다(1:21-23). 그가 자신의 과거를 말하는 이유는 자기같이 악했던 죄인을 구원해 주신 하나님과 예수 그리스도를 드러내어 성부와 성자에게 영광을 돌림과 동시에 갈라디아 교인들로 하여금 그리스도를 배신하는 행위를 하지 않도록 하기 위함이다.

바울 사도는 자신이 행한 일을 두 가지로 압축해 말한다. 첫째(두 번째는 다음 절에 있음), "하나님의 교회를 심히 박해하여 멸했다"고 말한다(행 8:3; 9:1-2; 22:4; 26:11; 딤전 1:13). 바울 사도가 여기서 "교회"란 말 앞에 "하나님의"란 말을 붙인 것은 신약의 교회가 참 의미에서 하나님의 교회란 뜻이고, 또한 "그런 교회를 핍박한 것은 무서운 죄였다는 것을 지적하는" 말씀이다 (Greijdanus). 본 절의 "박해하여"($\dot{\epsilon}\delta\acute{\iota}\omega\kappa\circ\nu$)란 말과 "멸하여"($\dot{\epsilon}\pi\acute{o}\rho\theta\circ\nu\nu$)란 말은 둘 다 미완료 과거 시제로 박멸하려는 일을 계속했다는 뜻이다. "박해하다"는 말은 '사냥꾼이 짐승을 쫓아가는 행동'을 뜻하고, "멸하다"라는 말은 '군인들이 점령한 땅을 황폐케 하는 행동'을 뜻한다. 바울은 이 두 낱말을 동의어로 사용하고 있다(23절). 그러니까 "박해하다"는 말은 약간의 물리적인 압박을 가하는 정도가 아니라 아주 "멸하려는" 수준이었음을 알 수 있다. 바울은 예수님을 믿는 사람들을 사냥꾼이 짐승을 쫓듯 쫓아가서 잡으면 아주 황폐시키는 일을 계속했다. 바울은 성격이 불같은 사람이었고 아주 끝장을 보아야 시원함을 느끼는 사람이었다. 바울은 자신이 이렇게 교인들을 박멸하려는 행동이 결국 자기가 섬기던 하나님을 박해하는 행동인 줄 몰랐다고 암시한다.

갈 1:14. 내가 내 동족 중 여러 연갑자보다 유대교를 지나치게 믿어 내 조상의 전통에 대하여 더욱 열심이 있었으나.

바울 사도가 행한 일 두 번째는 자신이 "동족 중 여러 연갑자보다 유대교를 지나치게 믿어 내 조상의 전통에 대하여 더욱 열심이 있었다"고 말한다. "여러 연갑자보다 유대교를 지나치게 믿었다"는 것이다. 여기 "연갑자"란 말은 '유대교를 믿는 동 연배'를 뜻한다. 혹자는 여기 연갑자를 가말리엘 문하의 동창생을 지칭한다고 주장하나 유대교를 믿는 동족 중에 비슷한 또래의 사람들을 뜻한다고 보는 것이 옳을 것이다. 이유는 바울 사도는 동족과 비교하고 있지 동창생하고 비교하고 있는 것은 아니기 때문이다. 그리고 "지나치게"(προέκοπτον)란 말은 미완료 동사로 '계속해서 앞서 나아갔다,' '계속해서 앞서서 길을 개척했다'는 뜻이다. 바울 사도는 동족 중에 유례없이 유대교를 신봉하는데 있어서 앞서 나갔다. 그는 성격적으로는 한 발 앞서 나아가는 사람이었고 신앙적으로는 유대교의 광신자였다(행 22:4; 26:11; 빌 3:6). 이런 강한 사람을 하나님은 쉽게 넘어뜨리셨다.

그리고 바울 사도는 "내 조상의 전통에 대하여 더욱 열심히 있었다"고 말한다(행 22:3; 26:9; 빌 3:6). "전통"13)이란 유대인 랍비들이 만든 613개

---

13) "전통"(traditions)이란 구두(口頭)로 전승을 전하는 일, 또는 전승 자체를 뜻한다. 신약에 인용된 "전통"에는 세 가지의 형태가 있다. 제1의 형은 가장 일반적인 것으로서, "(장로들의) 전통"(마 15:2; 막 7:3, 5), 또는 "너희 전통"(마 15:3, 6)으로 불리고 있고, 성경이 '성문 율법'(Written law)인데 대해, 구두로 전승된 설명적, 부가적 율법 '구전 율법'(Oral law)이라 불린다. 즉 성경에 있는 성문화(成文化)된 율법과는 달리, 모세로부터의 직접 구전되어 대대로 전승된 불문율을 말한다. 그것은 모세로부터 장로들에게 전승된 것으로 믿어졌다. 그리고 시대에서 시대에 전승되는 동안에, 새로운 해석이 필요하고, 새로운 교훈의 적용을 필요로 하는 사회정세의 추이에 따라 그것은 차츰 증가되어, 후에는 막대한 분량이 되었다. 바리새교인들은, 이들 '전통'이 성문의 율법과 모순되는 경우에는, 율법 쪽을 부정했다. 예수께서 "너희 유전으로 하나님의 말씀을 폐하는도다"(마15:6)라고 지적하신 것은, 본래의 의미를 왜곡한 사실을 책망하는 말씀이었다. 그들은 성경의 도덕적 의무의 요구보다도, "전통"이 규정하는 사소한 일을 강조하여, 전적으로 형식주의자로 전락하고 말았다. 바울은 그의 유대교적 과거를 회고하면서 "내가 내 동족 중 여러 연갑자 보다 유대교를 지나치게 믿어 내 조상의 전통에 대하여 더욱 열심이 있었으나"(갈1:14)라고 한 것은 이것이 사두개파에 의해서는 배척되었으나, 바리새파에 의해서는 받아들여졌다는 것을 뜻한다. 제2의 형은, 바울이 "사람의 전통"이라 부르고 있는 것으로(골 2:8), 하나님의 계시에 의하지 않은 것, '인간의 가르침'(사람의 전통,→막 7:5, 8; 사 29:13참조)을 말한다. 바울은 이단교사에 대해, 그들의 "가르침"(전통)은 인간적인 것이고,

조항과 같은 법조문을 뜻하는 것으로 인간이 만들어 놓은 법을 지칭한다(렘 9:14; 마 15:1-9; 막 7:5). 바울 사도는 조상들이 만들어 놓은 전통들(2:3, 16; 4:10)을 지키는데 있어 열심을 다했다(행 22:3; 빌 3:5). 바울이 열심을 다했다는 말은 조상들이 물려준 전통을 그냥 준수하는 것으로 그치지 않았고 나아가 이것을 지키지 않는 기독교를 그냥 둘 수가 없어 기독교인들을 박해했고 말살해 버리려는 데까지 발전했다.

갈 1:15-16a. 그러나 내 어머니의 태로부터 나를 택정하시고 그의 은혜로 나를 부르신 이가 그의 아들을 이방에 전하기 위하여 그를 내 속에 나타내시기를 기뻐하셨을 때에.
바울 사도는 하나님의 교회를 박해하던 사람이었고(13절) 또 유대교의 광신자였는데(14절) 하나님께서 그를 택하시고 또 불러주시며 그리스도를 자기 속에 나타내셔서 사도로 삼으셨다고 고백한다(15-16a). 바울 사도는 이 부분(15-16a)에서 하나님께서 그를 사도로 삼으실 때에 먼저 그를 택하신 일을 언급하고, 또 그를 은혜로 부르신 사실을 말하며, 그리스도를 그 속에 나타내신 일을 언급한다.

바울 사도는 자신이 사도가 된 것은 하나님께서 "내 어머니의 태로부터 나(바울)를 택정하신" 사실을 먼저 말한다(사 49:1, 5; 렘 1:5; 행 9:15; 13:2; 22:14-15; 롬 1:1). 곧 자기가 '태어나기 전에 하나님께서 택해주셨다'고 말한다(사 49:1; 렘 1:5; 눅 1:15; 엡 1:4). 여기 "택정하시고"(ἀφορίσας)란 말은 부정(단순)과거 시제로 '과거에 단번에 구별하셨다,' '과거에 단번에 성별하셨다'는 뜻이다. 하나님은 바울 사도를 어머니의 태로부터 벌써 구별해 놓으셨다. 그가

하나님의 말씀에 기초하고 있다는 보증도 근거도 없는 전통임을 논박하고 있다. 제3의 형은, 바울이 가르친 "복음의 진리"를 말하는 것으로서, 그는 이 말을 3회 쓰고 있다(고전 11:2; 살후 2:15; 3:6). 바울은 "전통"(전승)이 지니는 가치 있는 요소를 인정하여, 이 명사를, 최초의 신자에 의해 다음 사람들에게 전해진 것으로서의 '복음 진리'에 적용한 것이다. 고전 11:2에 기록된 "전통"은 원시(초대)교회의 전승을 말하는 것으로서, 그리스도인 생활을 지도하고 훈련하는 가르침이다(고전 11:23; 살후 2:15).

세상에 탄생하기 전에 벌써 하나님은 그를 구별하셨다. 구원받도록 구별하셨고 사도가 되도록 구별하셨다. 바울 사도에게 있어서는 이 둘을 분리할 수는 없다. 바울 사도가 구원받도록 택함을 받았다고만 말하면 안 된다. 이유는 이 부분의 말씀은 바울이 사도가 된 것을 말하는 문맥이기 때문이다. 바울 사도는 하나님께서 "내 어머니의 태로부터 나를 택정하셨다"고 말했는데 그것은 자신의 사도됨이 순전히 하나님의 은혜임을 설명하는 말이다. 사람은 전혀 관여함이 없이 하나님 홀로 은혜로 바울 사도를 택정하셨다는 뜻이다. 바울의 부모도 개입할 수 없는, 하나님만의 택정함이다. 그 택정함을 아무도 무효화시킬 수 없는 사건이었다. 그가 세상에서 아무리 기독교회를 박해하고 말살하려 했을지라도 그리고 그가 아무리 유대교 광신자가 되어 조상의 전통에 대하여 더욱 열심히 있었다 해도 하나님께서 포기하시지 않는 구별함이었다. 하나님의 구별함은 완전한 성별(聖別)이었다.

그리고 만세전에 바울 사도를 택하신 하나님은 다메섹 도상에서 하나님의 "은혜로 나(바울)를 부르셨다." 여기 "부르셨다"(καλέσας)는 말은 부정(단순)과거 시제로 '이미 과거에 단번에 결정적으로 부르신 사실'을 뜻한다. "은혜로 나(바울)를 부르셨다"는 말씀은 하나님의 은혜를 근거하고 바울 사도를 구원받도록 부르시고(고전 1:9; 갈 1:6; 살전 2:12; 4:7; 살후 2:13) 또 사도가 되도록 부르셨다는 뜻이다. 바울 사도를 부르신 부르심은 내적인 부르심이었고 실질적인 부르심이었다. 바울 사도를 부르신 하나님의 부르심을 무효화할 사람은 없었다. 가장 사악했던 바울 사도를 구원에 이르도록 부르시고 또 사도가 되도록 부르신 부르심은 하나님의 엄청난 은혜를 근거하셨다. 하나님의 은혜가 아니면 기독교인 박해자요 기독교인 말살자를 부르실 수가 없었다. 그의 아들을 십자가에서 희생시키는 크신 은혜가 아니고는 바울 같은 사람을 부르실 수가 없었다.

바울 사도를 만세 전에 구별하셨고 또 다메섹 도상에서 사도로 부르신 하나님의 목적은 "그의 아들을 이방에 전하기 위하여 그를 내 속에 나타내시는 것"이라고 말한다. 헬라어 원문에 의하면 "그의 아들을 이방에 전하기 위하여"란 말이 "그를 내 속에 나타내시는 것"이란 말보다 뒤에 나타난다. 하나님께서 바울 사도를 만세 전에 구별하셨고 또 바울 사도를 불러주신 목적은 하나님의 아들을 "내 속에"(ἐν ἐμοί) 나타내는 것, 곧 계시하시는 것이라고 말한다. 만약 하나님의 아들을 바울 속에 계시하시는 목적이 아니라면 하나님께서 만세 전에 바울 사도를 택하시고 또 사도로 불러주신 것이 아무 것도 아니다. 하나님께서 바울 사도를 택정하시고 또 사도로 불러주신 목적은 하나님의 아들을 바울 심령 속에 계시하시는 것이었다. 본문에 "내 속에"(ἐν ἐμοί)란 말은 두 가지로 해석될 수 있는데 하나는 '바울 심령 속에'라고 해석할 수도 있고 또 하나는 '바울로 말미암아'라고 해석할 수가 있다(1:24). 여기서는 문맥에 의하여 '바울 심령 속에'라고 해석하는 것이 옳을 것이다. 이유는 하나님께서 바울 사도를 만세 전에 택하셨고 또 다메섹 도상에서 사도로 불러주셨으니 다음 차례로는 하나님께서 바울 심령 속에 그리스도를 계시하시는 것이 순서이다.

바울 사도는 하나님께서 아들을 그의 심령 속에 나타내 주셨을 때에 얼마나 놀랐을까. 자기가 그렇게도 싫어했고 또 원수로 여겨 박해했던 예수가 갑자기 그의 심령 속에 하나님께서 계시해주셨을 때 청천벽력과 같은 사건으로 여겼을 것이다. 예수님은 바울 사도에게 나타나셔서 "사울아 사울아 네가 어찌하여 나를 박해하느냐"고 하셨을 때(행 9:4) 바울은 "주여, 뉘시이니까"고 물었다(행 9:4). 예수님은 대답하시기를 "나는 네가 박해하는 예수"라고 말씀해 주셨을 때(행 9:4) 바울은 '아, 이게 웬일이냐' 하고 당황했을 것이다. 하나님께서 바울에게 보여주신 예수님은 바울이 만나기를 전혀 원하지 않았던 분이었다.

하나님께서 이렇게 바울 사도에게 하나님의 아들을 계시하신 목적은 하나였다. 바로 "그의 아들을 이방에 전하기 위해"서였다. 바울 사도는 하나님의 아들을 이방에 전하지 않을 수 없었다. 하나님께서 바울 사도를 택정하시고 부르시며 계시를 주신 목적이 복음 전파였기 때문이었다. 하나님께서 오늘 우리를 택하시고 부르시고 아들을 계시하신 것도 복음 전파이다. 초대교회에서는 전도하지 않는 신자는 신자가 아니었다. 오늘도 마찬가지로 복음을 전파하지 않는 신자는 신자가 아니다. 다른 말로 해서 그리스도를 드러내지 않는 신자는 그리스도를 믿지 않는 사람이다. 그리스도를 믿는 사람은 반드시 그리스도를 전파한다.

바울 사도는 하나님께서 하나님의 아들을 바울 사도의 심령 속에 나타내시기를 "기뻐하셨다"고 말한다. 하나님은 바울 사도의 심령 속에 그리스도를 계시하시기를 기뻐하셨다. 바울 사도는 그리스도인들을 박해하고 말살하려고 했어도 하나님은 바울 사도의 심령 속에 그리스도를 나타내주시기를 기뻐하셨다. 바울 사도는 그리스도를 대항했지만 하나님은 그리스도를 바울 사도의 심령 속에 나타내시기를 기뻐하셨다. 너무 놀라운 대조였다. 하나님은 오늘도 아들을 모든 사람들에게 나타내시기를 기뻐하신다. 사람이 어떠하든 사람들에게 그리스도가 심어지기를 기뻐하신다. 그리스도가 각인되기를 기뻐하신다. 더 많은 사람들이 그리스도를 알기를 소원하신다. 하나님께서 이처럼 바울 사도의 심령 속에 그리스도를 나타내시고 그리스도를 전파하기를 원하셨을 때 바울 사도는 어떻게 했는가. 바울은 그 문제를 다음처럼 말한다.

갈 1:16b-17. 내가 곧 혈육과 의논하지 아니하고 또 나보다 먼저 사도 된 자들을 만나려고 예루살렘으로 가지 아니하고 아라비아로 갔다가 다시 다메섹으로 돌아갔노라.
바울 사도는 자신이 다메섹 도상에서 하나님에 의해 그리스도를 전파하도록 그리스도를 심령 속에 받았을 때에(16a) 아무 혈육과도 의논하지 안 했고 또 신앙의 선배들을 찾지도 않았다고 말한다(16b-17). 다시 말해 그가 사도로 부르심을 받았을 때에 아무와도 의논도 않고 또 아무를 찾지도 않았다는 것이다.

16절 전반 절의 "기뻐하셨을 때에"(ὅτε δὲ εὐδόκησεν)라는 말은 헬라어 원문에서는 15절 초두에 나타나 있다. 이 말씀이 헬라어에서는 15절 초두에 나타나 있지만 우리 말로 번역하려고 할 때는 이렇게 16절 전반 절에 두는 수밖에 없다. 문장의 연결을 살피면 "내 어머니의 태로부터 나를 택정하시고 그의 은혜로 나를 부르신 하나님이 그의 아들을 이방에 전하기 위하여 내(바울) 속에 나타내시기를 기뻐하셨을 때에"(행 9:15; 22:21; 26:17-18; 롬 11:13; 엡 3:8) "내(바울)가 곧 혈육과 의논하지 아니했다"고 말한다(마 16:17; 고전 15:50; 엡 6:12). 하나님은 다메섹 도상에서 예수님을 바울 사도속에 나타내시기를

기뻐하셨을 때 바울 사도는 아무 혈육과도 의논하지 아니했고 또 아무 신앙선배
들을 찾으러 예루살렘으로 가지 아니하고 아라비아로 갔다가 다메섹으로 돌아
갔다고 말한다.

바울 사도는 "내가 곧 혈육과 의논하지 아니했다"고 말한다. 여기 "곧"이란
말은 바울 사도의 반응을 보여주는 말이다. 바울 사도는 '얼른' 혈육과 의논하지
않았다. "혈육"(σαρκὶ καὶ αἵματι)이란 말은 '육(肉)과 혈(血)'을 합한 말인데
'부패한 인간성'을 뜻하는 말이다. 하나님은 그의 아들 그리스도를 이방에 퍼뜨
리기 위하여 바울 사도의 심령 속에 보여주시기를 기뻐하셨을 때에 바울 사도는
진리에 대해 깜깜한 사람들(고전 15:50; 엡 6:12)과 의논하지 않았다는 것이다.
그리스도께서 빛으로 임하시고 또한 음성으로 임하신 것이 너무 확실하여 사람
들의 보충적인 설명을 들을 필요가 없었다. 그는 그리스도로 충만하게 되어
누구의 설명을 더 원할 필요가 없었다.

바울 사도는 다메섹 도상에서 그리스도의 계시를 받고 나서 사람들과 의논할
필요도 없었을 뿐 아니라 12사도(맛디아 포함)들과도 상담하지 않았다고 말한
다. 바울 사도는 "나보다 먼저 사도 된 자들," 곧 '예루살렘의 사도들'을 만나려고
예루살렘으로 올라가지 아니했다고 말한다. 바울 사도는 그가 복음을 받고
이방인의 사도로 부름 받은 것이 너무 확실함으로 예루살렘의 사도들을 만날
필요가 없었다.

그는 예루살렘 대신 "아라비아로 갔다가 다메섹으로 돌아갔다." 여기 "아라
비아"14)가 어디를 지칭하는지 확실히 알 수가 없다. 아라비아라는 지명은 페르
시아 만과 홍해 사이에 있는 넓은 사막지역을 말함인데 바울 사도가 그 중에
어디에 갔었는지 알 수가 없다. 혹자는 모세가 십계명을 받은 시내산(출

---

14) "아라비아": 서남아라비아에 있는 '소위 아라비아 반도'를 가리킨다. 서북부는 성경에서
중요한 사건이 있는 장소이며, 주민은 이스라엘 사람과 밀접한 관계를 가지고 있었다. 이사야
21:13의 "아라비아"는 본래 '사막' 또는 '초원'의 뜻을 지니고 있는 것으로서, 서북 아라비아를
의미한다. 예레미야 25:24은 문맥상 북아라비아를 가리키고, 역대하 9:14, 에스겔 27:21은 북과
남 아라비아를 포함하고 있다. 갈라디아서 1:17에서는 다메섹 서쪽의 수리아 사막을 말하고,
마태복음 12:42, 누가복음11:31의 '남방'은 남아라비아의 스바를 가리킨 것으로 보인다.

19:14-25)으로, 또 혹자는 엘리야가 아합의 아내 이세벨의 추적을 피하여 찾았던 시내산(왕상 19:8)으로 추정하기도 하나, 바울 사도가 다메섹을 떠나 그렇게 멀리까지 갔다가 다시 다메섹으로 돌아왔다고 보기 보다는 다메섹 가까이 어느 곳에 갔다가 다시 다메섹으로 갔다고 보는 것이 좋을 것이다.

그러면 바울 사도가 아라비아로 간 이유는 무엇인가. 이 문제에 대해서는 우리가 받을만한 두 가지 견해가 있다. 하나는 그가 복음을 받고 많은 기간 동안 사역을 준비하기 위하여 그곳에 간 것으로 추측한다. 윌렴 헨드릭슨(Hendriksen)은 "그 무슨 전도 사역을 행하지는 않았을 것이므로 누가가 그 광대한 지역에 대한 바울 사도의 여행을 언급하지 않고 생략하는 것은 놀랄만한 일이 아니다. 그 누구도 제 아무리 확신에 찬 유대주의자라도 아라비아에서 바울 사도가 사람들로부터 또는 사람을 통해서 그의 복음을 받았다고 감히 단언할 수는 없을 것이다. 그리고 다른 한편 바울 사도는 휴양과 기도와 명상을 위해 아라비아로 낙향하는 것이 반드시 필요하였으며 그의 마음이 격하게 동요되어 있었기 때문에 잊을 수 없는 그의 체험의 순간에 주께서 그에게 해주신 말씀의 뜻을 깊이 새길 수 있는 시간과 기회를 가져야 했다는 것을 충분히 상상할 수 있다"고 말한다.15) 존 스톳트도 "그가 아라비아로 간 것은 조용하고 고요히 있으려고 간 것으로 보는 것이 좋은데 이는 16-17절의 요점이 '내가 혈육과 의논하지 아니하고...오직 아라비아로 갔다'로 되었기 때문이다. 그는 거기서 3년간 머물렀다. 우리는 이 기간 동안 구약 성경에 관해 또한 이미 알고 있는 예수의 생애와 죽음의 사실에 대해 그리고 그의 회심경험에 대해 명상했으리라는 것과 하나님의 은혜의 복음이 그에게 충만히 나타났으리라고 믿는다"고 말한다.16) 또 이상근은 "바울은 자신을 위해 고요히 하나님과의 깊은 영교를 가지면서 그의 신앙과 신학을 재정비 하였다고 보는 것이 일반적 견해이다"라고 주장한다.17) 그가 아라비아로 가서 3년간 지낸 것은

---

15) 윌렴 헨드릭슨, *갈라디아서*, 헨드릭슨 성경주석 (서울: 아가페출판사, 1984), p. 84.
16) 존 스톳트(John Stott), *자유에 이르는 오직 한 길(Only One Way)*, 갈라디아서강해, 문인현, 김경신 옮김 (서울: 아가페출판사, 1986), p. 38.
17) 이상근, *갈. 히브리*, 신약주해 (대구직할시: 성등사, 1991), p. 40.

그리스도의 제자들이 그리스도로부터 3년간 훈련받은 것을 생각하고 거기서 그리스도에게 사사로이 훈련 받은 것으로 보는 것이 좋을 것이다. 그러나 또 한 가지 다른 견해는 바울이 사도의 사명을 받자마자 아라비아로 가서 그의 사명을 감당하였다고 말하는 학자들이 있다. 성 크리소스톰(St. Chrysostom, AD 347-409)은 아라비아에 살고 있던 야만스럽고 미개한 종족들을 복음화 하려고 갔던 것으로 말하고 있다. 브루스(F. F. Bruce)는 "바울은 아라비아 광야에서 하나님과 영교했을 것이지만...그러나 문맥으로 보아 바울의 아라비아 방문의 주된 목적은 이방인들 가운데 하나님의 아들을 전파하려던 것으로 보인다"고 말한다.18) 우리는 이 두 가지 견해 중에 반드시 그 어떤 한 가지 견해를 배격할 필요는 없을 것이다. 이 두 가지 중에서 한 가지가 바른 견해일 것은 사실이나 그러나 바울 사도가 확실하게 언급하지 않은 것을 우리가 추리할 때 다른 학자의 의견을 배격해서는 안 될 것이다. 우리는 바울 사도가 무엇을 하러 아라비아에 갔었는지 확실히 알 수가 없다고 말해야 할 것이다. 바울 사도가 아라비아로 갔던 시기는 아마도 사도행전 9:22절과 23절 사이의 기간으로 보인다(Hendriksen). 우리는 바울 사도의 행적을 보면서 하나님으로부터 분명하게 받은 것에 대해서는 다시 혈육과 상의하고 인준을 받을 필요는 없었을 것이다.

3. 사도로 부르심 받은 것이 입증됨   1:18-24

바울은 복음을 받은 후 예루살렘의 사도들과도 별로 많은 접촉을 하지 않았고 또 유대의 교회와도 많은 접촉이 없었다. 그가 사도가 된 것은 하나님의 초자연적인 간섭으로 된 것이다.

갈 1:18. 그 후 삼년 만에 내가 게바를 심방하려고 예루살렘에 올라가서 그와 함께 십오일을 머무는 동안.

18) F. F. Bruce, *Commentary on Galatians,* New International Greek Testament Commentary (Grand Rapids: William B. Eerdmans Publishing Company, 1982), p. 96.

바울 사도는 "그 후 삼년 만에," 곧 '다메섹의 회심 후 3년 만에' "게바를 심방하려고 예루살렘에 올라갔다"고 말한다(행 9:26). 혹자는 "그 후 삼년 만에"라는 말을 '바울이 아라비아에서 다메섹으로 돌아온 후 삼년 만에'로 해석하나 '다메섹의 회심 후 삼년 만에'로 해석하는 것이 더 자연스러울 것이다. 이유는 바울 사도가 아라비아에서 다메섹으로 돌아온 시점을 분명하게 발표하지 않은 채 그가 돌아온 때를 기준하여 "그 후 삼년 만에"라고 말했을 리는 없기 때문이다.

바울 사도는 "게바(베드로)를 심방하려고 예루살렘에 올라가서 그와 함께 십오일을 머물렀다"고 말한다. 여기 "심방하려고"(ἱστορῆσαι)란 말은 '...와 친숙해지기 위하여 방문한다'는 뜻으로 바울 사도는 베드로와 친숙해지기 위해서 예루살렘에 올라간 것이다. 바울 사도는 다메섹의 회심 후 혈육과도 의논하지 않고 또 예루살렘의 사도들에게도 가지 않았다고 했는데(17절) 3년이 지난 지금 다른 목적이 있었던 것은 아니었고 다만 베드로는 유대인을 위한 사도요 바울은 이방인의 사도이니만큼 한번 교제하고 서로 가까워지기 위하여 올라간 것이다.

바울 사도는 또 자기가 베드로를 만나서 교제한 기간이 15일이라고 말한다. 곧 이렇게 짧은 기간에 다른 것은 할 수 없고 그저 서로 가까워지고 친목을 도모하려고 올라간 것이다. 아마도 바울 사도는 베드로에게서 예수님의 지상 사역에 대해서 좀 더 들었을 것이고 또 자신이 이방인의 사도로 부르심 받은 경로에 대해서 설명했을 것으로 보인다. 사도행전은 바울 사도의 이 기간에 대하여 전하기를 바울 사도가 이 기간 동안 전도하며 보냈다고 말한다. 그런고로 바울 사도는 이 짧은 두 주간 동안에 예루살렘에 있는 사도들로부터 복음을 얻었다거나 배웠다고 추측할 수는 없다.

갈 1:19. 주의 형제 야고보 외에 다른 사도들을 보지 못하였노라.

바울 사도는 앞 절(18절)에서 예루살렘에서 15일을 머물면서 베드로와 교제를 한 것을 말하고는 이제 주님의 동생 야고보(마 13:55; 막 6:3)외에 다른 사도들을 만나보지 못했다고 말한다(고전 9:5). 다른 사도들은 복음을 전하러 사방으로 출타하고 없었던 것으로 보인다(2:11 참조).

주님의 동생 야고보는 처음에 예수님을 믿지 않다가(막 3:21; 요 7:5) 그리스도의 부활이후 오순절 성령을 체험하고 나서는 신실한 신자가 되어(행 1:14) 예루살렘 교회의 중진이 되었다(행 12:17; 15:13; 21:18; 갈 2:9). 바울 사도는 사도 중에 수장인 베드로를 만나 교제했고 또한 예수님의 동생을 만나 예수님에 대한 일화(逸話)를 들었을 것이다. 바울이 사도가 되는 데는 사람들의 영향이 없었고 오직 하나님의 초자연적인 주권만 작용하였다.

갈 1:20. 보라 내가 너희에게 쓰는 것은 (보라!) 하나님 앞에서 거짓말이 아니로라 (ἃ δὲ γράφω ὑμῖν, ἰδοὺ ἐνώπιον τοῦ θεοῦ ὅτι οὐ ψεύδομαι). 바울 사도는 지금 "내가 너희에게(갈라디아 교인들에게) 쓰는 것" '즉 그가 갈라디아 교인들에게 쓰고 있는바 예루살렘 방문에서 베드로와 주의 형제 야고보이외에는 아무도 만나지 않았다는 것(18-19절)은 진실이라고 말한다. 그는 자기의 말하는 것이 사실이라는 것을 힘주어 말하기 위해 "보라 하나님 앞에서 거짓말이 아니라"고 말한다. 전혀 거짓이 없다는 것이다. 바울 사도는 자기가 지금 갈라디아 교인들에게 쓰고 있는 것이 너무 중요하여 "보라"라는 단어를 삽입하기까지 하면서 강조하고 있다. 바울 사도는 자기가 예루살렘에 올라가서 이 사도 저 사도로부터 복음을 배운 것이 아니라 베드로와 주님의 형제 야고보만 만나서 교제하고 왔으니 자신이 사도가 된 데는 사람의 영향이 없고 하나님의 초자연적인 주권만이 작용한 것이 사실이라고 말한다. 갈라디아 교회 교인들은 거짓된 복음을 전하는 유대주의자들의 말을 들을 것이 아니라 하나님에 의해 사도가 된 바울 사도의 복음을 들어야 한다는 것이다. 바울 사도는 하나님 앞에서 사는 사람이었다(롬 1:8-9; 9:1; 10:1; 15:32; 엡 3:13-21). 사도에게나 교역자에게나 필요한 것은 거짓 없는 순수함이다.

갈 1:21. 그 후에 내가 수리아와 길리기아 지방에 이르렀으나.

바울 사도는 "그 후에," 곧 '예루살렘을 방문한 후에' "수리아와 길리기아 지방에 이르렀다"고 말한다(행 9:30). 바울 사도는 예루살렘에 오래 머물러 있을 수가 없었다. 헬라 파 유대인들이 바울 사도를 대적함으로 그는 예루살렘을 떠나 가이사라(수리아의 행정구역)에 가서 잠시 머물다가 바울 사도의 고향 다소(길리기아의 가장 큰 도시)로 가는 수밖에 없었다(행 9:26-30). 본문의 "수리아"는 예루살렘을 중심으로 북쪽에 위치한 넓은 지역이고 수리아 지역 안에 안디옥이 있었으며, "길리기아"는 수리아 보다 더 북쪽에 위치해 있고 길리기아 안에 바울 사도의 고향 다소가 있다. 바울 사도는 예루살렘에서 잠시만 머물다가 예루살렘을 멀리 떠났기에 사도들로부터 복음을 배우거나 또는 큰 영향을 받지 않았다. 바울 사도는 하나님의 초자연적인 간섭에 의하여 사도로 세움 받았다. 바울 사도는 예루살렘으로부터 멀리 떠나 그리스도의 복음을 전하였다.

갈 1:22. 그리스도 안에 있는 유대의 교회들이 나를 얼굴로는 알지 못하고, 바울 사도는 유대의 교회들의 도움으로 사도가 된 것은 아니라고 말한다(22-24절). 본 절 초두에 나오는 "그리스도 안에 있는"(ἐν Χριστῷ)이란 말은 '그리스도를 믿는,' '그리스도를 주님으로 고백하는,' '그리스도와 연합되어 있는'이란 뜻이다. 교회란 그리스도를 주님으로 고백할 때, 그리스도와 연합되어 있을 때만 교회이지 그리스도를 떠나면 교회가 아니라는 것을 암시한다. 바울 사도는 이 말로써 그리스도를 떠나려는 갈라디아 교회에 경고장을 내민 셈이다. 갈라디아 교회가 그리스도 안에 있지 아니하면 그리스도의 교회가 아니다.

본문의 "유대의 교회들"이란 예루살렘 교회를 제외한 '넓은 유대지역에 흩어져 있는 교회들'을 지칭하는데(살전 2:14) "유대의 교회들이 나를 얼굴로는 알지 못한다"는 말은 예루살렘 교회의 경계를 넘어 있는 유대의 교회 교인들은 바울 사도의 얼굴도 모른다는 뜻이다. 다시 말해 일면식도 없다는 뜻이며 개인적으로 아는 바가 없다는 뜻이다. 여기 "알지 못한다"(ἀγνοούμενος)는 말은 현재 분사 수동태로 '지금까지 계속해서 알지 못하는 상태에 있다'는 뜻이다. 바울 사도는 모르는 것을 모른다고 말한다. 유대의 교회들이 바울 사도를 모르는 것을 부끄럽게 생각하는 것이 아니라 그냥 그들이 바울 사도를 모르는 것을 그냥 모르고 있다고 말하는 것뿐이다.

예루살렘 교회에는 바울 사도를 개인적으로 아는 사람들이 있었다. 바울 사도를 아는 사도들도 있었으며 또 바울 사도의 생질도 거기서 살고 있었다(행 23:16). 그러나 예루살렘을 제외한 변방지역의 유대 교회들은 바울 사도를 전혀 아는바가 없어서 유대로부터 멀리 떨어져서 복음을 증거하던 바울 사도에 대해서는 소문만 들었을 뿐 개인적으로는 알지 못했다. 바울 사도는 잘 알지 못하는 교회들의 도움을 받아서 사도가 된 것은 아니었다. 따라서 그는 예루살렘 교회 사도들의 도움도 받은 적이 없었고(18-19절) 또 그리스도를 주님으로 고백하는 유대 교회들의 도움을 받은 적도 없었다.

갈 1:23. 다만 우리를 박해하던 자가 전에 멸하려던 그 믿음을 지금 전한다 함을 듣고.

유대의 교회들 안에서 몸담고 신앙생활을 하고 있는 유대의 교인들이 바울 사도가 180도 변화되어 먼 지방에서 그리스도를 전하는 사람이 되었다는 소문을 듣고 그들은 거의 이구동성으로 "우리를 박해하던 자가 전에 멸하려던 그 믿음을 지금 전한다"는 소문을 듣게 되었다. 곧 '우리를 핍박하던 바울이 이전에 박멸하려던 그리스도교 믿음을 지금 전한다'는 소문을 듣게 되어 그들은 하나님께 영광을 돌리게 되었다(다음 절). 여기 "듣고"(ἀκούοντες ἦσαν)란 말은 '계속해서 듣고 있었다'는 뜻으로 과거에도 들었고 현재에도 계속해서 듣고 있었다는 뜻이다. 유대의 교회들은 바울 사도의 변화를 듣고 또 들었다. 도무지 믿기지 않을 일을 듣고 또 들은 것이다. 전에는 성도들을 박해했고 또 기독교 신앙을 없애버리려던(destroy) 바로 그 믿음을 전하고 있다는 소식을 들었을 때 감사하지 않을 수가 없었다. 본 절이 암시하는 것도 역시 유대의 교회들이 바울 사도가 회심하고 전도자가 되었다는 소문을 듣고 영광을 돌렸을 뿐이지 바울 사도를 도와주어 사도가 되게 한 것은 아니었다는 것을 말한다.

갈 1:24. 나로 말미암아 하나님께 영광을 돌리니라.

유대의 교회들은 "나로 말미암아"(ἐν ἐμοὶ) 즉 '나(바울) 때문에' 하나님께 영광을 돌렸다. 본문의 "영광을 돌리니라"(ἐδόξαζον)는 말은 미완료과거 시제로 '계속해서 하나님께 영광을 돌리고 있었다'는 뜻이다. 유대의 교회들이 바울 사도 때문에 과거에도 하나님께 영광을 돌렸고 지금도 영광을 계속해서 돌리고 있었다. 바울 사도의 회심이 너무 극적이고 또한 바울 사도가 전도자가 된 것이 너무 신기하여 그렇게 되게 하신 하나님께 과거에도 영광을 돌렸고 지금도 계속해서 영광을 돌리고 있다는 뜻이다. 바울 사도가 그리스도의 사도가 된 것은 전적으로 하나님의 간섭에 의해서 된 것이고 결코 사람에 의해서나 또는 유대 교회들의 도움으로 된 것이 아니라는 것이다.

오늘 우리 주위 사람들이 우리 때문에 하나님께 영광을 돌리는가. 아니면 우리 때문에 하나님께 욕을 하는가. 우리가 설교를 잘 감당해서 사람들이 은혜를 받고 하나님께 영광을 돌리는가. 우리의 기도로 많은 사람들이 은혜를 받고 하나님께 영광을 돌리고 있는가. 우리의 봉사로 말미암아 하나님께 영광을 돌리고 있는가. 우리의 전도로 말미암아 사람들이 그리스도를 알고 하나님께 영광을 돌리고 있는가. 우리는 우리 때문에 우리 주위 사람들이 계속해서 하나님께 영광을 돌리게 해야 할 것이다.

제 2 장
바울의 사도권 인정받음과 이신득의 교리

IV. 바울의 사도됨을 인정함   2:1-14

바울 사도는 앞에서(1:11-24) 자신의 사도직의 기원을 말한 다음 이제 자신의 사도직이 예루살렘의 사도들과 동등하다고 말한다(1-14절). 바울은 복음이 율법으로부터 자유한 사실을 말하기 위하여 예루살렘에 올라갔는데 계시를 따라 올라갔다고 말한다(1-2절). 그리고 바울은 할례를 받지 않은 헬라 사람 디도를 데리고 예루살렘에 올라갔는데 역시 거기서도 할례를 받게 하지 않았다고 말한다(3-5절). 그리고 예루살렘 사도들은 바울이 전하는 복음의 내용에 무엇을 더하지 못했고 바울과 친교의 악수를 나누었으며 바울을 이방인의 사도로 인정하게 되었다고 말한다(6-10절). 그리고 바울은 베드로 사도의 비(非)복음적 행위를 책망할 만큼 예루살렘의 사도들과 동등함을 밝힌다(11-14절). 바울 사도가 1장에서는 자신의 사도직의 독립성을 강조한 반면, 2장에서는 예루살렘 사도들과의 통일성을 강조하고 있다.

1. 바울은 자신의 복음이 동일함을 이해시키려고 예루살렘에 올라감   2:1-2

바울 사도는 예루살렘을 1차 방문(1:18)한 후 14년이 지나서 다시 예루살렘을 방문하여 사도들에게 복음의 내용을 제시하여 자신이 전한 복음의 내용이 예루살렘 사도들이 전한 복음과 동일함을 이해시켰다고 말한다.

갈 2:1. 십 사년 후에 내가 바나바와 함께 디도를 데리고 다시 예루살렘에 올라갔나니.

바울 사도는 "십 사년 후에," 곧 '첫 번 방문(1:18)후 14년을 경과한 다음에' 바나바19)와 함께 디도20)를 데리고 다시 예루살렘에 올라갔다고 말한다(행 15:2). 혹자는 바울 사도가 그의 다메섹 도상의 회심 후 14년을 지내고 예루살렘에 올라갔다고 주장하나 첫 번 방문(1:18) 후 올라갔다고 보는 것이 더 옳을 것이다. 이유는 바울 사도가 1차(次) 예루살렘 방문 사실을 1:18에 기록해 놓은 고로 그 시점(時點)을 기준하여 14년이 경과한 것을 말했을 것이기 때문이다.

그러면 바울 사도가 1차 방문 후 14년이 경과한 시점이 언제냐 하는 것이다. 혹자는 바울 사도의 2차 방문 때(행 11:27-30)로 보기도 하며 또 혹자는 3차 방문 때, 곧 예루살렘 총회 때(행 15:1-29)로 보기도 한다. 바울 사도는 그의 회심 후 다섯 차례 예루살렘에 올라갔는데 이번 방문이 어느 방문을 지칭하는 것이냐 하는 것이다. 제 1차는 그가 회심한 후 3년 만에 베드로를 방문하기 위하여 올라 간 것이며(행 9:26-30; 갈 1:18-20), 제 2차는 예루살렘 기근 때에 구제 헌금을 전달하기 위하여 올라 간 것이고(행 11:27-30), 제 3차는 1차 전도 여행을 마치고 예루살렘 총회 때에 올라간 것이며(행 15:1-29), 제 4차는 2차 전도 여행을 마치고 잠시 예루살렘을 방문한 것을 말하고(행 18:22), 제 5차는 3차 전도 여행을 마치고 예루살렘을 방문한 것이다(행 21:17-26).

1차 방문 후 "14년 후에"라는 시점이 바로 예루살렘 기근 때에 구제헌금을 전달하기 위하여 올라간 2차 방문 때로 보는 학자들은 1) 바울이 예루살렘 1차 방문 후 "14년 후에"라면 당연히 2차 방문을 지칭할 것이라는 것, 2) 본문에 "다시"라는 말은 1차 방문 후 "다시" 올라간 것을 지칭하는 것인 고로 2차 방문으로 보아야 한다는 것이다.

---

19) 바나바는 1)구브로 태생의 레위 지파사람이었고, 2)재산을 팔아 사도들의 발 앞에 두기도 했으며, 3)예루살렘 교회로부터 안디옥 교회로 파송 받은 선교사였고, 4)다소에 있던 바울을 데리고 안디옥 교회로 와서 봉사하게 하고 또 예루살렘의 사도들에게도 소개했다(행 11:25, 30). 5)바울과 함께 제 1차 전도 여행을 하였고, 6)2차 전도 여행 때는 마가의 사건으로 서로 다투고 결별하게 되었다(행 15:37-40). 7)관대한 사람으로 다른 사람들(바울과 마가)을 육성하여 큰 인물로 만들었다.

20) 디도는 1)바울이 신임한 조수 중 한 사람으로 이방인이었고(2:3), 2)고린도교회의 문제 해결에 공헌하기도 하였으며(고후 7:6), 3)그레데 교회의 교역자로 목회하기도 했다(딛 1:1-3:15).

그리고 "14년 후에"라는 말이 3차 방문, 곧 예루살렘 총회 때로 보는 학자들은 1) 본문의 내용과 예루살렘 총회 때에 진행된 내용과 유사하다는 것, 곧 본문의 내용이나 예루살렘 총회 때의 내용을 보면 둘 다 전도에 관련된 것과 할례문제를 다룬 것 등을 들고 있고, 2) 또 3차 방문으로 보기에 약점인 "다시"(πάλιν)라는 낱말은 '또'라는 뜻(요 18:27)으로 보면 3차 방문으로 보기에 문제가 없다는 것이다. 바울 사도의 "14년 후"의 방문을 2차 방문으로 보느냐 아니면 3차 방문으로 보느냐 하는 것은 풀리지 않는 숙제로 남겨놓아야 할 것 같다.

갈 2:2. 계시를 따라 올라가 내가 이방 가운데서 전파하는 복음을 그들에게 제시하되 유력한 자들에게 사사로이 한 것은 내가 달음질하는 것이나 달음질한 것이 헛되지 않게 하려 함이라.
바울 사도는 "계시를 따라 올라갔다." 다시 말해 바울 사도는 '하나님의 계시를 받고' 예루살렘에 올라갔다. 바울과 바나바가 안디옥 교회의 결정에 따라 예루살렘 총회에 파송되었지만 그 배후에는 하나님의 "계시," 곧 '지시'가 있었다는 것이다. 행 15:1-2에 보면 유대로부터 내려온 어떤 사람들이 예수님을 믿는 믿음만 가지고는 안 되고 할례를 받아야 한다고 주장했기 때문에 그들과 바울 및 바나바 사이에 적지 않은 변론이 일어나서 그 결과 안디옥 교회의 파송을 받아 예루살렘으로 파송 받아 갔지만 바울 사도는 하나님의 직접적인 계시를 받고 갔다고 말한다. 바울 사도는 평생 선교 사역을 감당하는 중에 고비 고비마다 계시를 받고 행동했다. 그의 움직임은 계시에 따른 움직임이었다(행 13:2; 16:6-7; 20:22; 22:17-21; 27:23-24). 우리의 생각과 말과 움직임도 하나님의 뜻을 따라야 한다. 육의 생각과 육을 따르는 말과 육신(우리의 부패성)을 따르는 움직임은 실패의 삶이다. 우리는 우리의 생각과 말과 행위 전체에 있어 성령의 지배와 인도를 따라야 한다(엡 5:18).
　바울 사도는 예루살렘에 올라가 "이방 가운데서 전파하는 복음을 그들에게 제시하되 유력한 자들에게 사사로이 했다"고 말한다(행 15:12). 다시 말해 바울 사도가 오랜 동안 이방인들에게 전파한 복음의 내용을 예루살렘 총회에서 제시했고(communicated)[21] 또 "유력한 자들," 곧 '야고보와 게바와 요한'(9절) 같은 지도자들에게 "사사로이"(κατ᾽ ἰδίαν) 곧 '개인적으로'(privately) 제시했다.

바울 사도는 자신이 "이방 가운데서" 전파하는 복음을 그들에게 제시했다고 말한다. 바울 사도는 자신이 이방의 사도라는 것을 누누이 말했는데(1:16; 2:8-9) 이렇게 자신의 사명이 이방인의 사도라는 것을 알고 복음을 전했으니 그는 참으로 딴눈 팔지 않고 열심히 전했다. 전도자가 자신의 사명이 무엇인지 알 때 시간도 허송하지 않고 열심을 다해 뛴다.

"사사로이" 복음을 제시했다는 말은 아마도 야고보와 게바와 요한 같은 사람들을 개별적으로 접촉해서 제시했다는 말일 것이다. 이 사람들을 한 자리에서 만나 복음을 제시한다는 것은 힘들었던 일이었기에 개별적으로 만나 복음을 제시한 것을 뜻하는 것으로 보인다.

바울 사도는 예루살렘 교회의 사도들에게 복음을 개인적으로 제시한 것은 복음에 대한 확신이 있다는 것을 보여준다. 만약 그가 복음에 대한 확신이 없었다면 야고보와 게바와 요한 같은 사도들에게 제시하지 않았을 것이다. 오늘날 간혹 전도자들이 복음을 제시하는 강단에서 확신이 없는 경우 성도들을 똑바로 바라보지 못하고 고개를 숙이고 원고에 집중하며 밑을 내려다본다. 원고를 본다고 해서 모두 확신이 없다는 말은 아니지만 복음에 대한 확신이 없는 전도자들은 강단에서의 행동이 떳떳하지 못한 것을 볼 수 있다. 우리는 그리스도를 확실히 알아야 하고 확신에 찰 때까지 기도하여 확신에 찬 상태에서 복음을 제시해야 할 것이다.

바울 사도가 이렇게 복음의 내용을 제시한 이유는 바울 사도가 "달음질하는 것이나 달음질한 것이 헛되지 않게 하기" 위함이라고 말한다(빌 2:16; 살전

---

21) 2:1-10절의 예루살렘 방문이 예루살렘 2차 방문에 해당하느냐 혹은 3차 방문(예루살렘 총회가 열렸을 때에 방문한 것)에 해당하느냐에 대해서는 수많은 논쟁이 있는 중에 필자는 일단 3차 방문으로 보고 본문을 해설한다. 2차 방문에 해당하는 구절이냐 혹은 3차 방문에 해당하는 구절이냐 하는 것은 아마도 갈라디아서 주해에서 가장 해결하기 어려운 것 중의 하나로 보인다.

3:5). 바울 사도는 그의 복음 전파 사역을 자주 "달음질"로 비유했다(고전 9:24, 26; 빌 2:16; 3:13-14). 바울 사도는 과거에도 달음질을 했고 현재에도 달음질을 하고 있는데 과거에 달음질하듯 열심히 복음을 전파했고 현재에도 달음질하듯 열심히 전파하고 있다고 말한다. 복음은 심령에 불을 가지고 부지런히 전해야 한다. 놀면서 적당히 전해서는 안 된다. 그러기 위해 성경 연구에 몰두해야 하며 기도에 전심을 기울여야 한다.

바울 사도는 과거에 복음을 열심히 전한 것이나 현재 역시 달음질 하듯 열심히 복음을 전하는 것이 "헛되지 않게 하려고" 예루살렘 총회 앞에서 그리고 교회의 지도자들에게 개인적으로 복음을 제시했다. 곧 '무효화되지 않게 하려고,' '물거품이 되지 않게 하려고' 복음을 제시했다. 만약에 바울 사도가 전파한 복음의 내용이 예루살렘으로부터 이단으로 정죄되는 날에는 바울 사도의 복음을 받은 자들이 그 복음을 믿지 않으려 할 것이고 또 바울 사도를 괴롭히던 유대주의자들에게는 비난의 기회를 제공하는 꼴이 된다. 그래서 바울 사도는 그의 복음의 내용을 그들에게 이해시켜 바울 사도가 전하는 복음과 예루살렘의 사도들이 전하는 복음의 내용이 동일한 것임을 알리기 원했다. 바울 사도는 그의 복음 내용이 옳다는 것을 인정받으려는 것이 아니었고 다만 그들에게 바울 사도의 복음을 이해시켜서 유대에서 전파되는 복음과 이방에서 전파되는 복음이 똑같은 복음이라는 것을 알리려고 했다.

2. 헬라인 디도에게 할례를 하지 아니함으로 복음 진리를 세움 2:3-5

바울 사도는 자신이 전하는 복음이 예루살렘 교회 사도들의 복음과 똑같다는 것을 이해시키기 위해 예루살렘에 올라갔지만(1-2절), 그러나 어떤 할례 주장자들의 압력을 받고 그들과 화해하기 위하여 헬라 사람 디도에게 할례를 행하지는 않았다. 이유는 오직 예수 그리스도를 믿음으로만 구원에 이른다는 진리를 세우기 위해서라고 말한다.

갈 2:3. 그러나 나와 함께 있는 헬라인 디도라도 억지로 할례를 받게 아니하

였으니.

바울 사도는 문장 초두에 "그러나"(ἀλλ')라는 말을 등장시킨다. 바울 사도는 자신이 이방에서 복음을 전파한 것이 허사가 되지 않도록 예루살렘에서 노력했으니(앞 절) "그러나" 즉 '이에 반하여' 한 가지 어려운 일이 발생했다고 말한다 (본 절). 다시 말해 유대주의자들(율법주의자들)이 디도를 억지로 할례 받게 하려는 분위기였다(행 15:1 참조). 이런 주장에 대해 바울 사도는 강력하게 대응하여 "나와 함께 있는 헬라인 디도라도 억지로 할례를 받게 아니하였다." 바울 사도는 끝까지 디도에게 할례를 받게 하지 않았다. 여기 "억지로...아니하였으니"(οὐδὲ...ἠναγκάσθη)란 말은 부정(단순)과거 수동태로 '강제로...되지 않게 하다,' '억지로...되지 않게 하다'라는 뜻으로 바울 사도가 할례를 주장하는 사람들의 강한 압력 속에서도 굴복하지 않았다는 뜻이다. 그런데 혹자는 이 구절을 해석할 때 디도가 할례를 받기는 받았으나 자의로 받은 것이지 결코 억지로 받은 것은 아니라고 주장한다. 그러나 이 학설은 문맥을 바로 살피지 못한 해석일 것이다. 이유는 5절에서 "그들에게 우리가 한시도 복종하지 아니하였다"고 말하기 때문이다. 바울 사도는 복음의 진리가 바로 서게 하기 위해서 디도에게 할례를 받게 아니했다. 사실 바울 사도는 디모데에게는 할례를 행했다. 이유는 복음 전도에 마찰을 피하기 위해서였다(행 16:3). 그러나 예루살렘에서의 경우, 할례를 주장하는 유대주의자들 앞에서 구원의 한 조건으로 할례를 행한다는 것은 복음의 진리를 훼손하는 것임으로 바울 사도는 결코 그들에게 복종치 않았다. 우리는 타협을 해도 복음의 진리 안에서 해야 하고 고집을 해도 복음의 진리를 세우기 위해서 해야 한다. 복음의 진리를 세우는 것은 너무도 중요하다.

갈 2:4. 이는 가만히 들어온 거짓 형제들 때문이라 그들이 가만히 들어온 것은 그리스도 예수 안에서 우리가 가진 자유를 엿보고 우리를 종으로 삼고자 함이로되.

바울 사도가 디도에게 결코 할례를 받게 하지 않은 이유는 "가만히 들어온 거짓 형제들 때문이라"고 말한다(행 15:1, 24; 고후 11:26). "가만히 들어온 거짓 형제들"(고후 11:26)이란 '바울이 사도들에게 복음의 내용을 설명할 때 몰래 간첩처럼 들어온 유대주의자들'을 지칭한다. 유대주의자들은 예루살렘 공의회의 결정 사항(행 15:22-29)을 받아드리지 않고 계속해서 할례를 받아야 구원을 얻는다고 주장한 사람들이다. 바울 사도는 "그들이 가만히 들어온 것은 그리스도 예수 안에서 우리가 가진 자유를 엿보고 우리를 종으로 삼고자 했다"고 말한다(5:1, 13). 그들이 가만히 그 현장에 들어온 이유는 바울 일행이 그리스도 안에서 가진 자유, 곧 할례를 받지 않고 오직 그리스도만 믿어 의롭다 함을 받는 자유를 엿보고 사도 일행을 율법의 종으로 삼고자 했다는 것이다(4:3, 9; 고후 11:20). 그들은 한사코 바울 일행을 율법의 노예로 삼고자 했다.

　　우리 그리스도인이 가지는 자유는 엄청나다. 오직 그리스도만 믿으면 의에 이르고, 다시 말해 구원에 이르기에 할례나 절기를 지키는 문제나 율법을 지키는 것으로부터 완전히 자유하게 되었으니 우리의 자유야 말로 엄청나다. 그 뿐인가. 오늘 신약 시대를 살아가는 우리 그리스도인들이 누리는 자유는 참으로 놀랍다. 불신자들은 세상을 살아가면서 복을 받기 위하여 별별 것들을 다 지킨다. 이사하는 날에 손이 있어도 안 되고 죽은 사람을 매장하는 데도 묘 자리를 보며 남녀가 결혼하는 일에도 궁합을 보고 사주팔자를 보아 사업을 하기도 한다. 그러나 우리는 그리스도만 바라보고 기도하면 모든 것이 합력하여 선이 되니 말이다. 우리는 그리스도 안에서 우리가 누리는 자유를 선전하는 사람들이 되어야 할 것이다.

　　여기 "엿보고"(κατασκοπῆσαι)란 말은 '가까이에서 그리고 정확하게 관찰하다' 혹은 '몰래 탐지하다'라는 뜻이다. 유대주의자들은 바울 일행을 살피는데 있어서 간첩처럼 행동했다. 그래서 바울 사도는 디도에게 할례를 받게 하지 아니했다. 오늘 우리는 그리스도 안에서의 자유를 빼앗겨서는 안 된다.

갈 2:5.그들에게 우리가 한시도 복종치 아니하였으니 이는 복음의 진리가 너희 가운데 항상 있게 하려 함이라.

바울 사도는 할례를 주장하는 유대주의자들한테 "한시도 복종치 아니하였다." 즉 '잠시도 복종하지 아니하였다.' "할례는 초대 교회의 최대의 논쟁이며 또한 복음에 대한 최대의 도전이다. 이 논쟁 앞에서 바울 사도가 진리를 양보했다는 것은 상상할 수도 없는 일이다"(Lenski).

바울 사도가 이처럼 잠시라도 유대주의자들한테 복종하지 않은 이유는 "복음의 진리가 너희 가운데 항상 있게 하려 함이기" 때문이라는 것이다(14절; 3:1). 여기 "복음의 진리"란 말은 '복음이라는 진리'라는 뜻이다. "복음"과 "진리"란 낱말들은 동의어로 사용되었다. 두 낱말 중에 한 단어만 있어도 뜻이 통한다. 그러나 강세를 위하여 두 단어를 한 묶음으로 묶었다. 그러니까 "복음의 진리"란 문맥에서 분명하게 '믿음으로만 구원을 얻는다는 진리' 혹은 '믿음으로만 의에 이른다는 진리'를 뜻한다. 좀 더 자세히 말하면 할례나 율법을 지켜서 구원에 이르는 것이 아니라 예수님만 주님으로 믿으면 의에 이른다고 하는 진리를 지칭한다.

본문의 "항상 있게 하려 한다"(διαμείνη)는 말은 '철저히 머문다' 혹은 '영원히 존재한다'는 뜻으로 바울 사도가 전하는 복음의 진리가 갈라디아 교회에 영원히 머물도록 한다는 뜻이다. 바울 사도가 만약 율법주의자들 앞에 복종하여 디도에게 할례를 받게 했더라면 갈라디아 교회에 엄청난 파문을 주어 순수 복음을 신앙하지 못할 뻔 했다. 바울 사도는 그 당시에 위대한 승리를 거두었다.

3. 예루살렘의 사도들은 바울을 사도로 인정했음 2:6-10

디도에게 할례를 받게 아니했다고 말한(3-5절) 바울 사도는 이제는 예루살렘의 사도들이 바울을 사도로 인정했음을 밝힌다(6-10절). 첫째, 예루살렘의 사도들은 바울 사도에게 덧붙여 준 것이 없고(6절), 둘째, 바울 사도가 베드로와 똑같은 사도임을 알았으며(7-8절), 바울 사도에게 친교의 악수를 했고(9절), 다만 한 가지 가난한 자들을 기억해 달라는 부탁만 했다는 것이다(10절).

갈 2:6. 유력하다는 이들 중에 (본래 어떤 이들이든지 내게 상관이 없으며 하나님

은 사람을 외모로 취하지 아니하시나니) 저 유력한 이들은 내게 의무를 더하여 준 것이 없고.

유대주의자들에 의해 유력하다고 일컬음을 받는 베드로와 요한 그리고 예루살렘 사도들과 또 예수님의 동생 야고보와 같은 사람들은 바울 사도에게 "의무를 더하여 준 것이 없다"고 말한다(고후 12:11). 곧 '바울이 전하는 복음에 아무것도 덧붙여주지 못했다'는 뜻이다. 바울 사도는 베드로와 요한 그리고 예수님의 동생 등을 유력하다고 말한다. 바울 사도는 그들을 존경한다고 말한다(1:17; 고전 15:5, 7, 9; 고후 12:11). 바울 사도는 존경할 사람들을 존경했다. 그러나 바울 사도도 그들이 받은 복음과 똑 같은 복음을 받았기에 예루살렘 사도들이 바울 사도의 복음에 더 보태지 못했다는 것이다.

바울 사도는 유대주의자들에 의해 유력하다고 존경을 받는 사람들에 대해 "본래 어떤 이들이든지 내게 상관이 없다"고 말한다. 다시 말해 '본래 어떤 인물이든지(이 말은 유대주의자들에 의해 유력하다고 존경을 받는 사람들 보다 더 넓은 범위의 사람들을 지칭한다), 곧 예루살렘의 사도들이라 할지라도 바울 사도에게는 관계가 없다'는 뜻이다. 바울 사도가 이 말을 하는 것은 결코 예루살렘 사도들을 무시하는 말도 아니고 그들의 사도 권을 부정하는 말이 아니라 다만 바울이 사도가 된 것은 그들과 관계가 없이 예수 그리스도로부터 직접 임명받은 것이라는 뜻이다.

바울 사도가 이렇게 예루살렘 사도들과 상관이 없다고 말한 이유는 "하나님은 사람을 외모로 취하지 아니 하시기" 때문이라고 말한다(행 10:34; 롬 2:11). 여기 "사람을 외모로 취한다"(πρόσωπον...ἀνθρώπου οὐ λαμβάνει)는 말은 '사람의 얼굴을 본다'는 뜻으로 '사람의 가문, 학력, 재력, 권력 등을 보고 호의를 베푼다'는 뜻이다. 하나님은 사람의 외부적인 장점 때문에 그 어떤 사람을 더 보아주지 않으신다는 것이다. 예루살렘 사도들이 예수님을 직접 보았고 또 신약 교회를 창설한 사람들이었으나 그렇다고 하나님께서 그들에게 더 은혜로운 복음을 주시고 바울 사도에게는 좀 덜 은혜로운 복음을 주신 것이 아니라 똑 같이 십자가 복음을 보여주셨다는 것이다. 오늘 우리는 외모를 보시지 않고 각 사람의 중심을 보시는 하나님을 모시고 있다는 것을 생각하며 하나님께 감사를 드려야 한다. 사람은 다른 이의 외모를 본다. 그러나 하나님은 결코 외모를 보시고 은혜를 더 주시고 덜 주시지 않는다. 우리가 어떻게 믿느냐 그리고 얼마나 부르짖느냐 하는 것을 보신다. 우리는 중심을 보시는 하나님 앞에서 바로 행동해야 한다.

하나님은 사람의 외모를 보시고 은혜를 더 주시는 분이 아니시니 바울 사도는 "저 유력한 이들은 내게 의무를 더하여 준 것이 없다"고 확언한다. 하나님은 예루살렘 교회의 사도들이 예수님을 직접 보았고 또 더 일찍 예수님을 믿었으며 신약교회를 창설한 사람들이라고 해서 기독교 진리를 더 알게 하신 것도 아니고 십자가와 부활의 진리를 더 깨닫게 하신 것도 아니고 똑같이 십자가와 부활의 진리를 알게 해주셨으니 저 유력한 사도들이 바울 사도에게 의무를 더하여 준 것이 없다고 말한다. 다시 말해 바울 사도가 존경하는 유력한 사도들이 바울 사도에게 특별히 더하여 준 것이 없다고 말한다. 바울 사도도 하나님으로부터 받을 것을 다 받았다. 하나님은 예루살렘 사도들에게나 바울 사도에게나 똑같이 사도라는 입장에서 똑 같은 은혜를 주셨다. 예루살렘 사도들이 깨달은 십자가를 바울 사도도 깨달았고 예루살렘 사도들이 깨달은 부활의 진리를 바울 사도도 깨달았으며 예루살렘 사도들이 받은 성령을 바울 사도도 역시 받았다. 양편이 똑 같은 사도들이었다. 예루살렘 사도들이 바울 사도에게 더하여 준 것이 없었다. 그들이 받은 것을 바울 사도도 벌써 받았다. 그들이 바울 사도에게 더하여 준 것이 없었다. 바울 사도는 갈라디아 교회들에게 이런 사실을 알릴 필요가 있었다. 바울 사도는 결코 열등한 사도가 아니었다. 바울 사도는 예루살렘 사도들을 존경하면서도 자기도 하나님으로부터 받을 것을 다 받았다고 말한다.

갈 2:7. 도리어 그들은 내가 무 할례자에게 복음 전함을 맡은 것이 베드로가 할례자에게 맡음과 같은 것을 보았고
바울 사도는 앞(6절)에서 예루살렘의 사도들이나 자신이나 똑같이 사도들이라고 말하고는 이제 본 절에서는 예루살렘의 유력한 사도들은 "바울이 무할례자에게 복음 전함을 맡은 것이 베드로가 할례자에게 맡음과 같은 것을 보았다"고 말한다. 예루살렘의 유력한 사도들 즉 베드로나 요한 그리고 예수님의 동생 야고보는 "바울이 무할례자에게 복음 전함을 맡은 것이 베드로가 할례자에게 맡음과 같은 것을 보았기에" "나(바울)와 바나바에게 친교의 악수를 하였다"는 말이다(9절 중간). 예루살렘의 사도들은 관찰해야 할 것을 잘 관찰했다. 즉 바울 사도가 무할례자에게 복음을 전하는 일을 맡은 것이 마치 베드로가 할례자들에게 복음 전하는 것을 맡은 것과 같다는 것을 알았기에 바울과 바나바에게 친교의 악수를 했다. 영안이 밝아 관찰할 것을 잘 관찰하는 사람들은 공연히 충돌하지 않고 모든 것이 하나님의 뜻대로 된 줄 알고 순리대로 행동한다.

　　본문의 "무할례자들"은 '이방인'을, "할례자들"은 '유대인들'을 지칭한다(행 10:45; 11:2; 롬 3:30; 4:9; 5:8; 엡 2:11; 골 3:11; 4:11; 딛 1:10). 예루살렘의 사도들은 바울 사도가 이방인에게 복음 전하는 것을 맡은 것이(행 13:46; 롬 1:5; 11:13; 딤전 2:7; 딤후 1:11) 베드로가 유대인을 위해 복음 전하기를 맡은 것과 같이 한 것을 보게 되었는데 여기 베드로는 다른 사도들을 대표하여 유대인에게 복음 전하는 사도로 표현되었다. 그러니까 양편이 전하는 복음에는 차이가 없고 다만 복음을 전하는 대상에 차이가 있을 뿐이라는 것이다. 오늘도 전도자들은 십자가와 부활의 복음을 받았다면 똑같은 전도자들이라는 것을 알아야 하고 다만 복음을 전하는 대상이 다를 뿐이라는 것을 알아야 할 것이다. 도시에서 전하는 전도자들이나 시골에서 전하는 전도자들이나 똑같은 전도자들이니 그리스도를 전하는 전도자들이라는 점에서 조금도 다를 바가 없다. 다만 지역이 다를 뿐이다. 결코 높고 낮은 것도 아니고 더 행복한 것도 아니고 덜 행복한 것도 아니다. 결코 우월감을 가질 것도 아니고 공연히 열등감을 가질 것도 아니다.

갈 2:8. 베드로에게 역사하사 그를 할례자의 사도로 삼으신 이가 또한 내게

역사하사 나를 이방인의 사도로 삼으셨느니라.

본 절 초두에는 이유를 말하는 접속사(γὰρ, 왜냐하면)가 있다. 바울 사도는 바로 앞 절(7절)에서는 예루살렘 사도들이나 자신이나 다른 점이 있다면 복음을 전하는 대상이 다를 뿐이라고 말하고는 이제 본 절에서는 그렇게 차이가 나게 된 이유를 설명한다. 그것은 하나님께서 그렇게 되게 하셨다고 말한다. 베드로에게 역사하셔서 유대인의 사도로 삼으신 하나님께서 바울 사도에게 역사하셔서 이방인의 사도로 삼으셨다고 말한다(행 9:15; 13:2; 22:21; 26:17-18; 고전 15:10; 골 1:29). 하나님께서 그렇게 되게 하셨는데 누가 시비할 것인가. 아무도 시비할 자가 없다. 하나님께서 하신 일에 오류가 있겠는가. 하나님께서 베드로와 예루살렘의 사도들에게 역사하셔서 유대인들을 위한 사도로 삼으셨고 바울 사도에게 역사하셔서 이방인을 위한 사도로 만드셨다(3:5). 오늘도 교역자들은 국내에서 목회하는 전도자나 외국에 나가서 선교하는 전도자나 하나님께서 그렇게 되게 하셨으니 서로 동등함을 인정해야 한다. 우리는 이단이 아니라면 교파를 초월하여 하나님께서 만드신 목사요 하나님께서 만드신 전도자로 알고 처신해야 한다.

갈 2:9.또 기둥 같이 여기는 야고보와 게바와 요한도 내게 주신 은혜를 알므로 나와 바나바에게 친교의 악수를 하였으니 우리는 이방인에게로, 그들은 할례자에게로 가게 하려 함이라.

예루살렘의 사도들은 바울 사도가 받은 은혜를 알고 바울 사도와 "동역(同役)을 맹세하는"(박윤선) 친교의 악수를 했다. 결국 예루살렘의 사도들은 바울 사도를 동등한 사도로 인정한 것이다. 본문의 "기둥같이 여기는"(οἱ δοκοῦντες στῦλοι εἶναι)이란 말은 '기둥들처럼 여겨지는'(2절, 6절; 마 16:18; 엡 2:20; 계 21:14)이라는 뜻으로 예수님의 동생 야고보와 또 베드로 사도, 요한 사도 같은 사람들이 교회에서 기둥같이 중요하게 여겨지고 있다는 뜻이다. 이 세 사람은 당시 예루살렘 교회를 이끌고 가는 지도자들이었다. 여기 사도가 아닌 야고보의 이름이 앞선 것은 당시 예루살렘 교회의 의장이었기 때문일 것이다(행 12:17; 15:13; 21:18). 그런데 그들은 바울 사도가 하나님으로부터 "받은 은혜를 알아보았다"

(롬 1:5; 12:3, 6; 15:15; 고전 15:10; 엡 3:8). 곧 바울 사도가 하나님으로부터 '사도로 부름 받은 사실을 알아보았다'는 뜻이다. 바울이 사도로 부름 받은 사실을 알아보고 그들은 "나(바울)와 바나바에게 친교의 악수를 하였다." 이 악수야 말로 '동역하자는 뜻의 악수요, 협력하자는 뜻의 악수이며 또한 사랑한다는 뜻의 악수'였다. 그러니까 예루살렘의 사도들이 바울과 바나바에게 친교의 악수를 한 것은 두 가지 이유 때문이었다. 하나는 7절이 말하는 대로 "바울이 무할례자에게 복음 전함을 맡은 것이 베드로가 할례자에게 맡음과 같은 것을 보았기에" 그리고 본문이 말하는 대로 "내(바울)게 주신 은혜를 알았기"에 바울과 바나바에게 친교의 악수를 하게 되었다. 그러니까 예루살렘의 사도들은 바울과 바나바에게 하나님께서 은혜 주신 은혜를 보았고 또 알았기에 친교의 악수를 했다. 오늘도 진정한 의미에서 교역자들 간에 협력의 악수가 필요하며 성도들 간에 사랑의 악수가 필요하다. 바울 사도는 자신의 독립적인 사도권을 이해시키려고 예루살렘에 올라갔는데 그들은 바울의 사도권을 인정하는 뜻으로 친교의 악수를 한 것이다.

이렇게 악수례를 한 것은 "우리(바울과 바나바)는 이방인에게로, 그들은 할례자에게로 가게 하려" 했다는 것이다. 다시 말해 그들 다섯 사람이 악수를 한 것은 바울과 바나바는 이방인의 선교사로, 예수님의 동생 야고보와 베드로 사도, 그리고 요한 사도는 유대인의 선교를 담당한다는 뜻으로 한 것이다. 서로 협력하면서 서로 인정하면서 서로 사랑하면서 서로 지역을 나누어 전도한다는 뜻으로 그들은 뜨거운 악수를 했다. 우리도 역할을 분담한다는 뜻으로 서로 악수하며 서로 협력한다는 뜻으로 악수하고 서로 고락을 함께 한다는 뜻으로 악수를 해야 할 것이다. 큰 교회 작은 교회로 나누어서 싸울 것이 있는가.

갈 2:10. 다만 우리에게 가난한 자들을 기억하도록 부탁하였으니 이것은 나도 본래부터 힘써 행하여 왔노라.
예루살렘 사도들은 바울 사도에게 한 가지 "가난한 자들을 기억하도록 부탁했다." 곧 '가난한 자들을 구제하도록 부탁했다.' 다시 말해 예루살렘의 가난한 성도들을 도와 달라고 부탁한 것이다. 예루살렘의 사도들은 바울 사도를 인정하면서 겸손한 마음으로 예루살렘의 가난한 자들을 기억하도록 부탁했다. 예루살렘 사도들은 가난한 자를 구제하는 일을 함께 하자는 것이었다. 예루살렘의 성도들이 흉년으로 말미암아 어려움을 당하니 이방에서 구제금을 걷어서 예루살렘 성도들을 돕자는 것이었다. 그러니까 예루살렘 사도들은 바울과 바나바에게 이방에 복음을 전하도록 부탁했고 구제하는 점에 있어서는 서로 협력하자는 것이었다. 복음 전도는 나누어서 하되 구제는 서로 협력하자는 것이었다. 우리도 나누어서 할 것은 나누어서 하고 협력할 것은 협력해야 한다. 오늘날 성도들은 이런 지식이 약하여 자기 교회만을 생각할 수가 있다. 그래서 자기 교회의 전도자로 하여금 다른 일을 하지 못하게 하는 수가 있다. 오직 자기 교회만 돌보아 달라고 하는 수가 있다. 이것은 성경 말씀을 위반하는 일이다. 전도자도 협력해야 하고 성도들도 다른 지역 성도들과 협력해야 할 것은 협력해야 한다.

그런데 바울 사도는 예루살렘 사도들의 구제 부탁을 받고 "이것은 나도 본래부터 힘써 행하여 왔노라"고 말한다(행 11:30; 24:17; 롬 15:25; 고전 16:1). 곧 예루살렘에 있는 유대인 빈민층 성도들을 구제하는 일을 바울 사도가 본래부터 힘써 행하여 왔다고 말한다. 바울 사도는 여러 차례 예루살렘의 빈민층 성도들을 위해 이방 교회로부터 구제헌금을 전달하였다(행 11:29-30; 24:17; 롬 15:26-27; 고전 16:3; 고후 8:1-5; 고후 9:1-2).

가난한 사람을 구제하는 일은 구약시대에도 있었고(출 22:25; 레 19:10; 신 15:4-11), 예수님도 교훈하셨으며(마 19:21; 요 13:29), 바울도 교훈하였다(롬 12:13; 엡 4:28; 딤전 6:18). 성도들의 신앙 여부는 가난한 사람을 어떻게 대하느냐를 보면 알 수 있다(약 2:14-26; 요일 3:17-18). 부자 성도가 가난한 자를 외면하고 있다면 지금도 계속해서 죄를 짓고 있는 것이다. 우리는 가난한 사람들을 돌보아야 한다.

4. 바울 사도가 베드로 사도의 비(非) 복음적 행위를 책망함 2:11-14

바울 사도는 앞에서(6-10절) 예루살렘의 사도들이 바울을 사도로 인정했다는 말씀을 하고는 이제 베드로 사도의 비 복음적 행위를 책망한 사실을 갈라디아 교인들에게 말한다. 바울 사도는 자신의 사도권이 예루살렘의 사도들과 동등함을 말한다. 만약에 바울이 사도가 아니었다면 어떻게 베드로의 비 복음적인 행위를 책망할 수 있겠는가.

갈 2:11. 게바가 안디옥에 이르렀을 때에 책망 받을 일이 있기로 내가 그를 책망하였노라.

게바(베드로)가 안디옥에 언제 이르렀는지는 확실히 알기는 어려우나 아마도 예루살렘 총회 후에 간 것으로 보인다. 이유는 바울이 바나바와 함께 디도를 데리고 예루살렘에 간 것이(2:1) 총회 때로 간주하면 바울 사도가 연대순으로 글을 쓴 것으로 보아 게바가 안디옥에 이른 것은 예루살렘 총회 후에 된 일로 볼 수 있다. 베드로의 사역 대상은 유대인들이라고 했지만 안디옥까지 왔다. 베드로 사도는 원칙적으로는 유대인들 상대였지만(7-9절) 이렇게 활동반경을 넓힌 것은 행동반경을 넓혀서 활동할 수도 있다는 것을 보여준 것이었다. 사도들은 한 자리에만 머문 것은 아니었고 때로는 멀리 가서 복음을 전하기도 했다. 우리도 때로는 멀리 가서 복음도 전하고 또 때로는 신학도 강의할 수 있어야 한다.

바울 사도는 베드로가 안디옥에 이르렀을 때에 "책망 받을 일이 있기로" 책망하였다고 말한다. 여기 "책망 받을 일이 있기로"(ὅτι κατεγνωσμένος ἦν)라는 말은 완료형 수동태 분사로 '정죄 받아야 하겠기 때문에' 혹은 '꾸짖음 받아야 하겠기 때문에'라는 뜻으로 베드로가 이미 비성경적인 행위를 저질러서 책망 받을 일이 있었기 때문에 그를 책망했다는 뜻이다.

여기 "책망하였노라"(κατὰ πρόσωπον αὐτῷ ἀντέστην)는 말은 '면전에서 그 사람과 맞섰다,' '앞에서 그 사람을 책망했다'는 뜻이다. 바울 사도는 사도가 된 시기로 보아서는 베드로의 후배였다. 그러나 바울 사도는 베드로가 복음의 진리를 따라 바로 행하지 아니했기에 복음의 진리를 세우기 위해서 베드로의

면전에서 책망했다. 참으로 어려운 일을 해냈다. 바울 사도는 뒷전에서 베드로를
비난하고 욕하는 식으로 대하지 않았다. 그리고 바울 사도는 쩔쩔매는 심정으로
베드로를 대하지 않았고 정정당당히 베드로를 대했다. 바울 사도는 똑 같은
사도의 입장에서 책망했다. 바울 사도는 베드로보다 뒤떨어지는 사도가 아니었
다. 대등한 사도의 입장에서 책망했다. 베드로는 예루살렘의 사도였지만 그는
무오(無誤)한 사도는 아니었다. 그도 역시 실수할 수 있는 사도였다. 베드로를
계승했다는 천주교의 교황도 역시 실수할 수 있고 책망 받을 수가 있다는 것을
복음이 말씀하고 있다.

**갈 2:12. 야고보에게서 온 어떤 이들이 이르기 전에 게바가 이방인과 함께
먹다가 그들이 오매 그가 할례자들을 두려워하여 떠나 물러가매.**
베드로 사도가 바울 사도의 책망을 받아야 할 이유는 "야고보에게서 온 어떤
이들이 이르기 전에...이방인과 함께 먹다가 그들이 오매 그가 할례자들을 두려
워하여 떠나 물러갔기" 때문이었다(행 10:28; 11:3). 예루살렘 교회에서 파송
받은 방문자들이 안디옥 교회에 도착하기 전에 베드로가 이방인들과 함께 계속
해서 먹고 지냈다. 공동식사를 한 것이다. 여기 "먹다가"(συνήσθιεν)라는 말은
미완료 과거형으로 '계속해서 먹고 있었다'는 뜻이다. 베드로 사도는 이방인을
깨끗하게 생각해서(행 10:9-28) 이방인 성도들과 함께 먹고 지내는 중에 예루살
렘 교회로부터 온 방문자들(할례 받은 신자들)이 도착함으로 베드로 사도가
할례 받은 유대인들을 두려워해서 "떠나 물러가게 되었다." 여기 "떠나 물러갔
다"(ὑπέστελλεν καὶ ἀφώριζεν ἑαυτόν)는 두 낱말은 모두 미완료 과거형으로
'천천히 물러가고 있었으며 떨어져가고 있었다'는 뜻이다. 베드로는 방문자들이
안디옥 교회에 왔을 때 갑자기 물러가고 떨어져 간 것이 아니라 서서히 물러갔고
또 서서히 떨어져 나가고 있었다. 사실은 함께 계속해서 먹었어야 했고 교제했어
야 했는데 유대인들을 두려워했다. 성경은 우리가 하나님을 두려워해야지 사람
을 두려워해서는 안 된다고 수없이 말씀한다(눅 12:4-12). 우리가 사람을 두려워
할 것이 무엇 있는가. 베드로는 비겁하게 행동한 것이다. 베드로는 이방인들에게

도 상처를 주지 않고 또 예루살렘 교회에서 온 방문자들에게도 혐오감을 주지 않기 위하여 양쪽에 아첨하고 있었다. 오늘 우리 역시 진리대로 행치 못하고 진리를 숨기면서 행동하지는 않는지 살펴야 할 것이다. 우리는 복음의 진리를 따라 바로 행동해야 할 것이다.

갈 2:13. 남은 유대인들도 그와 같이 외식하므로 바나바도 그들의 외식에 유혹되었느니라.

결국 안디옥 교회에 있었던, 남은 유대인 신자들도 베드로와 같이 외식하게 되었고 심지어 바나바까지 그들의 외식에 영향을 받게 되었다. 외식은 점염병과 같이 퍼져나간다. 베드로와 같이 큰 인물이 외식할 때는 다른 유대인들이 큰 인물의 행동에 따라서 행동하게 마련이었다. 심지어 큰 인물 바나바까지도 유대인들의 외식에 유혹받아 외식하고 말았다. 한 사람 베드로가 외식하니 안디옥 교회에서 신앙생활을 하고 있는 유대인들이 외식했다. 유대인들이 외식하니 바나바도 외식했다. 유대인 신자들이 외식하는 것은 어느 정도 이해가 간다. 그러나 바나바는 이방 선교사이고 또 예루살렘 교회에서 디도의 할례 문제로 어려움을 겪다가 승리한 사람인데 맥없이 외식에 동참하고 말았다. 마치 큰 나무가 바람에 밀려 넘어간 느낌이다. 오늘 교회의 지도자들의 행동은 너무도 중요하다. 그들의 행동 하나하나는 교인들에게 큰 영향을 끼치게 되는 고로 지도자들은 진리대로 행해야 할 것이다. 지도자들은 사방을 유리로 만든 유리 집에서 살고 있는 셈이다. 모든 행동이 교인들에게 다 비치게 마련이다.

갈 2:14. 그러므로 나는 그들이 복음의 진리를 따라 바르게 행하지 아니함을 보고 모든 자 앞에서 게바에게 이르되 네가 유대인으로서 이방인을 따르고 유대인답게 살지 아니하면서 어찌하여 억지로 이방인을 유대인답게 살게 하려느냐 하였노라.

바울은 베드로와 유대인 신자들이 "복음의 진리를 따라 행하지 아니함을 보고"(5절) 모든 사람들 앞에서(딤전 5:20) 공개적으로 베드로를 책망했다. 곧 '베드로와 유대인 신자들이 믿음으로만 구원을 얻는다는 복음의 진리를 따라 행동하지 아니한 것을 보고' 바울 사도는 첫째, 다시는 그들이 그런 실수를 범하지 않도록 모든 사람들 앞에서 베드로를 책망했고, 둘째, 공개적으로 책망하지 않으면 복음의 진리가 계속해서 훼손된 채 있을 것인 고로 바울 사도는 복음의 진리를 세우기 위해 부득이 베드로를 공개석상에서 책망했다. 다 외식했어도 바울 사도 한 사람은 외식하지 않았다. 그래서 그는 외식한 베드로를 책망할 수 있었다. 오늘도 한 사람만이라도 영적으로 깨어 있으면 불행한 사태를 반전시킬 수 있다. 우리는 우리 자신들이 복음의 진리를 따라 행하고 있는지 계속해서 자신을 점검해야 할 것이다.

바울이 베드로를 책망한 내용은 "네가 유대인으로서 이방인을 따르고 유대인답게 살지 아니하면서 어찌하여 억지로 이방인을 유대인답게 살게 하려느냐"는 말이었다(행 10:28; 11:3). 다시 말해 바울 사도는 베드로 사도를 향하여 '네(베드로)가 유대인으로서 한 동안 복음의 진리를 따라서 이방인과 함께 먹고 마시며 살았는데 예루살렘 교회의 할례 받은 신자들이 여기에 왔다고 해서 그들을 두려워하여 이방인들과 함께 먹던 식탁에서 물러가서 다시 율법으로 돌아가 이방인들과의 교제를 끊어버려 이방인들로 하여금 유대인들처럼 율법을 지키면서 살게 하려고 작정하는 것이냐?'고 책망했다. 바울 사도의 책망의 말은 정곡을 찌르는 책망이었다. 사람이 일관성이 있어야지 할례 받은 신자들을 두려워하여 이방인들의 식탁에서 물러가면 어떻게 하느냐는 뜻이다.

베드로는 이런 책망을 받고 아무런 대꾸를 하지 않고 침묵했을 뿐 아니라 훗날 바울 사도를 높이 평가한 것을 보면(벧후 3:15) 높이 칭찬받을 만한 사도임을 알 수 있다. 오늘의 교역자들이 큰 잘 못을 범하고 노회나 지방회로부터 징계를 받을 때 달게 받는 사람이 몇 사람이나 되는가. 걸핏하면 반발하고 혹은 문제를 일으키며 혹은 노회나 지방회를 탈퇴하지 않는가. 우리가 순히 징계를 받고 참으면 훗날 좋은 날이 오고 다시 위치가 회복될 줄을 알아야 한다.

V. 이신득의의 교리 2:15-21

바울 사도는 앞에서 자신이 예루살렘 사도들과 동등한 사도임을 밝힌(1-14절) 다음 이제는 베드로의 실수를 근거하고 이신득의(以信得義)의 교리를 밝힌다(15-21절).[22] 먼저 의롭다 함을 받는 것은 율법의 행위로 되는 것이 아니라 그리스도를 믿음으로 되는 것이고(15-16절), 또 의롭게 되려하다가 죄를 짓는 경우 그리스도께 책임이 있는 것이 아니고 우리 자신에게 있는 것이며(17-19절), 이신득의란 그리스도와의 연합을 뜻하며(20절), 바울 사도는 믿음으로 의를 얻는다는 하나님의 은혜를 폐하지 않겠다고 말한다(21절).

1. 의는 그리스도를 믿음으로 얻는 것이다 2:15-16

갈 2:15. 우리는 본래 유대인이요 이방 죄인이 아니로되.

바울 사도는 "우리(바울과 베드로 그리고 복음을 먼저 받은 유대인들)는 본래 유대인이요 이방 죄인이 아니라"고 말한다(마 9:11; 행 15:10-11; 엡 2:3, 12). 다시 말해 '유대인들은 율법 아래 태어나서 율법을 지키면서 살아왔으니 의로운 줄 알고, 할례를 받지 않은 이방 죄인과는 다르다'고 생각해 왔었다고 말한다. 그러나 예수님을 믿고 난 후에는 그런 생각이 어리석은 생각이었다는 것을 알게 되었다는 것이다. 바울 사도는 과거를 회고하면서 자신의 잘 못된 생각을 드러내고 있다. 바울 사도가 이처럼 자신이 율법을 지켰기에 의로운 줄 알았다고 말하는 것은 사람이 의롭게 되는 것은 율법을 지켜서 되는 것이 아니라는 것을 강하게 설파하기 위한 것이다. 다시 말해 바울 사도가 본 절에서 "우리는 본래

---

22) 바울의 베드로를 향한 책망(11-14절)이 1) 14절에서 끝났다고 하기도 하며 혹은 2) 15절에까지 계속된다고 하기도 하고 혹은 3) 16절에까지, 또 혹은 4) 18절에까지, 혹은 5) 21절에까지 계속된다고 주장한다. 그러나 14절에서 끝났다고 보는 것이 바른 견해로 보인다. 이유는 15절 이하의 내용을 베드로 사도가 몰랐을 리가 없기 때문이다. 베드로는 일시적으로 실수한 것이지 교리를 몰랐던 것은 아니었을 것이다.

유대인이요 이방 죄인이 아니었다'고 말하는 것은 유대인의 특권을 말하려는
것이 아니라 유대인이라는 특권이 구원의 복음 앞에서는 아무 것도 아니라는
것을 말하기 위함이다. 사실 유대인이라는 것이 아무 것도 아니라는 것을 강하게
말하기 위해 '우리는 율법을 지키던 유대인이었다'고 말한 것이다. 세상에 유대
인보다 더 율법을 완벽하게 지키던 민족이 있었다고 하더라고 율법을 지켜서
의롭게 될 수는 없었다는 것을 말하려고 바울 사도는 '유대인 운운'한 것이다.
사람이 의롭게 되는 방법은 다음 절이 밝힌다.

**갈 2:16. 사람이 의롭게 되는 것은 율법의 행위로 말미암음이 아니요 오직
예수 그리스도를 믿음으로 말미암는 줄 알므로 우리도 그리스도 예수를 믿나니
이는 우리가 율법의 행위로써가 아니고 그리스도를 믿음으로써 의롭다 함을
얻으려 함이라 율법의 행위로써는 의롭다 함을 얻을 육체가 없느니라.**
바울 사도는 "사람이 의롭게 되는 것은 율법의 행위로 말미암음이 아니라"고
잘라 말한다(행 13:38-39). 여기 "의롭게 된다"(δικαιοῦται)[23]는 말은 수동태로
'의롭다고 여김 받는다'는 뜻이다. 곧 '사람이 하나님 앞에서 의롭게 여김 받는
것은 율법을 지켜서 되는 것이 아니라'고 말한다. 사람이 의롭다고 인정받는
것은 모세의 율법을 지켜서 되는 것도 아니고 무슨 선을 쌓아서 되는 것도
아니다. 유교의 인(仁)도 불교의 적선(積善)도 의(義)에 이르게 하지 못한다.
사람이 여러 경로를 통하여 구원에 이를 수 있다고 주장하는 종교 다원주의는
설 자리가 없다.

　　바울 사도는 앞에서 율법의 행위로 의롭게 되지 못한다는 것을 말하고
이제 의롭게 되는 방법을 제시한다. 곧 "오직 예수 그리스도를 믿음으로 말미암
는 줄 안다"고 말한다(3:24; 롬 1:17; 3:22; 8:3). 오직 '예수 그리스도를 믿음으로
의롭다 함을 얻는 줄 확신한다'는 뜻이다. 사람은 의롭지 못했었는데(시 143:2;
롬 3:20) 사람의 죄를 대속하신 예수님을 믿을 때 하나님께서 의롭다고 선언하시

---

23) "의롭게 된다"는 말이 본서에서는 처음으로 나타난다.

는 것을 확실히 안다는 뜻이다.

그리고 바울 사도는 사람이 의롭다고 여김 받는 것이 그리스도를 믿음으로 말미암는 줄 확신하기 때문에 "우리도 그리스도 예수를 믿는다"고 말한다. 곧 '이방인 뿐 아니라 유대인도 그리스도 예수를 믿어 왔다'는 뜻이다. 그리스도 예수를 믿는 것 이외에 다른 대안은 없다. 여기 "믿나니"(ἐπιστεύσαμεν)라는 말은 부정(단순)과거 시제로 '믿기 시작해서 지금까지 믿어왔다'는 뜻이다.24) 누구든지 믿기 시작하면 끝까지 흔들림 없이 믿어야 한다. 바울 사도는 갈라디아 교인들을 염두에 두고 이렇게 단호하게 말한다.

바울 사도는 유대인인 자신들이 그리스도 예수를 믿는 목적은 "율법의 행위로써가 아니고 그리스도를 믿음으로써 의롭다 함을 얻기 위해서"라고 말한다. 곧 '율법을 지킴으로써가 아니고 그리스도 예수를 믿음으로써 의롭다 함을 얻기 위하여' 그리스도를 믿는다는 뜻이다. 이유는 "율법의 행위로써는 의롭다 함을 얻을 육체가 없기" 때문이라고 말한다(3:11; 시 143:2; 롬 3:20). 율법을 지켜서 구원받을 사람이 없다. "육체"(πᾶσα σάρξ)란 말은 '부패한 사람'이란 뜻으로 율법을 다 지킬 수 없는 무력한 인간을 지칭하는 말이다(시 143:2; 롬 7:18; 8:3, 7; 벧후 2:18; 요일 2:16). 인간은 율법 중에 가장 쉬운 것 하나도 제대로 지킬 수 없는 연약한 존재이다.

2. 의롭게 되려하다가 죄를 짓는 경우 그 책임은 사람에게 있음 2:17-19

갈 2:17. 만일 우리가 그리스도 안에서 의롭게 되려 하다가 죄인으로 드러나면 그리스도께서 죄를 짓게 하는 자냐 결코 그럴 수 없느니라(εἰ δὲ ζητοῦντες δικαιωθῆναι ἐν Χριστῷ εὑρέθημεν καὶ αὐτοὶ ἁμαρτωλοί, ἆρα Χριστὸς ἁμαρτίας διάκονος μὴ γένοιτο).
난해한 본 절에 대한 학자들의 해석은 여러 가지로 갈린다. 그 여러 견해 중에

---

24) 진입적(進入的) 부정(단순)과거는 어떤 상태나 조건으로 들어가는 것을 나타낸다. 즉 그 시작을 염두에 두고 말한다.

중요한 몇 가지를 보면, 1) '만일 우리가 그리스도를 믿음으로 의롭게 되려하는 동안 우리 자신이 죄인이라는 사실을 발견한다면, 다시 말해 범죄의식을 가지게 되면 그리스도께서 죄의 협력자로 되는 것이냐? 결코 그럴 수 없다'는 해석(A. T. Robertson, R. E. Howard). 이 해석은 본 절만을 고려한다면 훌륭한 해석으로 여겨지나 앞 뒤 문맥을 살필 때 잘 통하지 않는 약점이 있다. 다시 말해 "죄인으로 드러나면"이란 말을 '범죄의식을 가지게 되면'이라고 해석하면 앞에 나온 문맥과도 통하지 않는다. 그 이유는 앞에서는 범죄의식에 대해 말하지 않고(15-16절) 또 뒤에 나오는 절(18절)에서도 범죄의식을 말하지 않는다. 18절은 실제로 범죄한 경우를 말하고 있다. 그러니까 본 절의 "죄인으로 드러나면"이란 말은 '죄의식을 가지게 되면'이란 뜻이 아니다.

2) 바울과 베드로가 그리스도를 믿음으로 의를 얻으려다가 중도에 변심하고 다시 율법으로 말미암아 의를 얻으려고 한다면(베드로가 안디옥에서 한 것처럼) 그것은 시작한 일이 실패된 셈이며, 한 때 의식적 율법을 버렸던 자로서 율법 앞에 더 죄인이 되는 셈이다. 그렇다면 그리스도께서는 우리로 하여금 실패케 하시고 죄를 짓게 하시는 불완전한 구주이신가. 그렇지 않다는 해석. 이 해석은 본 절과 다음 절(18절)이 서로 동의(同意)절이라는 전제하에서 해석된 것인데 본 절과 다음 절(18절)은 동의(同意)절이라고 할 수 없다. 다음 절(이유접속사가 있음)은 본 절의 이유를 말해주는 절이다.

3) "만일 우리가 오직 그리스도 안에서 의롭게 되려고 하여, 율법을 도외시하다가 이방 사람들과 같이 한 가지로 죄인으로 드러난다고 하는 유대주의자들의 주장이 옳다면 당신은 우리에게 이 교훈을 가르쳐주신 그리스도가 죄의 촉성자라고 말하겠는가"라는 해석(옥스퍼드성경원어대전, R. A. Cole, 윌럼 헨드릭슨). 위의 3가지 해석 중 마지막 해석이 문맥에 맞는 해석으로 보인다. 옥스퍼드성경원어대전도 "진정 율법에 의해 의롭게 되는 것이라면 그리스도를 믿음으로 말미암아 의롭게 되는 것으로 알고 율법에서 자유하여 믿음 가운데 행한 자는 모두 결국 죄인으로 드러날 수밖에 없고, 그로 말미암아 예수 그리스도는 주님을 믿는 자들로 하여금 죄를 짓도록 만든 죄의 조장자가 되어지는데 그런 일은

결단코 있을 수 없다"고 해석한다.25)

본문의 "우리"(αὐτοὶ)는 '우리 스스로'라는 뜻으로 15절의 "우리"와 똑같은 뜻이다. 즉 '우리 유대인들'이란 뜻이다. 그리고 "...하다가"(ζητοῦντες)라는 말은 현재분사로 '구하다'(갈 1:10) 혹은 '힘쓰다'(행 13:8)라는 뜻인데 본문에서 '그리스도 안에서 의롭게 되려고 노력하다' 혹은 '그리스도 안에서 의롭게 된 자신의 모습을 발견하기 위해 찾다'란 의미로 사용되었다. 그리고 "죄인"란 말은 15절의 "죄인"이란 말과 동의어로 '이방 죄인' 혹은 '율법 없는 이방 죄인'이란 뜻이다. 본문의 "...(죄인으로) 드러나면"(εὑρέθημεν)이란 말은 부정(단순)과거 수동태로 '...(죄인으로) 발견되면' 혹은 '...(죄인으로)찾아지면'이란 뜻이다. 여기 "...드러나면"(εὑρέθημεν)이란 말이 수동태이니 사람이 능동적으로 죄를 짓는 것을 지칭하지 않고 수동적으로 죄인으로 드러나는 것을 지칭한다. 그러니까 본 절의 뜻은 '만일 우리 유대인들(바울이나 베드로)이 그리스도를 믿어 의롭게 되려고 율법을 도외시하였으니 율법주의자들(할례주의자들)한테 우리가 이방 죄인들이나 마찬가지로 드러나면 그리스도께서 우리로 하여금 죄를 짓게 한 것이냐? 결코 그럴 수 없다는 내용이다. 다시 말해 우리 예수님을 믿는 유대인들이 율법을 도외시 하면서 의롭게 되려고 하다가 우리 유대인 그리스도인들을 두루 감찰하는 율법주의자들에게 죄인으로 들통 나는 경우 우리로 하여금 율법을 도외시하고 예수님만 믿도록 만들어주신 그리스도께서 우리로 하여금 죄를 짓게 만드신 것이냐는 내용이다. 바울 사도는 절대로 그럴 수 없다고 말한다. 바울 사도는 "결코 그럴 수 없다"고 강하게 부정한다(롬 3:4, 6, 31; 6:2, 15; 7:7, 13, 9:14, 11:1, 11; 갈 2:17, 3:21). 그리스도는 유대인 그리스도인들로 하여금 죄를 짓게 하시는 구주가 아니시라는 뜻이다.

갈 2:18. 만일 내가 헐었던 것을 다시 세우면 내가 나를 범법한 자로 만드는 것이라.

---

25) 옥스퍼드성경원어대전, *갈라디아서, 에베소서*, p. 138.

본 절 초두에는 이유를 말하는 접속사 "왜냐하면"(γὰρ)이란 말이 있어 본 절이 앞 절에서 말한바 유대인 그리스도인들이 죄인으로 드러나면 그 책임이 그리스도에게 있는 것이라는 말은 도저히 있을 수 없다고 했는데 그 이유("왜냐하면")는 죄를 짓게 하는 것은 결코 그리스도가 아니라 율법으로 돌아간 사람 자신에게 있기 때문이라는 것이다.

바울 사도는 "만일 내가 헐었던 것을 다시 세우면 내가 나를 범법한 자로 만드는 것이라"고 말한다. 곧 '우리가 율법은 우리들을 의롭게 만들지 못하기에 헐어버렸는데 이제 다시 율법으로 돌아간다면 우리 자신들이 우리 자신들을 죄인으로 만드는 것이라'는 뜻이다. 그러니까 반대로 우리가 헐었던 것을 다시 세우지만 않는다면(율법으로 돌아가지만 않는다면) 우리는 죄를 짓는 것이 아니라는 뜻이다. 우리는 헐었던 것들을 다시 세우는 어리석은 자들이 되어서는 안 된다. 그리스도를 제외하고 다른 것으로 의롭게 되려 한다면 우리는 그리스도 앞에서 죄인이 된다. 오늘도 믿는 사람들 중에 헐었던 것들을 다시 세우는 사람들이 많다.

갈 2:19. 내가 율법으로 말미암아 율법에 대하여 죽었나니 이는 하나님에 대하여 살려 함이라.

바울 사도는 "내가"(ἐγὼ)라는 대명사를 써서 자신의 경험을 강조하고 또한 이 말을 문장 초두에 두어 자신의 경험을 강조하고 있다. 곧 바울 사도는 "율법으로 말미암아 율법에 대하여 죽은" 경험을 강조한다. 그리고 본 절 초두에는 "왜냐하면"이라는 이유접속사(γὰρ)를 써서 본 절이 앞 절(18절)에 대한 이유임을 설명한다. 곧 바울 사도는 앞 절에서 "헐었던 것을 다시 세우는" 어리석음을 범치 않는다고 했는데 그 이유는 바울 사도가 "율법으로 말미암아 율법에 대하여 죽었기" 때문이라고 말한다(롬 7:4, 6). 다시 말해 파기한 율법을 다시 세우지 않는 이유는 율법은 사람을 의롭게 만들지도 못하며 사람의 죄의식만 가중시켜 심판에 이르게 하기 때문이라는 것이다. 바울 사도는 율법이라는 것이 무엇임을 알고 율법과의 관계를 끊었다고 말한다(롬 7:4).

바울 사도가 이처럼 율법과의 관계를 단절한 목적은 "하나님에 대하여 살기 위해서"라고 말한다(롬 6:11; 고후 5:15; 살전 5:10; 히 9:14; 벧전 4:2). 여기 "하나님에 대하여 살려 한다"(ἵνα θεῷ ζήσω)는 말은 문자대로 번역해보면 '하나님을 향하여 살기 위하여'(that I might live unto God) 혹은 '하나님과의 관계에서 살아있기 위하여'라고 번역할 수 있다. 그러나 이 문장은 바로 앞에 있는 문장과 대비되는 문장인고로 '하나님을 알고 하나님으로부터 의롭다 함을 받으며 또 하나님으로부터 생명을 얻고 하나님과 교제하는 것'을 지칭한다. 아무튼 하나님으로부터 풍성한 생명을 얻기 원한다는 것을 뜻한다. 이렇게 해석해야 하는 이유는 바로 앞에 있는 문장이 "내가 율법으로 말미암아 율법에 대하여 죽었나니"란 말이 율법과의 관계를 아주 끊은 것을 말하기 때문이다. 율법과의 관계를 아주 끊어버린 이유는 하나님으로부터 생명을 풍성히 얻기 위함이다. 우리는 율법에 대하여 철저하게 죽고 하나님에 대하여 살아야 한다. 혹시 율법으로부터 생명을 얻으려 하면 하나님으로부터 생명을 얻지 못한다. 우리는 율법으로부터 생명도 없을 수 없고 의로움도 얻지 못하는 것을 알고 전적으로 하나님에게 의지하여 생명을 얻고 기쁨을 얻고 평강을 얻으며 모든 것을 얻어야 한다.

3. 의를 얻는다는 것은 그리스도와 연합하는 것을 뜻함   2:20

갈 2:20. 내가 그리스도와 함께 십자가에 못 박혔나니 그런즉 이제는 내가 사는 것이 아니요 오직 내 안에 그리스도께서 사시는 것이라 이제 내가 육체 가운데 사는 것은 나를 사랑하사 나를 위하여 자기 자신을 버리신 하나님의 아들을 믿는 믿음 안에서 사는 것이라.
바울 사도는 믿음으로 의롭다 함을 얻는 교리를 설명하다가 본 절에 와서는 이신득의(以信得義)란 예수님을 믿음으로 하나님으로부터 의롭다고 선언 받는 것만이 아니라 아예 그리스도와 연합하는 것이라고 말한다.
　　바울 사도는 본 절에서 세 가지를 말한다. 첫째, "내가 그리스도와 함께 십자가에 못 박혔다”고 말한다(1:4; 3:1, 13; 6:14; 롬 6:6). 곧 ‘바울의 옛 사람이 십자가에 못 박혔다’는 것이다. “십자가에 함께 못 박혔다”(συνεσταύρωμαι)는 말은 완료형 수동태로 과거에 못 박혀 지금까지 못 박힌 상태에서 살아왔으며 지금도 십자가에 못 박힌 형편에 있다는 뜻이다(롬 6:6). 바울 사도는 다메섹 도상에서 예수님과 연합한 경험을 하고 난후 그리스도의 십자가 죽음은 자신의 죽음이라고 믿었다(고후 15:14-15). 우리 역시 우리의 옛 사람이 그리스도의 십자가 죽음에 포함된 줄 여겨야 한다(롬 6:10-11).

둘째, “이제는 내가 사는 것이 아니요 오직 내 안에 그리스도께서 사신다”고 말한다. 바울 사도는 자신의 옛 사람이 죽어서 “이제는 내가 사는 것이 아니라”고 말한다. 다시 말해 자신의 옛 사람은 이제 자신과 관계가 끊어졌다는 것이다. 그리고 “오직 내 안에 그리스도께서 사신다”고 말한다. 곧 ‘부활하신 그리스도께서 바울 안에 살고 계신다’는 것이다. 바울 사도는 이제 새로운 정체성을 가지게 되었다. 브루스(F. F. Bruce)는 “성도들은 그리스도와 연합하면 바로 그리스도의 생명에 동참하게 된다. 신성의 충만이 그리스도 안에 있을진대 그리스도의 충만은 성도들에게 전가된다. 그리스도가 아니라면 우리 성도들은 영원히 불완전한 상태로 존재할 수밖에 없으며 또 참 존재의 목적을 이룰 수가 없다”고 말한다.26) 지노스(Andrew C. Zenos)도 “성도가 그리스도와 하나가 되면 그리스도의 온전한 경험에 동참자가 된다. 즉 그의 죽음, 그의 매장, 그의 부활 그리고 그의 불멸의 생명에의 동참자가 되는데...이 연합에 의하여 바울은 그리스도의 죽음과 합하기를 목적하고 있고 또한 부활에 이르기 위하여 그리스도의 고난을 알기를 목적하고 있다”고 주장한다.27) 지금 우리 안에는 성령으로 말미암아 그리스도께서 살아계신다(롬 8:9-11). 우리가 어떻게 그리스도와 연합하는가를 아는 것은 중요하다. 간단히 말해 먼저 우리에게 복음이 전파되고 복음이 전파되는 순간 성령님이 역사하시며 또 우리 측에서 그리스도를 영접할 때 그리스도께

26) F. F. Bruce, *Commentary on the Epistle to the Colossians* (Grand Rapids: Wm. B. Eerdmans Publishing Co., 1975), p. 233.

27) Andrew C. Zenos, *The Plastic Age of the Gospel: A Manual of New Testament Theology* (New York: MacMillan Co., 1927), p. 185.

서 우리 안에 들어오신다.[28]

셋째, "이제 내가 육체 가운데 사는 것은 나를 사랑하사 나를 위하여 자기 자신을 버리신 하나님의 아들을 믿는 믿음 안에서 산다"는 것이다(1:4; 엡 5:2; 딛 2:14). 여기 "내가 육체 가운데 산다"는 말은 '육체를 가지고 산다' 혹은 '인간 사회 가운데 산다'는 말이다. "바울 안에 그리스도께서 사신다"고 했지만 그러나 그의 삶은 인간 사회와 다른 그 어떤 다른 지역에서 사는 것이 아니라 여전히 육체를 가진 몸으로 현세에서 산다는 것이다. 그리고 바울 사도는 현실 속에서 살지만 "하나님의 아들을 믿는 믿음 안에서 산다"(ἐν πίστει ζῶ τῇ τοῦ υἱοῦ τοῦ θεοῦ)고 말한다(고후 5:15; 살전 5:10; 벧전 4:2). 바울 사도의 사는 영역은 "믿음 안에서"이다. 그는 인간 사회에서 사는 중에 믿음 안에서 살고 있다고 말한다. 그리고 그는 다른 존재를 믿는 것이 아니라 "자신을 사랑하

---

28) 연합에 이르는 데는 몇 가지 단계가 있다: 복음을 듣는 일, 성령께서 역사하시는 일, 주 예수 그리스도를 믿는 일이다. 제리마이어(David Jeremiah)는 "하나님의 말씀이 전파되거나 읽혀지거나 들려지고 다음으로 성령님께서 하나님의 말씀을 가지고 사람의 마음속에 불을 붙이시면 그 사람은 신자가 된다...하나님은 그의 말씀을 가지고 사람으로 하여금 예수님을 믿는 믿음에 이르도록 말씀을 사용하신다"고 말한다(David Jeremiah, *God in You*, Orange, Califp.: Multnomah Publishers, p. 54). 제리마이어는 계속해서 다른 방법으로 강조한다: 즉 "만약 우리가 영적인 진리를 얻도록 하나님의 말씀을 사용하지 않으면 우리는 성령님을 영향력 밖으로 밀어내는 것이다. 성령님이 사람의 마음속에서 역사하실 수 있는 유일한 방법은 하나님의 말씀이 있느냐 하는 것이다. 만약에 우리가 성령님을 활동무대 밖에 두면 우리는 아무런 것도 얻지 못한다. 그러나 하나님의 말씀이 전파되면 성령님은 그 말씀을 사용하셔서 사람의 마음속에서 회심을 일으키신다"고 주장한다(Ibid.). 벌코프(Berkhof)도 역시 말씀과 성령은 구원의 역사에 있어서 함께 역사하신다고 말한다. 그는 "개혁자들은 말씀만으로는 믿음을 일으키고 회심을 일으키는데 충분하지 못하고, 성령님이 일으키실 수 있으시나 통상 말씀이 없이는 역사하시지 않으신다. 그런고로 구원의 역사에 있어서 말씀과 성령은 함께 역사하신다"고 주장한다(L. Berkhof, *Systematic Theology*, Carlisle, Pa.: Banner of Truth Trust, 1958, p. 611). 말씀은 성령님이 구원의 역사를 위해 사용하시는 칼이고 도구이다(엡 6:16; 히 4:12). 성령님께서 선교사들을 여러 곳에 보내실 때도 성령님은 말씀과 함께 역사하셨다. 성령님께서 바울과 바나바를 이방으로 파송하실 때 성령님은 안디옥 교회에 명하시기를 두 사람을 따로 세우라고 하셨다. 행 13:2에 "성령이 이르시되 내가 불러 시키는 일을 위하여 바나바와 사울을 따로 세우라"고 하셨다. 성령님은 그 두 사람을 세우실 때 말씀으로 역사하셨다. 바울과 바나바는 안디옥을 떠나 성령의 명령을 받아 실루기아로 갔다. 행 13:4에 "두 사람이 성령의 보내심을 받아 실루기아에 내려갔다"고 말씀한다. 그리고 바울과 실라가 제 2차 전도 여행을 시작했을 때(행 15:36-18:22), 성령님은 그들로 하여금 "아시아에서 말씀을 전파하지" 못하도록 막았다. 행 16:6-7에 "성령이 아시아에서 말씀을 전하지 못하게 하시거늘 그들이 브루기아와 갈라디아 땅으로 다녀가 무시아 앞에 이르러 비두니아로 가고자 애쓰되 예수의 영이 허락하지 아니하시는 지라"고 말씀한다(김수홍의 논문 제 3장 "그리스도와 어떻게 연합되는가"중에서).

사 자신을 위하여 자기 몸을 버리신 하나님의 아들을 믿는 믿음 안에서" 살고 있다고 말한다. 바울 사도는 하나님의 아들이 어떤 분임을 길게 말한다.[29] 하나님의 아들은 바울 사도를 사랑하셔서 십자가에서 자기의 몸을 버리신 분이라고 말한다. 하나님의 아들 예수님은 우리를 사랑하시되 죽음으로써 사랑하셨다. 오늘 우리도 현실 속에서 살고 있지만 그리스도를 믿는 믿음 안에서 살고 있는 것이다.

4. 바울 사도는 잠시라도 십자가 은혜를 무효화시키지 않겠다고 말함 2:21

갈 2:21. 내가 하나님의 은혜를 폐하지 아니하노니 만일 의롭게 되는 것이 율법으로 말미암으면 그리스도께서 헛되이 죽으셨느니라.
바울 사도는 본 절에 와서 11절부터 이어 오던 말에 대해 결론짓는다. 바울 사도는 '내가 하나님의 은혜를 폐하지 아니하노니'라고 분명히 못을 박아 말한다. 곧 '믿음으로만 의를 얻는다는 복음의 진리'를 잠시라도 떠나 율법으로 돌아가지 않겠다는 것이다. 비록 베드로는 잠시 율법으로 돌아갔고 또 율법주의 자들은 할례를 주장하고 율법적 의식으로 돌아가지만 바울 사도는 믿음으로만 의를 얻는다는 복음의 진리를 잠시라도 폐하지 않겠다고 말한다.

　　바울 사도는 "만일 의롭게 되는 것이 율법으로 말미암으면 그리스도께서 헛되이 죽으셨느니라"고 말한다(3:21; 히 7:11). 곧 '의롭게 되는 것이 율법을 지켜서 되는 일이라면 그리스도는 공연히 죽은 것이라'는 뜻이다. "헛되

---

29) "하나님의 아들"이란 말은, 1) 구약에서 이스라엘 나라를 지칭하는 말이었다(출 4:22; 렘 31:9; 호 11:1). 2) 이스라엘의 기름 부음 받은 왕에게 붙인 말이었다(삼하 7:14; 시 89:26f). 3) 앞으로 오실 메시아에게 이 이름이 붙여졌다(시 2:7; 행 13:23). 이 "하나님의 아들"이라는 명칭이 예수님에게 쓰일 때는 1) 예수님이 이스라엘의 진정한 대표자라는 뜻으로 쓰였고, 2) 하나님의 기름부음 받은 왕이라는 뜻으로 쓰였으며, 3) 약속된 메시아라는 뜻으로 쓰여 졌다(F. F. Bruce). 예수님 당시 대제사장은 예수님을 향하여 "네가 찬송 받을 자의 아들 그리스도냐?"(마 26:63; 막 14:61; 눅 22:67, 70)고 질문했는데 이는 메시아를 하나님의 아들로 생각했다는 것을 보여준다. 그리고 예수님 자신이 하나님의 아들이라고 말씀하실 때는 1) 예수님께서 아버지와 독특한 관계에 계시다는 것, 2) 하나님과 교제하신다는 것, 3) 아들의 기능은 아버지를 드러내시는 분이라는 것을 드러내는 표현이다.

이"(δωρεὰν)란 말은 '과분하게,' '부당하게,' '불필요하게'라는 뜻이다. 우리가 율법을 지켜서 의롭게 되려는 생각을 가진다면 그리스도의 죽으심이 불필요한 죽음이라는 뜻이다. 우리는 그리스도의 죽음을 불필요한 죽음으로 만들어서는 안 된다.

제 3 장
복음과 율법

바울 사도는 앞 장(2장)에서 복음을 변호했고 또한 자신의 사도 권을 변호했다. 그는 앞 장 마지막에서 복음의 진리를 잠시 떠난 베드로를 책망하며 이신득의(以信得義)의 교리를 밝혔다. 바울 사도는 이제 본 교리 편(3:1-4:31)에 와서 더욱 적극적으로 복음에 대한 변증을 한다. 다시 말해 소극적인 변명으로부터 적극적인 변명으로 옮아온 것이다. 바울 사도는 이제 교리 편을 맞이하여 복음을 변명하되 율법과 대조시켜(3:1-14) 복음의 진가(眞價)를 밝히고 율법의 정체성과 율법이 하는 일을 논하고(3:15-4:11), 율법으로 되돌아가려는 율법주의자들의 어리석음을 논박한다(4:8-31).

VI.복음과 율법   3:1-14
바울 사도는 믿음을 버리고 율법으로 돌아가려는 갈라디아 사람들을 책망하고(1-5절), 믿음으로만 구원 얻는 진리를 주장한다(6-14절).

1. 믿음을 버리고 율법주의로 되돌아가려는 갈라디아 사람들을 책망함   3:1-5

갈 3:1. 어리석도다. 갈라디아 사람들아 예수 그리스도께서 십자가에 못 박히신 것이 너희 눈앞에 밝히 보이거늘 누가 너희를 꾀더냐.
바울 사도는 "어리석도다. 갈라디아 사람들아"('Ω ἀνόητοι Γαλάται)라고 탄식한다. 곧 '오오 어리석은 자들이여(3절; 롬 1:14; 딤전 6:9; 딛 3:3), 갈라디아 사람들이여'라고 개탄한다. 사람이 서로 만나서는 이렇게 강하게 면박할 수 있으나 서로 얼굴과 얼굴을 대하여 보지 못하는 입장에서 편지로 이렇게 강하게 면박하는 일은 참으로 드문 일이다. 바울 사도는 새로운 문장으로 전환할 때는 보통 "사랑하는 자들아"라는 애칭을 썼으나 여기서는 갑자기 '어리석은 자들이여'라고 말하면서 책망한다. 바울 사도가 이렇게까지 강하게 면박을 주는 이유는 갈라디아 사람들이 너무 어리석은 일을 했기 때문이었다. 곧 "예수 그리스도께서 십자가에 못 박히신 것이 너희 눈앞에 밝히 보였는데," 곧 '눈앞에 밝히 게시되었는데,' '눈앞에 밝히 나타났는데,' '눈에 선한데' 누구의 꼬임을 받아 율법으로 돌아가느냐 하는 것이다. 바울 사도가 갈라디아 교회들을 개척할 때에 십자가의 도리를 분명하게 전하여 누구든지 부인할 수 없을 정도로 환한 일인데 이제 누구의 유혹을 받아 율법으로 돌아가느냐 하는 개탄이다(5:7). 바울 사도는 여기서 유혹하는 사람들이 누구냐를 따지는 것이 아니라 갈라디아 사람들이 그렇게 유혹을 받아 십자가에서 눈을 뗄 수 있느냐 하는 것이다.

여기 "십자가에 못 박히신 것"(ἐσταυρωμένος)이란 말은 완료형 분사로 그리스도께서 과거에 십자가에 못 박히셨지만 지금도 그 효력이 진행되고 있다는 표현이다. 오늘 우리는 다른 것에 한 눈을 팔지 말고 십자가만 바라보고 걸어가야 한다. 십자가 잃으면 모든 것을 잃는 것이다.

갈 3:2. 내가 너희에게 다만 이것을 알려 하노니 너희가 성령을 받은 것이 율법의 행위로냐 혹은 듣고 믿음으로냐

바울 사도는 너무 억울해서 다만 한 가지만 알기를 바란다고 말한다. 곧 "너희가 성령을 받은 것이 율법의 행위로냐(행 2:38; 8:15; 10:47; 15:8; 엡 1:13; 히 6:4) 혹은 듣고 믿음으로냐(롬 10:16-17)"고 질문한다. 다시 말해 '너희가 성령을 받은 것이 율법을 행했기 때문이냐. 아니면 십자가 사건을 듣고 믿는 중에 받은 것이냐'에 대해 대답하라고 말한다. 여기 복음을 듣는다는 것과 성령을 받는다는 것, 그리고 믿는다는 것의 순서는 우선 복음을 듣는 것이 제일 앞서는 순서이고 다음으로 성령을 받는다는 것과 믿는 것은 동시적인 사건으로 보아야 한다. 행 11:17에서 베드로는 "주 예수 그리스도를 믿을 때에" 성령을 받은 것으로 말하고 있다. 곧 사도들의 오순절 사건도 믿을 때에 성령 받은 것이라 하고 또 고넬료의 가정의 경험도 역시 복음을 듣고 믿을 때에 성령을 받은 것으로 말하지만(행 10:44) 고전 12:3에 "성령으로 하지 아니하고는 누구든지 예수를 주시라 할 수 없느니라"고 말한다. 곧 성령의 역사가 먼저 있어야 믿음에 이른다. 그런고로 성령을 받는 것과 믿음을 얻게 된다는 것은 거의 동시적인 사건으로 보아야 한다.

들는다는 것은 중요하다. 복음을 들을 때 믿음을 얻게 되고 성령을 받게 된다(행 15:7; 롬 10:17). 바울 사도가 갈라디아 지역에서 복음을 전할 때 갈라디아 사람들은 복음을 듣는 중에 믿음에 이르게 되었다. 여기 "듣고 믿음으로냐"는 말은 '복음을 듣고 믿음에 이른 것이냐'는 질문이다. 우리는 복음을 많이 들어야 한다. 그리고 복음을 전하여 많은 사람으로 하여금 듣게 해야 한다. 그러면 사람들은 믿음에 이르게 된다.

갈 3:3. 너희가 이같이 어리석으냐 성령으로 시작하였다가 이제는 육체로 마치겠느냐.

바울 사도는 1절에 이어 다시 탄식한다. 곧 "너희가...성령으로 시작하였다가 이제는 육체로 마치겠느냐"고 탄식한다(4:9; 히 9:10). 다시 말해 '너희 갈라디아 교인들이 십자가 복음을 듣고 성령 받아 믿게 되었는데 이제 와서 율법주의 자들한테 유혹을 받아 그리스도를 믿는 믿음에서 떠나 성령의 지배를 받지 않는 육(肉)의 삶을 살겠느냐'고 질문한다. 고린도 교회 교인들은 성령을 받았으나 훗날 육신에 속한 자들이 되었다(고전 3:1-3). 누구든지 성령으로 시작하였지만 사단의 꼬임을 받으면 한 동안 육(肉)에 끌리는 삶을 살 수가 있다. 그렇다고 끝까지 그렇게 육의 삶을 사는 것은 아니다. 한번 성령을 받아 거듭난 신자는 결국 구원을 얻는다고 하는 것이 성경의 증언인고로(요 6:39, 44) 다시 돌아오기는 하지만, 한 동안 타락의 삶을 살 수 있다. 우리는 성령으로 시작하고 성령으로 마쳐야 한다. 한 생애 동안 성령의 지배를 받으면서 살아야 한다.

갈 3:4. 너희가 이같이 많은 괴로움을 헛되이 받았느냐 과연 헛되냐.

바울 사도는 갈라디아 교인들이 지나간 날에 받은 "많은 괴로움을 헛되이 받았느냐"고 질문한다(히 10:35-36; 요이 1:8). 바울 사도의 반문은 애석하다는 마음을 드러내는 반문이다. 갈라디아 교인들이 과거에 복음을 받은 후 율법주의자들로부터 많은 고난을 받았는데 이제 와서 그들의 유혹에 넘어가 그들을 따른다면 과거에 받은 많은 고난은 모두 헛되게 받은 것이 된다.

그러나 혹자는 이 "괴로움"(ἐπάθετε)이라는 말을 '은혜'라는 뜻으로 해석하여 과거에 하나님으로부터 많은 은혜를 받았는데 이제 엉뚱한 율법주의로 돌아가니 과거에 받은 은혜가 헛되게 되었다고 해석한다. 그렇게 주장하는 학자들은 이 "괴로움"(ἐπάθετε)이라는 단어가 고전 헬라어에서 '총애를 받는다'는 뜻이 있음으로 그렇게 해석한다고 한다. 그러나 "괴로움"이라는 말을 '하나님의 은혜'라고 해석하는데 한 가지의 결정적인 약점은 "괴로움"(ἐπάθετε)이란 말의 헬라어가 바울 서신에서는 주로 '고통'으로 쓰였다는 것을 감안할 때(고전 12:26; 빌 1:29; 4:14; 골 1:24) 본문의 "많은 괴로움"은 '많은 고난,' '많은 고통'으로 해석하는 것이 더 옳을 것이다.

그리고 바울 사도는 "과연 헛되냐"고 또 한 번 반문한다. 진짜 헛되냐는 것이다. 진짜 율법주의자들을 따라가서 할례도 행하고 또 율법주의의 의식도 지켜서 과거에 십자가 복음을 믿느라 고생한 것을 헛된 데로 돌릴 것이냐고 질문한다. 오늘 우리는 그리스도를 따르면서 당한 고생을 헛된 데로 돌려서는 안 된다. 이단을 따라가서는 안 된다. 그러면 모든 것은 헛되게 된다.

갈 3:5. 너희에게 성령을 주시고 너희 가운데서 능력을 행하시는 이의 일이 율법의 행위에서냐 혹은 듣고 믿음에서냐.

바울 사도는 2절에서 "너희가 성령을 받은 것이 율법의 행위로냐 혹은 듣고 믿음으로냐"고 질문하고는 이제 본 절에 와서는 "너희에게 성령을 주시고 너희 가운데서 능력을 행하시는 이의 일이 율법의 행위에서냐 혹은 듣고 믿음에서냐"고 질문한다. 2절에서는 갈라디아 교인들이 주체가 되어 성령 받은 사실을

언급했고 본 절에서는 하나님이 주체가 되어 두 가지 사역을 하신 것을 언급하고
있다.

바울 사도는 하나님께서 갈라디아 교인들에게 "성령을 주시는" 일을 하시고
또 "능력을 행하시는 일"을 하신다고 말한다. 하나님은 갈라디아 교인들에게
'성령을 주셔서 구원하시는 일'을 하시고, 또 갈라디아 지방에서 '이적과 기사를
행하신다'는 것이다. 바울 사도는 "성령을 주시고"(ἐπιχορηγῶν) 또 "능력을
행하시는"(ἐνεργῶν)이란 말을 할 때 현재분사로 표현하고 있다. 그것은 하나님
께서 처음부터 지금까지 계속해서 성령을 주시고 또 계속해서 능력을 행하시는
분이라는 것을 보여주기 위함이다.

바울 사도는 이렇게 하나님께서 성령을 주시고 또 능력을 행하시는 일이
"율법의 행위에서냐 혹은 듣고 믿음에서냐"고 질문을 했는데 곧 갈라디아 교인
들이 율법을 행하는 중에 하나님께서 성령을 주시고 또 이적을 행하시는 것이냐
아니면 복음을 듣고 믿는 중에 생겨진 일이냐고 질문한 것이다. 대답은 뻔하다.
복음을 듣고 믿을 때에 된 일이다. 우리는 복음을 듣고 믿을 때 성령을 받아
구원에 이르며 또한 여러 가지 기이한 복을 받는다.

2. 사람은 믿음으로만 구원을 얻음   3:6-14

바울 사도는 앞에서(1-5절) 복음을 듣고 믿을 때에 성령을 받아 구원에
이른다고 말하고, 이제 이 부분(6-14절)에서는 하나님을 믿을 때에 의에 이른다
는 진리를 피력한다. 바울 사도는 아브라함을 예로 들어 사람이 하나님을 믿을
때에, 곧 복음을 믿을 때에 구원에 이른다고 말한다.

**갈 3:6. 아브라함이 하나님을 믿으매 이것을 그에게 의로 정하셨다 함과
같으니라.**
바울 사도는 본 절부터 9절까지 아브라함을 예로 들어 믿음으로 의롭다 함을
얻는 진리를 말한다. 바울 사도는 구약 성경 창 15:6절의 말씀 "아브라함이
하나님을 믿으매 이것을 그에게 의로 정하셨다"는 말씀을 인용하여 믿음으로

구원 얻는 진리를 말한다(롬 4:3, 9, 21-22; 약 2:23). 아브라함이 믿었던 하나님이
어떤 하나님이냐 하는 것은 창 15:5이 말하고 있다. 창 15:5에 보면 하나님은
아브라함으로 하여금 하늘을 바라보게 하시고 아브라함의 자손이 하늘의 별처
럼 많게 하시리라고 하신다. 이 말씀은 아브라함의 자손 중에 그리스도가 나서서
그리스도를 믿는 신자들이 하늘의 별처럼 많아질 것을 약속하신 것이다. 아브라
함은 하나님의 그 약속을 믿은 것이다. 곧 하나님께서 그리스도를 주실 것을
믿은 것이다. 아브라함이 하나님의 약속을 믿을 때 하나님은 그 믿음을 보시고
아브라함을 의로 여기셨다. 아브라함은 하나님이 약속하신 복음을 믿었다. 갈라
디아의 율법주의자들은 아브라함이 할례를 받기 이전에 하나님으로부터 의롭다
하심을 받은 사실을 간과하지 말고 믿음으로 돌아와야 했다. 사람은 복음을
믿을 때 의로 여김을 받는다.

갈 3:7. 그런즉 믿음으로 말미암은 자들은 아브라함의 아들인 줄 알지어다.
아브라함이 하나님을 믿음으로 의롭다 하심을 받은 것처럼(6절) 누구든지 그리
스도를 믿을 때 영적으로 아브라함의 자손이 된다고 말한다(요 8:39; 롬 4:11-12,
16). 하나님은 아브라함을 믿는 자의 조상으로 세우셨다고 성경은 말씀한다(롬
4:17). 본문의 "알지어다"(γινώσκετε)라는 말은 헬라어 문장에서 문장 초두에
나오는 고로 그 뜻이 강조되었다. 그런고로 그리스도를 믿는 사람들만이 아브라
함의 영적인 자손으로서 의롭다함을 받으며 구원에 이른다는 것을 알라는
것이다. 우리 모두는 지금 그리스도를 구주로 믿기 때문에 아브라함과 함께
구원의 반열에 서 있음을 알아야 한다.

**갈 3:8. 또 하나님이 이방을 믿음으로 말미암아 의로 정하실 것을 성경이 미리
알고 먼저 아브라함에게 복음을 전하되 모든 이방이 너를 인하여 복을 받으리라
하였으니.**
바울 사도는 앞 절(7절)에서 그리스도를 믿는 사람들은 모두 아브라함의 영적인
자손이라고 말하고, 본 절에서는 그리스도를 믿는 사람들은 모두 복을 받는다고

말한다. 바울 사도는 먼저 "하나님이 이방을 믿음으로 말미암아 의로 정하실 것을 성경이 미리 알았다"고 말한다(22절; 롬 9:17). 여러 천년 후에 하나님께서 이방 사람들을 믿음으로 말미암아 의에 이르게 하실 것을 성경이 미리 알았다는 것이다. 구체적으로 대략 2,000년 후에(아브라함 시대를 표준하여 2000년 후) 하나님께서 이방 사람들을 믿음으로 말미암아 의에 이르게 하실 사실을 하나님(성경)은 미리 아셨다는 것이다. 여기 "성경이 미리 알았다"는 말은 '하나님께서 미리 알았다'는 표현과 같다(22절; 롬 9:17). 하나님께서 아신 것은 성경이 안 것이고 성경이 안 것은 하나님께 아신 것이다. 바울 사도는 성경을 의인시하여 표현한다. 하나님은 모든 것을 미리 아시는 분이시다. 우리 이방 사람들이 예수 그리스도를 믿어서 의에 이를 것을 미리 아셨다.

그리고 바울 사도는 "먼저 아브라함에게 복음을 전하되 모든 이방이 너를 인하여 복을 받으리라 하였다"고 말한다. 성경은 미리 알았을 뿐만 아니라 미리 안 사실을 그냥 묻어두지 않고 "먼저 아브라함에게 복음을 전했다"고 말한다. 다시 말해 성경이 복음을 신약 시대에 와서 전파한 것이 아니라 벌써 아브라함에게 전파했다는 것이다. 신약 시대가 이르기 2,000년 전에 "먼저 아브라함에게 복음을 전했다"는 말은 창 12:3; 18:18; 22:18에 쓰여 있다. 이 말씀들의 내용은 "너를 통하여 모든 이방이 복을 받으리라"는 것이다(창 18:18; 22:18; 행 3:25). 성경이 아브라함에게 전한 복음의 말씀대로 신약 시대가 되어 그리스도를 믿음으로 모든 이방 사람들이 구원의 복을 받게 되었다. 오늘 우리는 기원 전 2,000년에 성경(하나님)이 아브라함에게 전해준 복음 즉 "모든 이방이 너로 인하여 복을 받으리라"고 한 말씀한 대로 그리스도를 믿음으로 아브라함이 받은 복과 동일한 구원의 복(칭의의 복)을 받게 되었다. 하나님은 영원 전에 이방인들을 구원할 계획을 세우시고 그 사실을 아브라함에게 전하시고 구원을 실시하시기 위해서 예수 그리스도를 이 땅에 보내시고 십자가에서 대속의 죽음을 죽게 하사 우리를 대속하셨다.

갈 3:9.그러므로 믿음으로 말미암은 자는 믿음이 있는 아브라함과 함께 복을

받느니라.

바울 사도는 앞 절(8절)에서 하나님(성경)께서 "모든 이방인이 너(아브라함)로 말미암아 복을 받으리라"고 하셨으므로(ὥστε-"그러므로") "믿음으로 말미암는 자는 믿음이 있는 아브라함과 함께 복을 받는다"고 말한다. 하나님께서 모든 이방인이 아브라함의 후손인 그리스도를 믿음으로 말미암아 구원의 복을 받으리라(앞 절)고 말씀하셨으니 그 말씀은 반드시 이루어져서 그리스도를 믿는 사람은 하나님을 믿었던 아브라함과 함께 복을 받는다는 뜻이다. 하나님(성경)께서 구약 시대에 말씀하신 것은 말씀하신 그대로 반드시 이루어진다. 한 가지도 예외 없이 그대로 이루어진다. 하나님께서 오래전에 말씀하신 것이 훗날 이루어지지 않은 것이 있는가. 예수님의 재림만 아직 이루어지지 않았지 모든 것은 이루어졌고 또 이루어져 가고 있다. 우리가 예수님을 믿으면 아브라함과 마찬가지로 구원의 복, 칭의의 복, 영생의 복을 받는다. 하나님으로부터 의롭다고 칭함 받는 복보다 더 큰 복은 없다. 불의했던 인간이 그리스도를 믿어 의롭다고 여겨지는 것만큼 큰 복이 있는가. 의롭다고 여겨지기만 하면 다른 복들은 다 따라온다. 사람들은 세상에서 자기가 옳다는 것을 보여주기 위해서 야단이다. 옳다는 것을 보여주기 위해서 죄를 숨기고 혹은 죄의 양을 줄이려 하고 혹은 변호사를 택하여 자기의 무죄를 입증하려고 야단이다. 그러나 하나님 앞에서는 의롭다고 하는 말을 들을 수가 없다. 다만 하나님의 아들이 십자가에서 대속의 죽음을 죽으신 사실을 믿기만 하면 아주 쉽게 하나님으로부터 의롭다하는 말씀을 듣게 된다.

갈 3:10. 무릇 율법 행위에 속한 자들은 저주 아래에 있나니 기록된바 누구든지 율법 책에 기록된 대로 모든 일을 항상 행하지 아니하는 자는 저주 아래에 있는 자라 하였음이라.

아브라함의 예를 들어 믿음으로 말미암아 의롭다 함을 받는다는 진리를 말한(6-9절) 바울 사도는 이제 본 절과 다음 절(11절)에서 믿음을 떠나 율법을 의지하는 자는 불행하다고 말한다. 첫째, 바울 사도는 본 절에서 "무릇 율법 행위에 속한 자들은 저주 아래에 있다"고 말한다. 곧 '율법을 행하여 의롭다함을 받으려는 사람은 율법을 완벽하게 다 지킬 수 없음으로(롬 7:24) 결국 율법의 저주 아래에 있게 된다'고 말한다(롬 4:15; 5:18). 율법의 저주 아래에 있게 된다는 말은 사람이 율법을 다 완벽하게 지킬 수 없음으로 율법이 말하는 저주를 받게 된다는 것이다. 곧 불행하게 되고 영원히 멸망하게 된다는 말이다(마 25:41; 롬 4:15). 그 이유는 "누구든지 율법 책에 기록된 대로 모든 일을 항상 행하지 아니하는 자는 저주 아래에 있는 자라 하였기" 때문이다(신 27:26; 렘 11:3). 여기 "율법 책"은 신 27:26; 28:15; 시 119:21 등이 쓰여 있는 책들을 지칭하는데 사람은 누구든지 율법 책에 기록된 대로 항상 행하지 않으면 율법의 정죄를 받아 저주 아래 있게 된다. 누가 율법 책에 기록된 대로 모든 율법을 지켜서 의롭다 함을 받으며 구원을 받을 수 있겠는가. 누가 율법의 요구를 다 충족시킬 수 있겠는가. 결국은 율법을 다 지키지 못하기 때문에 율법에 의해서 정죄를 받을 수밖에 없지 않겠는가. 우리는 율법을 온전히 다 지키신 그리스도를 믿어 그리스도께서 의로우신 것처럼 우리 역시 의롭다 함을 받아야 한다.

갈 3:11.또 하나님 앞에서 아무도 율법으로 말미암아 의롭게 되지 못할 것이 분명하니 이는 의인이 믿음으로 살리라 하였음이니라.

둘째, 바울 사도는 "아무도 율법으로 말미암아 의롭게 되지 못할 것이 분명하다"고 말한다(2:16). 분명한 것 중의 하나가 "하나님 앞에서 아무도 율법으로 말미암아 의롭게 되지 못하는 것"이다. 이유는 구약 성경 합 2:4에 "의인이 믿음으로 살리라"고 기록되어 있기 때문이다(롬 1:17; 히 10:38). 우리는 성경에 기록된 것을 어길 수는 없다. 성경에 기록된 것을 거스를 수 없다. 성경에 "의인이 믿음으로 살리라"고 기록되어 있기 때문에 율법을 지켜서 의롭게 된다는 것은 상상도 하지 말아야 한다. 하나님과 올바른 관계를 맺고 하나님 앞에서 의롭다 함을 받기 원하는 사람은 믿음에 의존해야 한다.

하박국은 이스라엘이 갈대아 사람들의 침공을 받아 심각한 고통에 빠졌을 때 하나님으로부터 "의인은 그 믿음으로 살아야 한다"(The just shall live by faith)는 계시를 받았다. '의롭게 될 사람은 믿음으로 살아야 한다,' '의롭다고 여겨지기를 바라는 사람은 그리스도를 믿음으로 살아야 한'는 뜻이다.30) 이스라 엘이 아무리 다급해도 갈대아 사람들에게 아부할 것이 아니라 여전히 하나님만 바라보아야 한다는 계시를 받은 것이다. 우리는 율법을 의지할 것이 아니라 하나님을 믿는 믿음으로 살아야 한다. 그리스도를 믿는 것 이상 더 중요한 것은 없다.

갈 3:12. 율법은 믿음에서 난 것이 아니니 율법을 행하는 자는 그 가운데서 살리라 하였느니라.

바울 사도는 율법과 믿음은 그 근원이 서로 다르다고 말한다. 바울 사도는 "율법은 믿음에서 난 것이 아니라"고 말한다(롬 4:4-5; 10:5-6; 11:6). "율법"31) 은 하나님께서 천사를 통하여 모세에게 주신 것이고(믿음을 주신 아브라함 시대부터 430년 뒤에 율법을 주셨다-17절) 그리스도를 믿는 "믿음"은 하나님께 서 아브라함에게 주신 것이다. 그런고로 서로 근원이 다르다. 렌스키는 "율법은 믿음에 대해서 생소한 것이다. 율법은 죄인을 의롭다 칭하는 믿음을 알지 못한다. 율법은 단지 죄인을 저주한다(10절). 그것은 율법이 규정한 것을 완전히 이행함 으로써만 인간은 생명을 얻을 수 있다고 한다. 만일 그 행위를 실패하고 만나면 그는 절대적으로 파멸의 고배를 마실 수밖에 없는 것이다"32)라고 말한다. 브루 스(F. F. Bruce) 역시 "바울에게 있어서는 율법과 믿음은 서로 관련이 없다. 복음은 믿음을 요구하나, 율법은 행위를 요구한다. '율법은 믿음의 토대위에 세워져 있지 않다.' 율법과 관련된 모든 복은 레 18:5이 보여주는 바와 같이 율법 조항들을 순종하는데서 얻어진다"고 말한다.33) 우리는 율법과 믿음의

---

30) 이 문장의 주어 "의인"이란 말은 미래적으로 해석하는 것이 좋다. 이유는 "살리라"는 동사가 미래이기 때문에 주어도 미래적으로 해석해야 한다.

31) 여기 "율법"이란 낱말에 관사가 붙어 있는 것을 두고 렌스키는 "'율법'이라는 용어에서 관사가 붙는 것이 일반적이라는 점에 주의할 가치가 있다. 우리는 이 낱말을 모세 율법에만 국한시켜서는 안 된다. 이것은 모든 율법을 다 포함하고 있다"고 말한다(렌스키, *갈라디아서, 에베소서, 성경주석*, p. 127-128).

32) 렌스키, *갈라디아서, 에베소서, 성경주석*, p. 127.

근원이 다름을 알고 신앙생활을 해야 한다.

그런데 바울 사도는 하반 절을 말할 때 "그러나"(ἀλλ')라는 말을 초두에 쓰고 있다(ἀλλ' Ὁ ποιήσας αὐτὰ ζήσεται ἐν αὐτοῖς). 이 말은 상반 절과의 관련에서 쓴 것이 아니라 앞 절(11절) 말씀 즉 "의인이 믿음으로 살리라"는 믿음의 강령과 대조하기 위하여 쓴 것이다. 즉 "의인이 되기를 원하는 사람은 믿음으로 살아야" 하지만 "율법을 행하는 자는 그 가운데서 살아야"한다는 뜻이다. 서로 대조되는 것을 보여주기 위해서 "그러나"를 사용했다.

바울 사도는 "율법을 행하는 자는 그 가운데서 살리라"는 구약 말씀을 인용하여(레 18:5) 율법을 행하여 구원을 얻으려는 자들은 끝까지 율법을 지켜야 한다고 말한다(레 18:5; 느 9:29; 겔 20:11; 롬 10:5). 의인은 믿음으로 살고(11절) 율법을 지켜 의에 이르려고 하는 자들은 끝까지 율법을 행해야 하고 율법을 행하지 않는 자는 저주를 받는다는 것이다(신 27:26; 약 2:10). 율법과 믿음은 이처럼 그 근원도 다르고 또한 생활 방식도 다르다. 곧 믿음을 택하는 사람은 믿음으로 살고 율법을 택하는 사람은 율법을 지키며 살아야 한다. 갈라디아 교회의 교인들은 그리스도를 믿어 구원에 이르기 위하여 믿음을 택했고 율법주의자들은 구원에 이르기 위하여 율법을 택했으니 그냥 율법을 지키라는 것이다. 그런고로 오늘 우리들은 율법주의자들의 유혹에 넘어가서는 안 된다.

갈 3:13. 그리스도께서 우리를 위하여 저주를 받은바 되사 율법의 저주에서 우리를 속량하셨으니 기록된바 나무에 달린 자마다 저주 아래에 있는 자라 하였음이라.

바울 사도는 앞(10-12절)에서 율법 아래에 있는 사람들은 저주 아래에 있다고 했고, 이제 그 저주를 예수 그리스도께서 우리 대신 받으셨다고 말한다. 바울 사도는 "그리스도께서 우리를 위하여 저주를 받은바 되사 율법의 저주에서

---

33) F. F. 브루스, *Commentary on Galatians,* New International Greek Testament Commentary (Grand Rapids: William B. Eerdmans Publishing Company, 1982), p. 162.

우리를 속량하셨다"고 선언한다(4:5; 롬 8:1-3; 고후 5:21). 여기 "우리를 위하여"(ὑπὲρ ἡμῶν)란 말은 '우리를 대신하여'란 뜻이고 "저주"(κατάρα)란 말은 '재난' 혹은 '파멸'이란 뜻이며 "속량하다"는 말은 '값을 치르고 사다,' '되돌려 사다'라는 뜻인데 이 말은 노예의 몸값에 해당하는 돈을 지불하고 노예를 다시 자기의 소유로 만들어 해방시키는 것을 지칭하는 말이다. '그리스도께서 우리를 대신하여 저주를 받아서 율법의 저주로부터 우리를 사서 자기 것으로 만들어 주셨다'는 것이다. 그리스도께서 우리를 위하여 저주를 받으셨다는 것은 우리가 다 상상할 수 없는 일이다. 하나님의 아들이 우리를 위하여 멸시를 당하고 파멸을 당하셨다는 것이야 말로 놀라운 일이 아닐 수 없다. 가장 높으신 분이 우리를 위하여 가장 낮은 자리로 떨어져서 우리가 당해야 할 저주를 대신 받으셨다는 것은 참으로 엄청난 은혜가 아닐 수 없다. 하나님께서 우리를 사랑하신 방면이 한두 가지가 아니다. 하나님께서 우리를 사랑하셔서 우주를 창조하여주셨고 또 우리를 사랑하셔서 독생자를 이 땅에 보내주셨으며 우리를 위해 대신 저주를 당하시게 하셨다. 이 사실을 우리는 다 사상할 수가 없다. 예수 그리스도는 우리를 대신하여 저주가 되시고(고후 5:21) 우리를 율법의 정죄와 저주로부터 건져주셨다. 본문의 "율법의 저주"란 '율법이 우리에게 선포한 정죄와 형벌'이란 뜻이다(롬 8:3). 이 말은 결코 율법 자체가 저주를 내리는 것이 아니라 우리가 율법의 뜻대로 행하지 못하니 죄가 되어 정죄에 이르고 심판에 이르게 된다는 뜻이다. 율법자체는 어디까지나 선하고 아름다운 것이다. 다만 인생이 그 율법대로 살지 못하니 저주아래 있게 된 것이다.

바울 사도는 그리스도께서 우리를 대신하여 저주를 받으신 것은 구약에 기록된 대로라고 말한다. "기록된바 나무에 달린 자마다 저주 아래에 있는 자라 하였다"는 것이다. 신 21:23에 기록되기를 "나무에 달린 자는 하나님께 저주를 받았음이니라"고 하였다. 나무에 달려 죽는 것은 저주의 죽음을 의미하는 것이다. 그리스도께서 십자가에 달려 죽으셨으니 저주의 죽음을 죽으신 것이다. 참으로 우리를 향하신 엄청난 사랑이시다(사 53:6; 롬 5:8). 오늘 우리는 놀라운 감사 와 찬양을 드려야 한다.

갈 3:14. 이는 그리스도 예수 안에서 아브라함의 복이 이방인에게 미치게 하고 또 우리로 하여금 믿음으로 말미암아 성령의 약속을 받게 하려 함이니라.
바울 사도는 예수님께서 나무에 달려 저주의 죽음을 죽으신 두 가지 목적을 말한다. 그리스도의 저주의 죽음은 1) "그리스도 예수 안에서 아브라함의 복이 이방인에게 미치게 하는 것"이며(롬 4:9, 16), 2) "우리로 하여금 믿음으로 말미암아 성령의 약속을 받게 하려 하는 것"이다(사 32:15; 44:3; 렘 31:33; 32:40; 겔 11:19; 36:27; 욜 2:28-29; 슥 12:10; 요 7:39; 행 2:33). 첫째 목적은 아브라함의 복이 유대인 뿐 아니라 이방인에게까지 미치게 하려는 것이다. 다시 말해 아브라함이 믿음으로 의롭다 함을 받은 복이 그리스도께서 십자가에서 죽으심으로 유대인과 이방인에게 임하게 되었다. 지금 누구든지 예수 그리스도만 믿으면 의롭다 함을 받는다. 예수님의 저주의 죽음이 우리 이방인들에게 복이 되었다.

그리고 그리스도께서 십자가에서 죽으신 두 번 째 목적은 믿음으로 말미암아 성령의 약속이 유대인과 이방인에게 임하게 하는 것인데 이 성령의 약속 역시 그리스도의 저주의 죽음 후에 이루어졌다. 오순절 때 유대인과 이방인은 똑같이 믿음으로 성령을 받았다. 오순절 이후 누구든지 믿기만 하면 성령을 받는다.

VII. 약속과 율법   3:15-29

바울 사도는 앞에서(6-14절) 믿음으로만 구원 얻는 진리를 말한 다음 이제 약속과 율법에 대해 언급한다(15-29절). 바울 사도는 먼저 약속은 율법 때문에 폐기되지 않는다고 주장하고(15-18절), 율법이 주어진 목적이 무엇인가를 말하며(19-22절) 율법의 기능에 대해 논증한다(23-29절).

1. 약속은 율법 때문에 폐기되지 않음   3:15-18.

갈 3:15. 형제들아 사람의 예대로 말하노니 사람의 언약이라도 정한 후에는 아무나 폐하거나 더하거나 하지 못하느니라.

바울 사도는 갈라디아 사람들을 엄중하게 책망하다가 이제는 "형제들아"라는
애칭으로 부르면서 권면한다. 바울 사도는 이제 사람 사회에서 통하는 예(例-통
념)대로 말을 하면서(롬 3:5; 6:19; 고전 9:8) "사람의 언약이라도 정한 후에는
아무나 폐하거나 더하거나 하지 못한다"고 말한다(히 9:17). 곧 '사람들이 맺은
언약이라도 일단 맺은 후에는 아무도 그 언약을 폐하지 못하고 변경하지 못한다'
고 하면서 감히 하나님의 언약을 누가 폐할 수 있느냐고 말한다(17절). 하나님께
서 맺으신 언약은 영원히 불변한다(창 15:9-11).

**갈 3:16. 이 약속들은 아브라함과 그 자손에게 말씀하신 것인데 여럿을 가리켜
그 자손들이라 하지 아니하시고 오직 한 사람을 가리켜 네 자손이라 하셨으니
곧 그리스도라.**
본 절은 앞 절(15절)에 말씀한바 변개할 수 없는 하나님의 약속이 아브라함과
그리스도에게 주어졌다고 말씀한다. 바울 사도가 여기 "약속들"이라고 복수로
말한 것은 하나님께서 아브라함과 약속을 여러 번 하셨기 때문이다(8절: 창
12:1-3, 7; 13:15; 15:1-7; 17:7; 18:18-19; 22:15-18).
　　바울 사도는 하나님께서 여러 번 하신 "이 약속들은 아브라함과 그 자손에게
말씀하신 것이라"고 말한다. 그런데 바울 사도는 하나님께서 아브라함에게
"오직 한 사람을 가리켜 네(아브라함의) 자손이라 하셨다"고 못을 박는다. 그러
면서 바울 사도는 "그 한 사람은...곧 그리스도"라고 해설한다(고전 12:12).
다시 말해 바울 사도는 하나님께서 아브라함에게 약속하신 약속을 그리스도에
게도 말씀하셨다고 말한다. 곧 하나님은 그 약속을 그리스도에게도 하시고
또 그리스도로 하여금 그 약속을 이루게 하셨다.
　　하나님이 아브라함에게 약속하신 것은 기업(18절)을 주시겠다는 약속이었
다. 다시 말해 믿음으로 구원을 얻게 하신다는 약속이었다. 그런데 그 약속을
그리스도께서 이루셨다. 하나님의 약속은 폐기되지 않는다. 아브라함이 죽었어
도 폐기되지 않고 이루어진다. 그 유업은 그리스도를 믿는 사람들이 받도록
되어 있다.

하나님은 아브라함에게 약속하신대로 그 기업을 주시겠다는 약속을 그리스도를 통해 이루시고 또한 그리스도 안에 있는 성도들에게 지금도 값없이 주신다. "그 속에는 행해야 하는 일들도, 복종해야 하는 율법도, 이루어야 하는 공로도, 채워야 하는 조건도 없다. 하나님께서는 단지 '내가 네게 한 씨를 주리라. 내가 너의 자손에게 이 땅을 주리라. 그리고 네 씨로 말미암아 천하만민이 복을 얻으리라'고 말씀하신다. 그의 약속은 마치 유언처럼 미래의 세대에게 값없이 기업을 주셨다."[34] 사람의 약속도 한번 한 것이면 변개할 수 없으니 하나님의 약속은 영원히 변개되지 않고 이루어진다. 오늘 우리는 하나님께서 아브라함에게 유업을 주시겠다고 약속하셨고 또 그리스도께서 이루시는 그 약속 내용을 받아 누리고 있으며 우리 후손들도 역시 그리스도 안에서 그 유업을 누릴 것이다.

갈 3:17. 내가 이것을 말하노니 하나님께서 미리 정하신 언약을 사백 삼십년 후에 생긴 율법이 폐기하지 못하고 그 약속을 헛되게 하지 못하리라.
바울 사도는 앞(16절)에서 하나님께서 약속을 아브라함과 그리스도에게 주셨다(그리스도는 그 약속의 성취자이시다)는 것을 말씀하고 이제 본 절에서는 15절 하반 절로 돌아가서 율법이 언약을 폐기하지 못한다는 것을 말한다.
　　　갈라디아 교회들 안으로 침투한 율법주의자들은 믿음으로 의롭게 된다는 하나님의 약속을 폐기해보려고 하지만 바울 사도는 율법이 결코 믿음으로 의롭게 된다는 진리를 폐기할 수 없다고 강변한다.
바울 사도는 내가 "이것," 곧 "하나님께서 미리 정하신 언약을 사백 삼십년 후에 생긴 율법이 폐기하지 못하고 그 약속을 헛되게 하지 못하리라"는 말을 하겠다고 말한다(21절; 롬 4:13, 15). 바울 사도는 언약이 먼저 주어졌고 율법이 늦게 주어졌다고 말하고 그 시간적인 차이가 430년이라고 말한다. 그러나 학자들의 견해는 출 12:40에 의하여 하나님께서 아브라함에게 언약을 주신 때로부터

---

34) 존 스톳트, *갈라디아서강해,* 문인현, 김경신 역 (서울: 아가페 출판사, 1986), p. 106.

모세가 시내 산에서 율법을 받을 때까지의 기간이 430년 이상 된다는 것이다.35) 그러나 유대인들의 시간 계산법은 우리나라의 연대 계산처럼 대체적이라는 점을 감안할 때 바울 사도가 본문에서 말하는 대로 아브라함이 언약을 받을 때로부터 모세가 율법을 받을 때까지 430년으로 보는 것이 옳을 것이다. (출 12:40-41과 창 15:13; 행 7:6을 비교하면 참고가 될 것임).

바울 사도는 하나님께서 미리 아브라함 때 말씀하신 언약을 훗날 430년 후에 모세를 통하여 주신 율법이 폐기하지 못하고 헛되게 하지 못하리라고 단언한다. 그것은 사람의 언약이라도 한번 정한 후에는 아무도 폐하거나 더하거나 하지 못하는 것(15절 하반 절)과 같다는 것이다. 사람의 언약도 변경불가하다면 하물며 하나님의 약속이야 변하겠느냐는 것이다. 시간이 아무리 흘러도 하나님의 속성은 영원히 변하지 않아서 그가 하신 약속도 변함이 없으시다. 만약 그가 변하신다면 우리는 얼마나 불안하랴.

갈 3:18. 만일 그 유업이 율법에서 난 것이면 약속에서 난 것이 아니리라. 그러나 하나님이 약속으로 말미암아 아브라함에게 주신 것이라.

바울 사도는 본 절에서 갈라디아 교회들의 교인들이나 우리가 받는 "유업" (구원)이 율법을 애써 지켜서 얻는 것이 아니라 하나님께서 은혜로 주신 것이라고 말한다. 바울 사도는 가정(假定)해서 말하기를 "만일 그 유업이

---

35) 아브라함이 성약을 받은 시기부터 모세가 율법을 받은 시기까지는 대략 645년이 되는데 어떻게 바울 사도는 430년이 된다고 하는지에 대한 의문을 푸는데 있어서 윌럼 헨드릭슨은 "하나님께서 아브라함과 더불어 맺은 언약은 이삭과 야곱에게 베푸신 약속에서도 동일한 언어로 반복되어 확증되었다. 실례로서 창 22:18(아브라함에게 주신 말씀); 26:4(이삭에게 주신 말씀) 및 28:14(야곱에게 주신 말씀)을 비교하여 보라. 어느 곳에서나 '땅의 모든 나라들이 네 자손을 인하여 복을 받으리라'는 말씀이 나타난다. '바울이 그 기간을 계산함에 있어서 그 약속이 (야곱에게) 확증된 시간으로부터 시내산에서 율법을 주신 시기에 이르는 기간이라고 가정하는 것이 반드시 비합리적이라고 할 수는 없다'(C. R. Erdman op. cit., p. 69). 이 설명의 합리성은 성경 전체가 명확하게 이러한 방향을 가리키고 있다는 사실을 볼 때 확실히 알 수 있는데 그것은 성경이 아브라함, 이삭, 야곱을 동시에 언급하고 있기 때문이다. 뿐만 아니라 이러한 언급이 있을 때마다 거의 모든 경우에 그 세 족장들이 마치 일체인양 성약이 관련되어 있는 경우에는 반드시 동시에 묶여져 있다(창 28:13; 32:9; 48:16; 50:24; 출 3:16; 6:3; 32:13; 신 1:8;, 9:5, 27; 29:13; 30:20; 대상 29:18; 마 22:32; 막 12:26; 행 3:13; 7:32)"고 주장한다. 일고(一考)를 요한다. *갈라디아서*, 헨드릭슨 성경주석, p. 195.

율법에서 난 것이면 약속에서 난 것이 아니리라"고 한다(롬 4:14). 다시 말해 '만일 천국의 유업(기업)36)이 율법을 실행함으로 얻어지는 것이라면 약속을 믿음으로 얻어지는 것이 아니리라'고 말한다. 바울은 도무지 가능하지도 않은 것을 가정해 보았다. 율법을 실행해서 천국의 기업을 얻을 수 있는 것이라면 하나님께서 아브라함에게 주신 약속을 믿음으로 되는 것이 아닐 것이었다. 율법을 지켜서 구원이 가능한데 무엇 때문에 다른 길, 즉 아브라함에게 주신 은혜의 약속(약속 내용은 유업이다)을 믿을 필요가 있는가. 필요 없는 일이다. 바울 사도가 이렇게 가정해서 말하는 이유는 가정해서 말한 것은 완전히 비 진리이고, 뒤에 진짜 말하는 것이 참이라는 것을 말하기 위함이다.

바울 사도는 가정해서 말한 것을 뒤집어 말하기를 "그러나 하나님이 약속으로 말미암아 아브라함에게 주신 것이라"고 말한다. '하나님께서 약속을 통하여 아브라함에게 천국 기업을 주신 것이라'고 말한다. 하나님은 아브라함에게 주신 약속을 통하여 천국 기업을 주셨다. 그 약속을 믿기만 하면 천국 기업을 받도록 하셨다. 우리는 우리의 공적을 의지할 것이 아니라 하나님의 은혜에 의하여 천국에 갈 것을 기대해야 한다.

갈라디아 사람들이 알아야 할 것은 율법주의자들이 주장하는 대로 율법을 지킨다면 힘든 걸음을 걷고도 실제로 구원에 이르지도 못한다는 것이다. 그들은

---

36) "유업(기업, 상속-Inheritance, Heritage)"이란 부모나 근친으로부터 물려받은 재산과 사업을 지칭한다.고대 이스라엘에서는 토지가 주된 기업이었는데, 이것은 원래 정복에 의해 얻은 것이 아니라, 하나님으로부터의 은사(선물)로 생각되었다. 즉, 하나님은 복을 세계에 미치도록 하기 위해, 그 기초(시초)로서 먼저 자기의 백성을 택하시고, 이들에게 거할 토지와, 토지에 동반하는 모든 복을 주셨다(시 105:11). 토지는 처음에 지파(부족)에 속했었는데, 후에 차츰 가족 단위로 되었다. 일반적으로 토지 외에는, 노비, 가재, 가축, 우물 등이 상속되었다. 장남은 다른 자식들의 2배의 재산을 물려받았는데, 이것은 1족의 대표로서 고가(高價)의 희생제물을 드리기로 하고, 손님 대접을 하는 등의 일을 하기 위해서였다. 후에 나라를 잃은 후부터는(→포로), 영적인 의미가 깊어지고, 주 하나님이 그 백성의 기업이라고 믿어지게 되었다(시 73:26 분깃). '기업'의 개념은 신약에서도 중요성을 가지고 있는데, 그것은 주로 하나님의 아들이신 까닭에 만물의 상속자(heir)이신 예수 그리스도의 인격과 사업에 관련하여 인용되었다(막 12:7; 히 1:2). 그리스도의 속죄의 역사(일)를 통하여 신자는 하나님의 아들로 되고, 그리스도와 함께 상속인으로 되는 것이다(롬 8:17; 갈 4:7). 이 "영원한 기업의 약속"(히 9:15)의 보증으로서, 그리스도는 성령을 주셨다(엡 1:14).

단지 그리스도를 믿는 일에 율법을 동시에 지켜야 한다는 거짓 스승들의 유혹에 넘어가지 말아야 할 것이었다. 그런고로 그들은 놀라운 결단을 해야 할 것이었다. 그들은 다른 복음은 없다는 것을 알아야 했다. 율법주의자들은 힘든 길을 걷는 이단자들이다. 오늘도 힘들게 살아가는 사람들이 많이 있다.

2. 율법이 주어진 목적   3:19-22

바울 사도는 율법이 주어진 목적을 말함으로써 율법이 하나님의 은혜의 언약을 폐기할 수 없다는 것을 말한다.

갈 3:19. 그런즉 율법은 무엇이냐 범법함을 인하여 더하여진 것이라 천사들을 통하여 한 중보자의 손으로 베푸신 것인데 약속하신 자손이 오시기까지 있을 것이라.

바울 사도는 율법이 무엇인가를 해설한다. 바울 사도가 여기서 율법이 무엇인가를 설명하는 이유는 바울 사도가 하나님께서 아브라함에게 주신 언약에 대해서는 귀중히 여기고 율법에 대해서는 마치 몹쓸 것으로 말하는 게 아니냐는 오해를 풀어주기 위한 것으로 보인다. 율법의 목적은 "범법함을 인하여 더하여진 것이라"고 한다(요 15:22; 롬 4:15; 5:20; 7:8, 13; 딤전 1:9). 여기 "범법함"($\pi\alpha\rho\alpha\beta\acute{\alpha}\sigma\epsilon\omega\nu$)이란 '벗어남,' '탈선,' '법을 고의로 위반함'이란 뜻이다. 율법이란 '죄가 무엇인지를 깨닫게 하려고 덧붙여 준 것이다.' 딤전 1:9-10에서 바울 사도는 "알 것은 이것이니 율법은 옳은 사람을 위하여 세운 것이 아니요 오직 불법한 자와 복종하지 아니하는 자와 경건하지 아니한 자와 죄인과 거룩하지 아니한 자와 망령된 자와 아버지를 죽이는 자와 어머니를 죽이는 자와 살인하는 자며 음행하는 자와 남색하는 자와 인신 매매를 하는 자와 거짓말하는 자와 거짓 맹세하는 자와 기타 바른 교훈을 거스르는 자를 위함이라"고 말한다. 아브라함의 후손들은 기업의 언약을 받은 후에도 계속해서 죄를 지었으므로 자신들의 타락상을 알게 하기 위해 하나님께서 모세를 통하여 율법을 덧붙여주신 것이다.[37]

그리고 바울 사도는 율법이 어떻게 왔는지 그 통로를 말해준다. 곧 "천사들을 통하여 한 중보자의 손으로 베푸신 것이라"고 말한다(시 68:17; 행 7:53; 히 2:2). '율법은 하나님께서 천사들을 통하여 주셨고 인간 모세가 중보자가 되어 받은 것이다'(출 20:19, 21-22; 신 5:5, 22-23, 27, 31; 요 1:17; 행 7:38). 율법은 모세를 통하여 주셨고 복음은 그리스도께서 직접 주셨다는 점에서 차이가 있다. 바울 사도는 하나님께서 직접 아브라함에게 주신 것과 중보자 모세를 통하여 사람들에게 주신 것과는 차이가 있다는 것을 보여주고 있다.

그리고 또 바울 사도는 율법의 임시적인 역할을 말한다. 곧 "약속하신 자손이 오시기까지 있을 것이라"고 말한다(16절). 바울 사도는 율법의 임시적인 역할을 말함으로 복음과 차이를 알려 주고 있다. 곧 '율법은 하나님께서 약속하신 예수 그리스도께서 이 땅에 오시기까지만 역할을 한다'고 한다. 예수 그리스도께서 율법을 최종적으로 완성하셨기 때문에 이제는 율법을 통하여 의(義)에 이르려고 할 것이 아니라 그리스도를 통하여 구원을 얻고 유업을 얻기를 소원해야 하는 것이다. 갈라디아의 율법주의자들은 예수님께서 십자가에서 율법을 완성하신 후에도 그리스도께서 오시기 이전의 삶을 살고 있었다. 오늘도 역시 그리스도께서 십자가에서 율법을 다 이루신 사실을 모르고 아직도 율법의 방식으로 하나님을 섬기려는 사람들이 있음은 안타까운 일이다.

갈 3:20. 그 중보자는 한편만 위한 자가 아니나 하나님은 한 분이시니라(ὁ δὲ μεσίτης ἑνὸς οὐκ ἔστιν, ὁ δὲ θεὸς εἷς ἐστιν).
본 절은 난해한 구절로서 많은 해석이 시도되었다(Meyer 는 16가지, Lenski 는 250가지, Lightfoot 는 300가지, Jowett 는 430가지, 박윤선은 440가지가 있다고 말함).[38] 그러나 본 절도 문맥에 따라(15-19절) 율법과 복음과의 차이를

---

37) 성경의 다른 곳들을 참조해 보면 율법의 목적은, 1)사람들로 하여금 죄를 깨닫게 하고(롬 3:20; 5:13; 7:7), 2)죄를 더하게 하며(롬 5:20; 7:13), 3)하나님의 심판을 가져 오기 위해 주어진 것이라고 말한다(롬 4:15; 7:10-11; 갈 3:10).

38) 본 절에 대한 해석은 440 가지가 있다(박윤선) 중에 그 중에 몇 종류를 보면, 1)모세와 그리스도의 대조로 보는 해석: 중보자 모세는 양편을 위한 것이었으나 그리스도는 특수한

설명하면서 율법이 복음을 폐기할 수 없음을 역설하고 있다. 바울 사도는 먼저 "그 중보자는 한편만 위한 자가 아니라"(Now a mediator is not [a mediator] of one)고 말한다. 곧 하나님께서 율법을 주실 때 '그 중보자 모세는 한편만 위한 자가 아니고 양쪽, 곧 하나님과 사람을 위해야 할 처지에 있는 자'라고 말한다. 다시 말해 모세는 중보자의 입장에서 유대 백성들에게 율법을 전해주었다.

그러나 바울 사도는 하나님께서 언약(복음)을 주실 때는 중보자가 없었고 하나님께서 직접 주셨다는 뜻으로 "하나님은 한 분이시니라"(but God is one)고 말한다(롬 3:29-30). 곧 하나님은 중보자 없이 언약(은혜)을 직접 주셨고 사람 측에서는 그 어떤 책무도 없이 그저 받기만 하면 되었으며 하나님께서 홀로 은혜의 언약을 이루어나가신다는 것이다.

그러니까 본 절의 상반 절은 하나님께서 중보자를 통해서 율법을 주셨고 하반 절은 하나님은 중보자 없이 직접 아브라함에게 약속을 주셨다는 것을 말한다. 중보자를 통하여 주신 율법이 하나님께서 직접 주신 구원의 약속을 폐기할 수 없다는 것이다. 스티븐 네일 감독(Bishop Stephen Neil)은 본 절에 대해 "약속은 하나님으로부터 아브라함에게 직접 전해졌으나 율법은 하나님-천사들-중보자 모세-의 세 단계를 거쳐 백성들에게 주어졌다"고 말한다(by John Stott). 윌럼 헨드릭슨의 본 절에 대한 해석은 우리들에게 도움을 줄 것으로 보인다: "인간 중보자가 제아무리 중요하다 하더라도 그는 두 집단 사이에서 일하는 제 3자에 불과하다. 모세는 하나님과 그 백성 사이의 매개적 인물로 활약했다. 그와 같은 중보자에게는 독립적 권위가 없다. 그러나 하나님은 하나이시다. 하나님께서는 아브라함에게-또 헬라인이나 유대인이나(롬 3:30) 그를

중보자로 하나님 편을 위하지 않고 사람 편을 위했다. 2)유대인과 이방인의 대조로 보는 해석: 그리스도는 전에는 하나님과 유대인 간의 중보자였으나 이제는 이방인의 중보자시라는 것. 그리고 하나님은 옛날이나 지금이나 같은 한 분이시라는 해석이다. 3)율법과 약속의 대조로 보는 해석: 이 해석의 대표적인 것은 라이트푸트(Lightfoot)의 것으로 율법은 두 당사자가 있었고 은혜의 언약은 중보자가 없이 하나님께서 직접 아브라함에게 주셨으므로 율법은 상대적이요 약속은 절대적이다. 이상의 3종류의 해석 중에서 율법과 약속의 대조로 보는 해석이 문맥에 걸맞은 것으로 보인다.

통해 믿는 모든 자에게-약속을 주실 때, 자신의 고유한 주권으로 직접적으로
친히 이를 행하셨다"고 말한다.[39]

**갈 3:21. 그러면 율법이 하나님의 약속들과 반대되는 것이냐 결코 그럴 수
없느니라. 만일 능히 살게 하는 율법을 주셨더라면 의가 반드시 율법으로 말미암
았으리라.**

바울 사도는 지금까지 천국의 유업을 얻는 것이 율법에 근거한 것이 아니었음을
말했고(18절) 또 율법은 중보자 모세를 통하여 주신 것이고 그리스도께서 오실
때까지만 있을 것이라는 것을 말했는데(19절) "그러면 율법이 하나님의 약속들
과 반대되는 것이냐"고 질문한다. 다시 말해 중보자를 통해 하나님께서 주신
율법이 하나님께서 아브라함에게 직접 주신 약속들(아브라함에게 여러 번 하신
약속들)과 반대되는 것이냐고 질문한다. 바울 사도는 아무리 율법이 약속에
비하여 열등한 입장에 있다하더라도 율법이 하나님의 약속들을 거스르는 것은
아니라고 말한다. 그래서 바울 사도는 "결코 그럴 수 없느니라"고 강하게 부정한
다. 곧 '결코 그렇지 않다,' '결코 그럴 리가 없다'는 것이다.

바울 사도는 율법이 약속을 거스르는 것은 아니라고 말한다. "만일 능히
살게 하는 율법을 주셨더라면 의가 반드시 율법으로 말미암았으리라"고 말한다
(2:21). 헬라 원문에는 이 구절 초두에 이유접속사 "왜냐하면"(γὰρ)이라는 접속
사가 있어 율법이 약속들을 거스르는 것은 아니라는 이유를 밝힌다. 곧 '만일
능히 살게 하는 율법을 주셔서 의(구원)가 율법을 통하여 받는 것이라면' 율법이
약속들(복음)과 충돌할 뻔했다는 것이다. 다시 말해 사람을 구원하는 체계가
두 가지였다면 서로 거스를 뻔, 서로 충돌할 뻔했다는 것이다. 그러나 하나님께서
약속(복음)을 통하여 사람을 구원하시고 율법을 주셔서 사람의 무능함을 알게
하여 약속을 더욱 밝히 바라보도록 만드셨다. 하나님은 약속과 율법을 주시되
서로 다른 목적으로 주셨다. 이 두 가지는 서로 다른 역할을 하면서도 하나님의

39) 윌렴 헨드릭슨, *갈라디아서*, p. 200.

구원 계획에 필요한 것들이다. 19절에서 지적한 것처럼 율법은 죄를 깨닫게
하여 약속의 자손인 예수님을 바라보게 했다. "만일 율법이 믿음처럼 그것으로
사람이 살도록 주셨다면 율법으로 말미암아 의롭게 되고 사람은 약속하신 그리
스도를 기다릴 필요가 없었을 것이다"(이상근).

**갈 3:22. 그러나 성경이 모든 것을 죄 아래 가두었으니 이는 예수 그리스도를
믿음으로 말미암는 약속을 믿는 자들에게 주려 함이라.**
바울 사도는 앞 절(21절)에서 의(義)가 율법으로 말미암지 않는다는 것을 강조한
뒤 이제 본 절에서는 율법의 역할을 진술한다. 바울 사도는 율법이 모든 것을
죄 아래에 가두었다고 말한다. 본 절의 "성경"은 앞 절과의 연관으로 보아
'율법'을 지칭하고 "모든 것"이란 말은 하반 절과의 연관에서 살피면 '타락한
사람의 생각과 말과 행위 등'을 지칭한다. 율법은 사람과 또 사람에 딸린 생각,
말, 행위 등을 죄 아래 가두는 기능을 가졌다(롬 3:9, 19, 23; 11:32).

  이렇게 율법이 모든 것을 죄 아래 가둔 목적은 "이는 예수 그리스도를
믿음으로 말미암는 약속을 믿는 자들에게 주려 한다"(ἵνα ἡ ἐπαγγελία ἐκ
πίστεως Ἰησοῦ Χριστοῦ δοθῇ τοῖς πιστεύουσιν)는 것이다(롬 4:11-12, 16).
하반 절에 대한 개역개정판 번역이 오해를 불러일으킬 가능성이 있어 다시
번역해 본다. "예수 그리스도를 믿음으로 말미암는 약속이 믿는 자들에게 주어지
게 하기 위해서." 곧 '예수 그리스도를 믿음으로 말미암는 구원의 약속을 예수
믿는 자들에게 주기 위함'이라는 것이다. 본 절 전체의 뜻은 율법은 인간으로
하여금 정죄 아래에 갇히게 하여 율법에는 소망이 없는 줄 알고 예수 그리스도
앞으로 나아오게 한다는 것이다. 하나님은 율법으로는 사람의 영적인 무능력과
죄성(罪性)을 알게 하셔서 그리스도 앞으로 나아오게 하셨다. 사람이 율법을
깊이 알면 알수록 인간의 영적인 무력을 더 깨닫게 된다. 그래서 예수 그리스도의
십자가 앞으로 나아오게 한다. 그러니까 율법으로는 죄를 깨닫는 것이지 율법을
지켜 구원을 얻는 것은 아니다. 갈라디아 교인들은 이 진리도 모르고 율법주의
이단들에게 유혹을 받고 있었다.

3. 율법의 기능 3:23-29

바울 사도는 앞에서 약속이 율법 때문에 폐기되지 않고(15-18절) 또 율법이
주어진 목적(19-22절)을 설명한 다음 이제는 율법의 기능을 말한다. 즉 율법은
초등교사로서 믿음의 때가 오기까지 하나님의 아들들을 감시하고 그리스도께로
인도하는 역할을 감당한다는 것을 밝힌다.

갈 3:23. 믿음이 오기 전에 우리는 율법 아래에 매인바 되고 계시될 믿음의
때까지 갇혔느니라(Πρὸ τοῦ δὲ ἐλθεῖν τὴν πίστιν ὑπὸ νόμον ἐφρουρούμεθα
συγκλειόμενοι εἰς τὴν μέλλουσαν πίστιν ἀποκαλυφθῆναι).
바울 사도는 율법의 기능을 말하면서 똑같은 뜻을 가진 두 마디 말을 계속한다.
하나는 "믿음이 오기 전에 우리는 율법 아래에 매인바 되었다"는 말이고 또
하나는 "계시될 믿음의 때까지 갇혀있다"는 말이다. 두 마디의 말씀을 합쳐보면
'믿음이 오기 전, 곧 구약 시대에 우리는 율법 아래에서 감시를 받았는데 그러나
한 없이 감시를 받는 것이 아니라 신약 시대에 훤히 밝혀질 믿음이 오기까지
갇혀있다'는 뜻이다. 믿음이 오기까지 사람들은 율법이라는 초등교사의 감시
아래에서 살며 또 조종을 받았다는 것이고 계시될 믿음의 시기가 오기까지
계속해서 갇혀 있다는 말이다.

본문의 "믿음"(τὴν πίστιν)이란 말 앞에 관사가 붙은 것은 '그 믿음'이란
뜻으로 예수 그리스도를 믿는 '분명한 믿음'을 지칭한다(22절). "믿음이 오기
전에"란 '그리스도를 믿는 믿음이 오기 전에'라는 뜻이다. "믿음이 오기 전에"란
말은 결코 예수님이 오시기 전 구약 시대에는 믿음이 없었다는 뜻이 아니다.
구약 시대에도 믿음이 있는 사람들이 많이 있었다. 믿음의 장(chapter)이라고
하는 히브리서 11장에 보면 구약의 많은 사람들이 믿음을 가지고 살았다. 그
중에도 아브라함은 믿음의 조상이었다. 아브라함은 하나님을 믿었고 또 의롭다
고 여겨졌다(창 15:6; 갈 3:6). 따라서 본 절의 "믿음"이란 말은 예수 그리스도를
믿는 믿음을 지칭하는 말이다. 이 "믿음"은 바로 하반 절에서는 "계시될 믿음"이
라는 말로 표현된다.

본문의 "매인바 되고"(ἐφρουρούμεθα)란 말은 미완료 과거 시제로 믿음이 오기 전에 우리가 계속해서 율법에 의해 갇혀 있었다는 뜻이다. 그리고 믿음의 때까지 "갇혔느니라"(συγκλειόμενοι)는 말은 현재분사로 믿음의 때까지 '계속해서 갇혀있느니라'는 뜻이다. 구약 시대에 율법은 가정교사의 역할을 하여 사람을 감시하고 조종하고 있었다는 뜻이다. 그러나 이제 그리스도께서 오신이상 갈라디아의 율법주의자들은 그리스도에게로 돌아왔어야 했다. 그러나 그들은 계속해서 구약 시대의 어두운 가운데 살고 있었다. 자기들이 그렇게 어두운데 살면서 밝은 곳에서 살고 있는 기독교인들을 유혹하고 있었다. 오늘도 이단들은 어두운데서 살면서 밝은 곳에서 살고 있는 그리스도인들을 그 쪽으로 끌어가려고 한다. 자기들이 어두운데서 사는 줄을 깨닫지 못한다.

갈 3:24. 이같이 율법이 우리를 그리스도께로 인도하는 초등교사가 되어 우리로 하여금 믿음으로 말미암아 의롭다 함을 얻게 하려 함이니라.

"이같이(ὥστε)," 곧 '윗 절에서 말한바와 같이' "율법이 우리를 그리스도께로 인도하는 초등교사가 되어(마 5:17; 롬 10:4; 골 2:17; 히 9:9-10) 우리로 하여금 믿음으로 말미암아 의롭다 함을 얻게 한다"는 것이다(2:16; 행 13:39). 곧 '율법이 우리를 그리스도께로 인도하는 초등교사가 되어 우리로 하여금 그리스도를 믿는 믿음으로 말미암아 의롭다 함을 얻게 한다'는 뜻이다.

여기 "초등교사"(παιδαγωγὸς)란 말은 '아이를 돌보는 사람,' '아이를 감시하는 사람,' '가정의 아이들을 돌보는 일이 맡겨진 사람'이란 뜻으로 율법의 기능을 표현하기에 안성맞춤인 낱말이다. 고대에 가정교사는 어린 아이를 맡아서 초등학문을 가르쳐주고 모든 예의범절을 돌보아주며 학교에 데리고 다니는 역할을 감당했다. 율법은 임시적으로 사람들을 타락하지 않게 돌보다가 그리스도에게 인도하는 역할을 하고 물러난다. 우리는 지금 초등교사의 감시아래에 있는 사람들이 아니고 그리스도의 은혜 아래에 있는 사람들이 되었다. 우리가 과거에 이렇게 율법의 인도아래에서 인도를 받아 그리스도를 믿는 믿음을 가지게 되어 의롭다 함을 얻게 된 것이다. 갈라디아 교인들은 과거에 율법의 지도를 받다가 이제는 그리스도에게 왔으니 더 이상 율법으로 돌아가서는 안 되었는데 율법주의자들이 교회 안에 들어와서 교인들을 유혹하고 있었다. 우리는 초등교사의 인도를 받던 유년 시절을 벗어난 사람들이다. 이제 우리는 그리스도를 믿음으로 의롭다 함을 얻게 되었으니 얼마나 다행한 일인지 모른다. 우리는 그리스도를 믿는 "믿음으로 말미암아 의롭다 함을 얻는" 줄 알고 그리스도만 바라보아야 한다. 그리고 그리스도를 믿는 믿음을 가지고 율법을 이루는 사람들이 되어야 한다.

갈 3:25. 믿음이 온 후로는 우리가 초등교사 아래에 있지 아니하도다.

여기 "믿음"(τῆς πίστεως)이란 말 앞에 관사가 붙어 있어 특별한 믿음, 곧 '그리스도를 믿는 믿음'을 지칭한다(22-23절). 바울 사도는 "믿음이 온 후로는 우리가 초등교사 아래에 있지 않게 되었다"고 말한다. 이 말이야말로 우리들을 위하여 더 할 수 없이 복된 말이다. 그리스도께서 이 땅에 오신 후로는 우리는 더 이상 초등교사 역할을 하는 율법아래에 있지 않게 되었다. "초등교사 아래에 있지 아니하도다"(οὐκέτι ὑπὸ παιδαγωγόν ἐσμεν)라는 말이 현재형인 것은 현재 우리는 율법의 속박아래에 있지 않게 되어 있다는 것이다. 우리는 지금 그리스도만 바라보면 의롭다 함을 받게 된다(빌 3:12-14).

본 절의 말씀은 갈라디아 교인들을 책망하는 말이기도 하다. 이미 예수님이 오셨는데 계속해서 과거의 삶으로 돌아가서 초등교사 아래에 있는 것은 어리석다는 말씀이다. 우리도 예수 그리스도를 믿게 되었으니 더 이상 율법의 제재 아래로 들어가서는 안 된다.

그러나 여기서 한 가지 주의할 것은 초등교사 역할을 하는 율법이 아주 필요가 없다는 뜻이 아니다. 초등교사는 여전히 초등교사로 남아 있어야 한다. 그래서 거기에 해당하는 교육이 필요한 자들에게 여전히 초등교육을 시키고 있다. 무엇이 옳고 무엇이 틀린 것을 계속해서 가르치고 있다. 그러나 일단 초등교육을 다 받은 사람들은 고등교육의 현장으로 나아와야 한다. 예수님을 믿은 사람들은 다시 율법으로 돌아가서는 안 된다.

갈 3:26. 너희가 다 믿음으로 말미암아 그리스도 예수 안에서 하나님의 아들이 되었으니(Πάντες γὰρ υἱοὶ θεοῦ ἐστε διὰ τῆς πίστεως ἐν Χριστῷ Ἰησοῦ). 본 절 초두에는 이유를 말하는 접속사(γὰρ)가 있어 본 절이 앞 절에 말한바 "믿음이 온 후로는 우리가 초등교사 아래에 있지 아니한" 이유를 말한다. 우리가 예수님을 믿은 후로 초등교사 역할을 하는 율법 아래에 있지 않은 이유는 우리가 그리스도 안에서 하나님의 아들들이 되었기 때문이다. 하나님의 아들이 되어 가지고 초등교사 아래에 있다는 것은 있을 수 없는 일이다.

본 절부터 29절까지는 율법을 행함으로가 아니라 그리스도를 믿음으로 그리스도와 연합한 자가 받는 여러 복들에 대해 언급한다. 그리스도와 연합한 자가 받는 여러 복들 중에 첫째는 "너희(갈라디아 교인들)가 다 믿음으로 말미암아 그리스도 예수 안에서 하나님의 아들이 되었다"고 말한다(4:5; 요 1:12; 롬 8:14-16; 요일 3:1-2). 갈라디아 교인들은 모두 그리스도를 믿어 그리스도와 연합하였기에 하나님의 아들이 되었다. 그리스도께서 하나님의 아들이신 것처럼 갈라디아 교인들도 그리스도 안에서 그리스도와 일체가 되어 하나님의 아들의 신분을 얻게 되었다. 그러나 성도들은 하나님으로부터 출생하였다는 뜻에서가 아니라 하나님의 영을 받아 양자가 된 것이다(4:6-7; 롬 8:15-17). 하나님의 양자가 된 성도들은 이제 율법 아래에 있지 않게 되었고 성령의 역사로 하나님을 아버지라 부르며 살게 되었다. 천지를 창조하신 하나님 그리고 구속주이신 하나님을 아버지라고 부르며 산다는 것만큼 복된 일은 다시 없다. 하나님을 아버지로 부르게 된 성도들은 예수님께서 받으시는 복에 참여하게 되었다.

갈 3:27. 누구든지 그리스도와 합하기 위하여 세례를 받은 자는 그리스도로 옷 입었느니라.
본 절은 바울 사도가 앞 절(26절)에서 말한 것을 다른 형식으로 표현한 것이다. 바울 사도는 "누구든지 그리스도와 합하기 위하여 세례를 받은 자(롬 6:3)," 곧 '갈라디아 교인들만 아니라 그 누구든지 그리스도와 연합하기 위해서 세례를 받은 사람들'은 "그리스도로 옷 입었다"고 말한다(롬 13:14). 다시 말해 '누구든지 그리스도와 연합되기 위하여 진지하게 세례를 받은 사람들은 그리스도와 연합되었다'는 것이다. 그리스도와 합하여 그리스도 안에 있게 된 사람들은 정죄와 수치를 당치 않게 되며 그리스도 안에서 온갖 복을 누리고 살게 된다.

본문의 "세례"란 '성령의 역사로 말미암아 그리스도 안으로 들어가는 것이며 동시에 그리스도의 몸 된 우주적인 교회 안으로 들어가는 것'을 의미한다. 물세례는 이 성령 세례를 인(印)치는 예식이다. 본문의 세례는 물세례 이상의 뜻을 지니고 있어 성령 세례를 지칭한다. 그러나 본문에서는 물세례를 배제하지는 않는다. 비록 물세례를 배제하지는 않는다고 해도 물세례만을 의미할 수는 없다. 이유는 물세례로 그리스도와 성도가 연합되는 것은 아니기 때문이다.

그리고 "그리스도로 옷 입었다"는 말은 '세례를 받았다는 말에 대한 또 다른 표현'이다. 다시 말해 '그리스도와 연합되었다'는 말이다. "그리스도로 옷 입었다"는 말은 신분이 변했다는 것을 의미한다. 이 말은 온전히 그리스도와 연합되었다는 것, 온전히 그리스도인이 되었다는 것을 의미한다. 우리는 지금 세상에서 어떤 옷을 입고 살고 있는가. 그리스도와 연합된 자로서 살아야 한다.

그리스도로 옷 입은 사람은 그리스도만을 자랑하며 그리스도만을 나타내야 한다. 오늘날 그리스도를 믿는다는 사람들 중에서 많은 교인들은 그리스도의 향기를 풍기지 못하고 인간의 죄악의 냄새만 많이 풍기고 있는 것을 볼 때 그리스도로 옷 입지 않은 것처럼 보인다.

갈 3:28. 너희는 유대인이나 헬라인이나 종이나 자유인이나 남자나 여자나 다 그리스도 예수 안에서 하나이니라.

그리스도와 연합한 자가 받는 복들 중에 둘째(첫째는 26-27절에 있다)는 "유대인이나 헬라인이나 종이나 자유인이나 남자나 여자"의 장벽이 온전히 철폐된다는 것이다.

바울 사도는 세상의 그 누구든지 그리스도와 연합한 성도들(5:6; 롬 10:12; 고전 12:13; 골 3:11)은 "하나"(εἷς)라고 말한다(요 10:16; 17:20-21; 엡 2:14-16; 4:4). 곧 '똑 같은 하나님의 자녀라는 것이며 또 하나님께서 똑같이 대하시는 사람들이 되었다는 것이고 천국의 기업을 똑 같이 누리게 되었다'는 뜻이다. 참으로 혁명적인 말이 아닐 수 없다. 세상에는 인종의 차별이 있고(유대인, 헬라인) 신분의 차별이 있으며(종, 자유인), 성별의 차별이 있고(남, 여), 계급의 차이가 있으며 무수한 차별이 있는데 그리스도 안에 있는 사람들은 그 차별이 모두 철폐되고 다 똑 같다는 것은 놀라운 혁명적인 말이 아닐 수 없다. 우리는 그리스도인들을 만날 때 우리 모두가 똑 같은 하나님의 자녀인 줄 알아야 한다. 피부 색깔, 빈부귀천, 지식유무를 불문하고 다 형제자매로 알고 귀하게 여겨야 한다. 하나가 된 장소는 그리스도 안(in)이다. 우리는 그리스도 안에서 완전히 장벽이 무너진 줄 알아야 한다.

갈 3:29. 너희가 그리스도의 것이면 곧 아브라함의 자손이요 약속대로 유업을 이을 자니라.

그리스도와 연합한 자가 받는 복들 중에 셋째(첫째는 26-27절, 둘째는 28절에 있다)는 "아브라함의 자손이요 약속대로 유업을 이을 자라"는 것이다(4:7, 28; 롬 8:17; 엡 3:6). 다시 말해 누구든지 그리스도와 연합하여 그리스도의 소유가 되었다면(창 21:12; 롬 9:7; 히 11:18) "아브라함의 자손이요 약속대로 유업을 이을 자"이다. 유대주의자들, 곧 율법주의자들은 할례를 받아야 아브라함의 자손이 된다고 주장했고 또 율법을 통해서만 유업을 이을 수 있다고 주장했다. 그러나 바울 사도는 그리스도와 연합한 자, 그리스도께 속한 자들은 그 누구든지 아브라함의 영적인 자손이며 하나님께서 약속하신대로 천국의 기업을 얻을 자라는 것이다. 이 말씀도 역시 율법주의자들에게는 맑은 하늘에 날벼락 같은 말이다. 유대주의자들은 육신적인 아브라함의 자손만을 귀중히 여겼고 또 율법을 지켜야 유업을 얻을 수 있다고 가르쳤다. 그러나 바울 사도는 전혀 다른 차원을 말하고 있다. 그리스도와 연합되어 그리스도의 소유가 되었다면 누구든지 영적으로 아브라함의 자손이고 하늘의 기업을 얻게 된다는 것이었다.

　　여기서 한 가지 주의할 것이 있다. 바울 사도는 3:16("'이 약속들은 아브라함과 그 자손에게 말씀하신 것인데 여럿을 가리켜 그 자손들이라 하지 아니하시고 오직 한 사람을 가리켜 네 자손이라 하셨으니 곧 그리스도라")에서 예수님이 아브라함의 자손이라고 했다. 그런데 본 절에서는 바울 사도는 신자들을 아브라함의 자손이라고 말한다. 그렇다면 예수님도 아브라함의 자손이고 성도들도 아브라함의 자손이라고 한 셈이다. 그렇다면 예수님과 성도들은 어떤 관계에 있는 것인가. 그것은 성도들은 예수 그리스도와 연합된 관계에서 아브라함의 자손이 되었다. 우리는 그리스도와 연합되었기에 영적으로 아브라함의 자손이 된 것이다. 따라서 우리는 아브라함의 후손이 되어 아브라함의 복을 상속받는다. 아브라함의 복은 그리스도 안에 있는 신자에게 주어진다.

제 4 장
믿음을 가진 자유인과 율법에 매인 노예들

VIII. 율법은 우리의 어렸을 때를 위한 후견인   4:1-7

바울 사도는 앞에서 말한 바(3:23-29)를 또 말한다. 하나님의 기업을 받아 누릴 성도들의 과거와 현재를 대조하여 말한다. 바울 사도는 먼저 하나님의 기업을 받을 자들이 하나님의 때가 되기까지는 종과 다름이 없어서(1절) 후견인과 청지기 아래에서 돌봄을 받게 하셨다고 말한다(2-3절). 그러다가 하나님의 때가 되어 하나님께서 아들을 보내셔서(4절), 율법 아래에 있던 사람들로 하여금 아들의 명분을 얻게 하셨고(5절), 또 양자의 영을 부어주셔서 하나님을 아빠 아버지라고 부르게 하셨으며(6절), 하나님의 기업을 얻는 자들이 되게 하셨다고 말한다(7절).

1. 유업을 이을 자도 율법에 매어 종노릇한 때가 있었음   4:1-3

갈 4:1. 내가 또 말하노니 유업을 이을 자가 모든 것의 주인이나 어렸을 동안에는 종과 다름이 없어서.
바울 사도는 "내가 또 말한다"고 한다(롬 15:8; 고전 1:12; 7:29; 갈 5:16). 곧 '앞 장(3:23-29)에서 말한 것처럼 또 연속해서 말한다'는 뜻이다. 다시 말해 "유업을 이을 자," 곧 '하나님의 천국 기업을 받을 자'가 "모든 것의 주인이나 어렸을 동안에는 종과 다름이 없다"는 것을 말한다는 것이다. 여기 "모든 것의 주인"이란 말은 '아버지의 재산이 모두 아들의 것'이란 뜻이다. 아버지의 동산, 부동산, 집안에 있는 노예들 모두가 아버지의 것인 것처럼 아들의 것도 된다는 뜻이다. 그리고 "어렸을"(νήπιός)이란 말은 '말을 못하는'이란 뜻으로 아직 재산을 물려받기에는 어린 미성년을 지칭하는 말이다(고전 3:1-2). 각 나라마다 미성년의 나이가 다르나 우리나라는 현행법으로 18세이다(앞으로 또 달라질 수가 있다). 바울 사도는 이처럼 세상의 관례법을 도입하여 자신의 논리를 증명한다. 곧 하나님의 기업을 받을 자녀들이 구약 시대에는 아직 하나님의 계시(啓示) 지식에 유치하여 종과 같이 율법의 속박을 받아왔다는 것이며 또 신약 시대에도 신앙이 유치한 자들은 복음으로 말미암은 영적 자유를 못 누리고 율법이나 도덕의 지배 아래에서 종처럼 되었다는 것이다(박윤선).

갈 4:2. 그 아버지가 정한 때까지 후견인과 청지기 아래에 있나니.
바울 사도는 로마의 관례법을 가지고 미성년자는 "그 아버지가 정한 때까지 후견인과 청지기 아래에 있다"고 말한다. 로마법에 의하면 미성년자는 14세까지 그 아버지가 의뢰한 후견인 아래에 있었으며 재산은 25세가 될 때까지 청지기가 대신 관리했다는 것이다. "후견인"(ἐπιτρόπους)이란 말은 '보호자'란 뜻이고 "청지기"(οἰκονόμους)란 말은 '가문의 재산을 관리하는 자'란 뜻이다. 유업을 이을 자는 14세가 될 때까지 후견인의 보호를 받았고, 25세가 될 때까지 청지기의 관리 아래에 있었다. 비록 유업을 이을 자도 어렸을 동안에는 종과 다름이 없는 처지에 있었다. 아버지는 아들을 후견인과 청지기 아래 두어 후견인의 도움을 받게 하고 청지기의 관리 아래 있게 하다가 아버지는 후견인으로부터 그리고 청지기로부터 통제를 풀어 유업을 잇게 한다. 그러니까 아버지는 자기 아들의 문제를 전적으로 주관한다. 통제하는 것도 주관하고 풀어주는 것도 주관한다. 하나님은 그와 같이 천국의 기업을 이을 자들이라 할지라도(1절) 참 신앙인이 되기까지는 율법의 보호 아래에 있게 하고 또 율법의 관리 아래에 있게 하신다.

갈 4:3. 이와 같이 우리도 어렸을 때에 이 세상의 초등 학문 아래에 있어서 종노릇 하였더니.

바울 사도는 "이와 같이" 즉 '위에서 말한 바'(1-2절)와 같이' 유업을 이을 자(유대인이나 이방인이나 똑같이)도 하나님께서 정하신 시간까지는 율법이라는 초등학문 아래에서 종노릇하게 했다고 말한다(9절; 3:23; 5:1; 골 2:8, 20; 히 9:10). 여기 "초등학문"(στοιχεῖα)이 무엇을 뜻하느냐는 것은 학자에 따라 다르나 대체적으로 유대인들의 율법, 이방인들의 천체숭배와 각종의식들이라고 말할 수 있는데(9-10절; 롬 8:38) 문맥으로 보아 본문에서는 '율법'을 지칭하는 것으로 본다.

그리고 "종노릇하였다"(δεδουλωμένοι·)는 말은 과거 완료형으로 '그리스도께서 오셔서 우리의 신분을 변경시켜 주시기 이전에 우리가 율법에 매어 종노릇했다'는 뜻이다. 율법 아래에서 종노릇하다가 이제는 하나님의 아들이 되었다는 것이다. 이 얼마나 놀라운 자유인가.

2. 유업을 받을 자들이 받는 복들 4:4-7

갈 4:4. 때가 차매 하나님이 그 아들을 보내사 여자에게서 나게 하시고 율법 아래에 나게 하신 것은.

바울 사도는 "때가 차매"(ὅτε δὲ ἦλθεν τὸ πλήρωμα τοῦ χρόνου) 곧 '아버지의 정한 때가 되었을 때'(2절) 하나님께서 그 아들을 보내셨다고 말한다(창 49:10; 단 9:24; 막 1:15; 엡 1:9). 여기 "때"(χρόνου)란 말은 그저 세월을 뜻하는 말이 아니라 '하나님께서 특별히 작정하신 때'를 뜻한다. 하나님은 그의 일을 이루어 나가실 때 특별히 때를 정하시고 알하신다. 모세를 애굽으로 보내실 때도, 그리고 다윗을 왕으로 쓰실 때도, 바울을 사도로 쓰실 때도 똑 같이 때가 차서 사용하셨다. 하나님께서 특별히 정하신 때가 되어 하나님은, 1) "그 아들을 보내셨고"(요 1:14; 롬 1:3; 빌 2:7; 히 2:14), 2)"여자에게서 나게 하셨으며"(창 3:15; 사 7:14; 미 5:3; 마 1:23; 눅 1:31; 2:7), 3) "율법 아래에 나게 하셨다"(마 5:17; 눅 2:27). 여기 "그 아들을 보내셨다"는 말은 '신성을 가지신 그 아들을 보내셨다'는 뜻이다. 하나님은 하나님이신 그 아들을 우리를 위해 보내셨다. 하나님은 아들을 보내실 때 갑자기 보내신 것이 아니라 오래 전부터 모세에게도 말씀하시고 아브라함에게도 말씀하시고 선지자들에게도 수없이 말씀하셨다(3:15-16; 창 3:15).

또 "여자에게서 나게 하셨다"는 말은 하나님께서 예수님으로 하여금 '미천한 세상에 우리와 똑 같은 육신의 몸을 입고 오게 하셨다는 것'을 지칭한다. 곧 예수님은 하나님의 신성을 지니신 그 아들로서 여자의 몸에서 태어나 온전한 육신을 입고 오셨다. 예수님은 인간을 구원하시기 위하여 인간의 몸을 입고 오셨고 또 우리를 대속하시기 위해 피를 흘리셔서 우리를 의롭다 하셨으며 또 승천하사 성령을 우리에게 보내 우리로 하여금 성령의 사람들이 되게 해주셨다.

또 "율법 아래에 나게 하셨다"는 말은 '예수님께서 율법을 지키셔야 하는 입장아래에 태어나셨고(마 5:17-18; 눅 2:21, 27; 요 2:13) 또한 우리를 대신하여 율법의 저주를 받아 죽어야 할 사역을 감당할 자로 오신 것'을 뜻한다(3:13; 빌 2:8). 우리는 하나님께서 그 아들을 보내신 사실을 인하여 얼마나 감사해야 할는지 알 수 없다.

갈 4:5. 율법 아래에 있는 자들을 속량하시고 우리로 아들의 명분을 얻게 하려 하심이라.

예수님께서 율법 아래에 나신 목적(4절)은, 1) "율법 아래에 있는 자들을 속량하시기" 위함이었다(소극적 목적, 3:13; 마 20:28; 엡 1:7; 딛 2:14; 히 9:12; 벧전 1:18-19). 여기 "속량"(贖良)40)이란 말은 '사서 자유하게 한다'는 뜻으로 율법의 정죄아래에 있는 자들을 예수님께서 피로 사서 자유하게 하셨다는 뜻이다.

---

40) "속량"(Redeem)이란 적(敵)이나 죄의 속박 하에 있는 포로 또는 노예를 속전(대가對價)을 주고 되사서 자유롭게 하는 일. 특히 성경에서 말하는 속량은 하나님 스스로 대가를 치르고 이스라엘을 자기의 것으로 하신다는 것, 이것을 신약적으로 본다면, 영의 이스라엘, 즉 육에 의한 아브라함의 자손인 유대 민족이 아니라, 신앙에 의한 자손인 그리스도인은 (갈 6:16), 예수 그리스도의 십자가의 속량의 죽음으로 구속된다는 것이다(눅 1:68). 구원이나 해방이 나쁜 상태에서 옮겨진 사실을 말하는데 대해, 속량이나 속죄는 그 수단 방법에 대해 말하고 법적 수속을 의미했다. 이것이 드디어 일반적, 또는 신학적으로도 사용되었다.

그리고 2) "우리로 아들의 명분을 얻게 하기" 위함이었다(적극적 목적, 3:26; 요 1:12; 엡 1:5). 곧 '아들의 명분, 곧 우리의 양자됨'을 위하여 예수님께서 오신 것이다. "아들의 명분"(υἱοθεσία)이란 '양자됨,' '아들의 위치에 둠'이란 뜻이다(롬 8:15; 9:4; 엡 1:5). 예수님은 우리가 하나님의 양자가 되게 하기 위해서 오셨다. 하나님의 양자가 됨은 자연적으로 되는 것이 아니라 그리스도께서 십자가에서 대속의 피를 흘리시고 승천하사 성령을 보내셨기에 된 것이다. 우리는 그리스도의 피로 속량 받은 자들이고 또 하나님의 양자가 된 사람들이다.

갈 4:6. 너희가 아들이므로 하나님이 그 아들의 영을 우리 마음 가운데 보내사 아빠 아버지라 부르게 하셨느니라.

바울 사도는 본 절에서 하나님께서 그 아들 예수 그리스도를 보내신 또 하나의 목적을 말한다. 즉 예수님께서 율법 아래에 있는 자들을 속량하신(5절) 목적은 "너희(갈라디아 성도들)가 하나님의 아들이므로 하나님이 그 아들의 영을 우리 마음 가운데 보내사 아빠 아버지라 부르게 하셨다"고 말한다. 바울 사도는 갈라디아 성도들이 "아들이 되었다"('Ότι δέ ἐστε υἱοί)고 말한다. 예수님께서 율법 아래 있는 자들을 속량하시고 아들의 명분을 얻게 하셨기에 갈라디아 성도들은 하나님의 아들이 되었다. 이렇게 갈라디아 성도들이 하나님의 아들이 되었기에 하나님께서 그 "아들의 영"을 마음 가운데 보내셨다. 그런데 바울 사도가 "아들의 영"이 따로 존재하기에 "아들의 영"이란 말을 쓴 것 아니라 '성령님께서 우리 마음에 오셔서 우리로 하여금 하나님의 양자가 된 것을 증거해 주시기 때문에 성령님을 아들의 영'이라고 부른 것이다. 우리가 하나님의 아들이 된 것을 확신할 수 있는 것은 성령님께서 증거해 주시기 때문이다. 그러니까 "아들의 영"(τὸ πνεῦμα τοῦ υἱοῦ αὐτοῦ)은 '하나님의 영'(롬 8:14) 또는 '그리스도의 영'(롬 5:5; 8:9, 15)이란 말과 똑 같은 말이다. 성령님께서는 우리 안에 계셔서 우리로 하여금 하나님의 아들이 된 것을 가르쳐 주신다. 그런데 바울 사도는 하나님께서 그 아들의 영을 "우리 마음 가운데 보내셨다"고 말한다. 여기 "우리 마음"이란 말은 '우리 인격'을 뜻하는 말이다. 하나님은 그 아들의 영을 우리 인격 가운데 보내셨다. "보내셨다"(ἐξαπέστειλεν)는 말은 부정(단순) 과거로 단번에 보셨다는 뜻이다. 곧 단번에 보내셨지만 영원한 효과를 발휘하도록 보내셨다.

바울 사도는 성령님께서 우리 안에 계셔서 하나님을 "아빠 아버지라 부르게 하셨다"고 말한다. "아빠"란 말은 아람어로서 '아버지'란 말이다. 탈무드에서는 아기가 태어나서 제일 먼저 배우는 말이 "아빠"라는 말이라고 한다(Jeremias). 아이들은 아버지를 "아빠"라고 아주 친근하게 부른다. 우리와 하나님 사이는 이렇게 친근한 관계요 사랑의 관계이다. 우리는 매일같이 "아빠"라고 부르면서 하나님께 접근해야 한다. 그리고 "아버지"(ὁ πατήρ)란 말은 헬라어로서 '아빠'란 말을 헬라어로 번역한 것이다. 이렇게 "아빠" "아버지"란 두 마디 똑 같은 뜻의 말을 겹쳐 쓴 것은 하나님과 우리와의 관계가 더할 수 없이 친근하고 포근한 관계임을 보여주는 것이다. 예수님도 하나님을 부르실 때 "아빠 아버지" 라고 부르셨다(막 14:36). 우리는 부족함 없이 살 수 있게 되었다. 아버지께서 우리를 돌보시고 사랑하시니 무엇이 부족하겠는가. 다윗도 말하기를 "여호와는 나의 목자시니 내가 부족함이 없으리로다"(시 23:1)라고 하였다. 본문의 "부르게 하셨다"(κρᾶζον)는 말은 '큰 소리로 부르짖게 하셨다'는 뜻이다. 이 말은 원래 동물들의 본능적인 부르짖음을 뜻하는 말이다. 우리는 하나님을 아빠 아버지라고 간격 없이 불러야 한다. 마 9:27; 요 7:28, 37; 행 14:14; 롬 9:27 참조.

갈 4:7. 그러므로 네가 이 후로는 종이 아니요 아들이니 아들이면 하나님으로 말미암아 유업을 받을 자니라.

바울 사도는 4-6절까지 성도들의 신분 변화를 말한 다음 본 절에서는 결론적인 복을 말한다. 바울 사도는 성도들의 신분이 변화되었으므로 여기 초두에 "그러므로"라는 말을 사용한다. 그리고 "네가 이 후로는 종이 아니요 아들이라"고 말한다. 바울 사도는 앞 절까지는 복수를 사용하다가 본 절에 와서는 "네가"라는 단수를 사용하여 '한 사람 한 사람 누구든지' 하나님의 아들이 되었으니 천국의 기업을 틀림없이 받는다는 것을 강조한다. 그리고 바울 사도는 너희들 각자가

"이후로는 종이 아니요 아들이라"고 공언한다. 곧 '율법의 노예가 아니요 하나님의 아들이라'는 말이다.

그리고 바울 사도는 "아들이면 하나님으로 말미암아 유업을 받을 자니라"고 말한다(3:29; 롬 8:16-17). "하나님으로 말미암아"란 말은 성도들이 유업을 받게 된 것이 순전히 하나님의 은혜로 된 것이란 말이다. 결코 율법을 행해서 된 것도 아니고 우리에게 무슨 공로가 있어서가 아니라 전적으로 하나님의 은혜로 그런 복을 받게 되었다는 것이다. "유업을 받을 자니라"(κληρονόμος)는 말은 '상속자'라는 뜻으로 앞으로 상속을 받는다는 것이 아니라 벌써 상속자가 되었다는 뜻이다. 우리는 벌써 구원(거듭남, 칭의, 양자, 성화)을 받았고 또 천국의 기업을 받은 자들이다. 성경은 우리 성도들이 벌써 하늘에 앉게 되었다고 말씀한다(엡 2:6). 오늘 구원을 받은 성도들이 너무 믿음이 약하여 우리가 받은 수없는 복을 확실히 깨닫지 못하고 희미한 중에 살고 있다. 우리가 이미 기업을 받은 사실을 알지 못하고 무지 속에서 살아간다.

IX. 율법주의를 경계한다 4:8-31

바울 사도는 앞에서(1-7절) 율법은 우리의 어렸을 때를 위한 후견인일 뿐이라 말하고 우리는 그리스도의 속량으로 말미암아 여러 가지 복을 받은 사실들을 말한 다음 이제는 갈라디아 교인들에게 율법주의를 따르지 말라고 엄히 경계한다. 이 부분은 크게 세 구분되어, 1) 율법의 종으로 돌아가려는 자들의 어리석음을 지적하고(8-11절), 2) 갈라디아 교인들에게 율법주의로 돌아가려는 것을 두고 엄히 경고하며(12-20절), 3) 사라와 하갈의 비유를 말씀한다(21-31절).

1. 율법주의로 돌아가려는 것은 어리석은 일이다 4:8-11

바울 사도는 3:1-5에서 갈라디아 교인들이 율법주의로 돌아가는 것을 보고 "어리석도다. 갈라디아 사람들아!"라고 탄식했는데 이제 다시 그 어리석음을 지적하고 있다. 바울은 갈라디아 교인들이 과거에 하나님을 알지 못했었는데 이제 하나님을 알았고 또 하나님의 아시는 바가 된 교인들이 다시 과거로 회귀하여 율법주의로 돌아가려고 하니 참으로 너무 어리석다고 지적한다.

갈 4:8. 그러나 너희가 그 때에는 하나님을 알지 못하여 본질상 하나님이 아닌 자들에게 종노릇 하였더니.

바울 사도는 앞(4-6절)에서 성도들의 신분 변화를 말했는데 "그러나" 과거에는 하나님을 알지 못한 때가 있었다고 말한다(엡 2:12; 살전 4:5). 우리나라 사람들도 역시 과거에는 하나님을 알지 못했고 우리 개인들도 역시 하나님을 알지 못한 때가 있었다. 바울 사도는 갈라디아 교회의 성도들로 하여금 과거를 회고케 한다. 곧 "너희가 그 때에는 하나님을 알지 못하여 본질상 하나님이 아닌 자들에게 종노릇 하였다"고 말한다(롬 1:25; 고전 12:2; 살전 1:9). 갈라디아 성도들은 과거 그리스도의 복음을 받기 전에는 하나님을 경험적으로 알지 못했었다. 하나님을 체험적으로 알지 못하면 믿을 수가 없게 된다. 하나님을 알지 못하는 삶이란 비참한 삶이다. 아무리 돈이 많고 권력의 자리에 올라가도 하나님을 알지 못하면 깜깜한 삶을 살 수밖에 없고 답답한 삶을 살 수밖에 없으며 불행한 삶을 살아갈 수밖에 없다. 그러므로 바울은 갈라디아 교인들이 과거에는 "본질상 하나님이 아닌 자들에게 종노릇 하였다"고 말한다. "하나님이 아닌 자들"이란 '귀신'(고전 10:20) 혹은 '인간이 만들어낸 위조 신'이나 '인간이 숭배의 대상으로 만들어 낸 우상'을 지칭한다. 그리고 "종노릇 했다"(ἐδουλεύσατε)는 말은 부정(단순)과거로 과거에 결정적으로 종노릇했다는 것을 뜻한다. 갈라디아 사람들은 복음을 받기 전 하나님을 알지 못했을 때는 하나님이 아닌 것들 앞에서 떨며 열심히 숭배했다는 것이다. 바울 사도가 이렇게 과거의 깜깜한 삶을 알려주는 것은 현재의 삶의 행복을 알려주려는 것이었다. 그런데 갈라디아 교인들은 밝은 삶으로부터 다시 과거로 회귀하여 어두운 삶을 살려고 하니 바울 사도가 얼마나 답답했을까. 하나님을 알지 못하는 삶이란 불행의 극치이다. 오늘날 사람들도 역시 불상 앞에서 절하고 혹은 마호메트를 숭배하며 여러 우상 앞에서 떨고 지낸다. 하나님을 모르는 사람들은 세상에서 영적으로 비참하게 산다.

제4장 믿음을 가진 자유인과 율법에 매인 노예들 123

갈 4:9. 이제는 너희가 하나님을 알 뿐 아니라 더욱이 하나님이 아신 바 되었거늘 어찌하여 다시 약하고 천박한 초등 학문으로 돌아가서 다시 그들에게 종노릇 하려 하느냐.

바울 사도는 앞 절(8절)에서 갈라디아 성도들이 과거에 영적으로 비참한 생활을 산 것과는 정반대로 "이제는 너희가 하나님을 알뿐 아니라 더욱이 하나님이 아신 바 되었다"고 말한다(고전 8:3; 13:12; 딤후 2:19). 곧 '현재는 그리스도의 복음을 영접하여 하나님을 체험적으로 알게 되었고 더욱이 하나님께서 아시는 바가 되었다'고 말한다. "하나님이 아시는 바가 되었다"는 말은 갈라디아 교인들이 복음을 받아드려 하나님이 아버지가 되셔서 갈라디아 교인들을 사랑하시고 돌보시며 지키신다는 뜻이다. 우리가 하나님을 체험적으로 알 때 하나님은 우리를 사랑하시고 돌보시며 지켜주신다. 우리가 하나님의 아시는 바가 되었다는 것만큼 복된 일은 없다. 그것은 세상 전체가 우리를 알아주는 것보다 더 놀라운 일이다. 세상의 높은 사람들이나 왕이나 그 어떤 사람들이 우리를 알아주는 것보다 더 복 된 일이다. 아무튼 갈라디아 교인들은 과거와는 천양의 차이가 있게 되었다. 그런 복된 상태에 있었는데 "어찌하여 다시 약하고 천박한 초등 학문으로 돌아가서 다시 그들에게 종노릇 하려 하느냐"고 바울 사도는 꾸짖는다(3:3; 골 2:20). 곧 옛날로 회귀하여 어두운 삶을 살려 하느냐는 것이다. 여기 "약하고 천박한 초등 학문"이란 말은 '무력하고 빈곤한 율법'을 지칭하는 말로 '인간에게 구원을 줄 수 없는 율법'을 지칭하는 말이다(롬 8:3; 히 7:18). "종노릇 하려 하느냐"(δουλεύειν θέλετε)는 말은 '종노릇하기를 원하느냐'는 말이다. 바울 사도가 보기에는 갈라디아 교인들이 율법에 매어 꼼짝 못하고 종노릇 하는 것을 원하는 것으로 보였던 것이다. 갈라디아의 성도들이 율법으로 돌아가는 것은 곧 종노릇을 원하는 것이나 다름없다. 우리는 율법에 종노릇해서는 안 된다.

갈 4:10. 너희가 날과 달과 절기와 해를 삼가 지키니.

갈라디아의 성도들은 율법주의를 버리고 복음으로 돌아왔는데 이제 다시 "너희가 날과 달과 절기와 해를 삼가 지키니" 한심하다는 것이다(롬 14:5; 골 2:16). 여기 "날"(ἡμέρας)은 '안식일(출 16:23; 20:8)과 금식일 또 하루만 지키는 절기' (눅 18:12; 롬 14:5-6)를 지칭하고, "달"(μῆνας)은 구약 시대에 지켰던 '월삭'(매 달 초하루)을 의미하며(삼상 20:5, 18; 사 66:23), "절기"(καιρούς)는 '유월절, 오순절, 초막절, 나팔절(레 23:23-25), 수전절(요 10:22), 부림절(에 9:24-32)'을 뜻하고 "해"(ἐνιαυτούς)는 '매 7년마다 돌아오는 안식년(레 25:2-7), 매 50년마 다 돌아오는 희년(레 25:8-34)'을 지칭한다. 이런 제도들은 예수님 안에서 얻는 안식을 예표 하는 것으로 예수님께서 오신 다음에는 예수님 안에서 안식을 얻게 된 것이니 그런 제도를 지킬 필요가 없어지게 되었다(롬 14:5-6; 골 2:16-17; 히 9-10). 그런데도 갈라디아의 율법주의자들은 제 7일 안식일을 지켜야 한다고 했고 월삭도 지키고 절기도 지키며 희년도 지켜야 한다고 주장하여 강요한 것이다.

바울 사도는 갈라디아 교인들이 벌써 위에 말한 날과 달과 절기와 해를 "삼가 지키고 있다"고 말한다. "삼가 지키다"(παρατηρεῖσθε)라는 말은 현재형 으로 '지금 정밀하게 지키고 있다'는 뜻이다. 갈라디아 교인들은 벌써 율법주의 들의 유혹에 넘어가서 율법을 철저하게 지키고 있었다.

갈 4:11.내가 너희를 위하여 수고한 것이 헛될까 두려워하노라.
갈라디아 교회들이 율법주의자들의 유혹에 넘어가서 "날과 달과 절기와 해를 삼가 지키는" 것(10절)을 생각하고 바울 사도는 "내가 너희를 위하여 수고한 것이 헛될까 두려워한다"고 말한다(2:2; 5:2, 4; 살전 3:5). 아직은 헛되지 않았으 나 이런 상황이 계속되면 결국 바울 사도의 그 동안의 수고는 수포로 돌아갈 가능성이 있었다. 바울 사도는 갈라디아 교회들을 개척하느라 참으로 수고를 많이 했다. 사도는 이고니온(행 14:1-2), 더베와 루스드라(행 14:6), 비시디아 안디옥(행 14:19)에 교회를 세우느라 많은 박해와 고난을 받았다. 그런데 교회들 을 개척하는데 수고도 하지 않은 율법주의자들이 갈라디아 교회 안에 들어와서 믿음으로만 구원을 얻는다는 교리를 버리게 하고 율법을 지켜야 구원을 얻게 된다고 선전하였다. 그래서 바울 사도는 갈라디아 교회들을 위하여 수고한 것이 헛될까 두려워한다고 하였다. 본문의 "헛될까"(κεκοπίακα)라는 말은 현재 완료형으로 '수고한 것이 벌써 헛된 것으로 드러날까'라는 뜻이다. 그리고 "두려워하노라"(φοβοῦμαι ὑμᾶς)는 말은 '너희를 위하여 두려워하노라'는 뜻으로 갈라디아 교인들이 그리스도를 믿는 믿음을 떠남으로 구원을 잃을까 두려워한다는 뜻이다. 바울 사도는 사랑의 사람으로 각 교회의 성도들을 위해 염려가 많은 사도였다(고후 11:28). 그는 다른 것은 두려워하지 않는 사도였다. 그는 박해도 두려워하지 않았는데 갈라디아 교인들이 그리스도를 배반하는 것은 두려워했다.

2. 율법주의로부터 돌아서기를 애원하다   4:12-20

바울 사도는 앞부분(8-11절)에서 갈라디아 교인들이 율법주의로 돌아가는 것을 어리석다고 지적했고 이제는 사랑에 넘치는 어조로 경계하고 있다. 사도는 먼저 자신이 갈라디아 지방에서 전도할 때를 회상하며 그 때 그들이 바울 사도를 사랑으로 영접한 것을 말하고(12-14절), 그것을 근거하고 현재 사도 자신의 고민을 피력하면서 갈라디아 교인들을 바른 길로 돌리려고 호소하고 있다(15-20절).

갈 4:12. 형제들아 내가 너희와 같이 되었은즉 너희도 나와 같이 되기를 구하노라 너희가 내게 해롭게 하지 아니하였느니라.
바울 사도는 앞(8-11절)에서 갈라디아 교인들이 율법으로 돌아가는 것은 어리석은 일이라고 지적한 다음 이제 이 부분(12-20절)에서는 바른 길로 돌이키려고 호소하려고 먼저 "형제들아"라는 애칭을 사용하여 부른다.

그리고 바울 사도는 갈라디아 교회의 성도들을 향하여 바울 사도처럼 구원을 받기 위하여 율법으로부터 자유로워야 한다고 말한다. 바울 사도는 "형제들아 내가 너희와 같이 되었은즉 너희도 나와 같이 되기를 구한다"고 호소한다. 바울 사도는 과거에 "내가 너희와 같이 되었었다"(ὅτι κἀγὼ ὡς ὑμεῖς)고 말한다. 헬라어 본문에 보면 본문은 이유접속사(ὅτι)를 가지고 있어 이유를 말하는 문장이다. 즉 "나도 너희같이 되었었기 때문에"라고 번역된다. 곧 유대인으로서 가져야 할 율법을 버리고 이방인들과 같이 되었었기 때문에 너희도 나와 같이 되어 달라는 말이다. 바울 사도는 죄가 되지 않는 범위에서 복음을 위하여 때로는 이런 사람, 또 때로는 저런 사람으로 변신했었다(고전 9:19-23). 죄가 되지 않는 범위에서의 변신은 필요하다. 선교지에 가서 본국의 문화 습관을 그대로 고집할 수 있을까. 죄가 되지 않는 한 선교지의 문화를 따라야 할 것이다.

바울 사도는 자신이 이방인들처럼 되었었기 때문에 "너희도 나와 같이 되기를 구하노라"고 말한다. 곧 갈라디아 교인들도 구원을 받는 일에 있어서만큼은 율법에 의지하지 말고 바울 사도처럼 오직 예수 그리스도만을 의지하여 자유 하라는 뜻이다. 사도는 자기 몸을 여러 가지로 변신하면서도 그리스도만은 절대로 양보하지 않고 그리스도만을 의지하여 자유 해야 한다고 주장한다. 우리도 그리스도를 양보해서는 안 된다. 세상의 강한 세력 앞에서라도 그리스도만은 강하게 주장해야 한다.

사도는 갈라디아 교인들을 향하여 바울 자신과 같이 되기를 "구했다"(δέο-μαι ὑμῶν). 사실은 명령해도 될 일을 가지고 간절히 호소한 것이다. 사도의 노련미를 볼 수 있는 대목이다. 때로는 교역자나 지도자는 명령하고 큰 소리를 칠 수 있는 환경에서도 간절히 구하는 태도를 보이는 것이 효과적이다. 사도는 그만큼 낮게 처신했다. 간구가 때로는 명령보다 더 큰 효과가 있다.

바울 사도는 이방인 교인들을 향하여 "나와 같이 되기를" 호소하면서 그 호소가 효력을 발휘하기 위하여 "너희가 내게 해롭게 하지 아니하였느니라"고 말한다(고후 2:5). 곧 갈라디아 교인들이 사도의 전도 초기에 사도를 사랑하고 존경했었다는 뜻이다(13-14절). 그렇게 바울 사도를 사랑하고 존경하던 사람들이 지금은 율법주의자들의 유혹에 넘어가서 바울 사도를 해(害)하게 되었다는 것을 암시한다. 우리는 다른 사람들을 설득할 때 다른 이들의 장점을 될 수 있는 대로 많이 말해야 할 것이다.

갈 4:13. 내가 처음에 육체의 약함으로 말미암아 너희에게 복음을 전한 것을 너희가 아는 바라.

바울 사도는 갈라디아 성도들이 바울 자신에게 "해롭게 하지 아니하였다"(12절)고 소극적으로 표현한 다음, 본 절과 다음 절(14절)에서는 바울 사도를 사랑하고 존경했다고 적극적인 표현을 한다. 바울 사도는 갈라디아 성도들이 처음에 바울 사도의 복음 전도를 잘 받았다고 증언한다. 사도는 "내가 처음에 육체의 약함으로 말미암아 너희에게 복음을 전한 것을 너희가 아는 바라"고 말한다. 그런데 여기 "육체의 약함"($\dot{\alpha}\sigma\theta\acute{\epsilon}\nu\epsilon\iota\alpha\nu$ $\tau\hat{\eta}\varsigma$ $\sigma\alpha\rho\kappa\grave{o}\varsigma$)이 무엇을 지칭하는지 확실히 알기는 어렵다(고전 2:3; 고후 11:30; 12:7, 9). 혹자는 바울 사도가 루스드라 지방에서 당한 심한 핍박을 지칭한다고 주장하고(행 14:19; 딤후 3:11) 이와 같은 핍박 때문에 원래 계획했던 것보다 갈라디아 지방에서 더 오래 머물면서 복음을 전하게 되었다고 주장한다. 그러나 문맥에 의하여 "육체의 약함"이란 육체에 지닌 그 어떤 병으로 해석하는 것이 더 옳을 것이다(14-15절). 그런데 많은 학자들이 육체의 병이라고 보는 데는 일치하나 혹자는 14절의 "너희를 시험하는 것이 내 육체에 있으되"라는 말씀에 근거하여 사도의 육체에 있었던 간질일 것이라고 추정하며 또 혹자는 바울 사도의 질병이 밤빌리아의 버가 지역에서 유행하던 풍토병인 말라리아였을 것이며 동시에 합병증인 두통과 간질이었을 것이라고 추정한다. 그래서 바울 사도는 그 병을 고치기 위해 버가의 습지를 피해 고원지대인 갈라디아에 가서 오래 머물면서 복음을 전했다는 것이다. 그러나 문맥에 의하여(15-16절) 안질로 보는 것이 제일 바른 해석일 것이다. 바울 사도의 안질은 갈라디아 사람들을 "시험하는 것이 될 수 있었다"(14절). 병을 치유하는 사도가 어찌 안질을 고치지 못할까하고 의구심이 생겼을 것이다. 그리고 바울 사도가 직접적으로 "너희의 눈이라도 빼어 나에게 주었으리라"고 말하는 것으로 보아 바울 사도에게 있었던 육체의 약함을 안질로 보는 것이 제일 타당할 것이다. 그러나 안질이라고 추정하는 것이 제일 나은 추정일 뿐 아무도 못 박아 말하기는 어려울 것이다. 아무튼 바울 사도는 육체의 약함 때문에 갈라디아 지방에서 오래 전도할 때 갈라디아 사람들이 사도의 복음을 잘 받았다. 이것이 바로 바울 사도를 해롭게 하지 아니한 것이었다. 우리의 약함은 때로 강함이 된다(고후 12:10). 우리가 약해서 주님을 전적으로 의지할 때 예수님은 놀랍게 우리를 사용하신다. 우리는 육체의 약함을 비관해서는 안 될 것이다. 예수님은 때로 그것을 원하신다.

갈 4:14. 너희를 시험하는 것이 내 육체에 있으되 이것을 너희가 업신여기지도 아니하며 버리지도 아니하고 오직 나를 하나님의 천사와 같이 또는 그리스도 예수와 같이 영접하였도다.

바울 사도는 갈라디아의 성도들이 바울 사도를 "해롭게 하지 아니하고"(12절) 바울 사도를 "천사와 같이 또는 그리스도 예수와 같이 영접했다"고 과거의 행위를 칭찬한다. 사도는 갈라디아 성도들의 과거의 행위를 칭찬하면서 지금도 역시 율법주의자들로부터 복음으로 돌아와야 한다고 말한다. 본문의 "너희를 시험하는 것이 내 육체에 있었다"는 말은 바울 사도가 지니고 있는 '육체의 약함은 갈라디아의 성도들을 시험하는 것이었다'는 말이다. 바울 사도에게 있는 육체의 약함을 보고 성도들은 바울 사도를 업신여길 수도 있었으며 바울 사도를 아주 배척할 수도 있었다는 것이다. 여기 "버리다"(ἐξεπτύσατε)라는 말은 '배척하다,' '침 뱉다'라는 뜻으로 사람들이 병자를 보면 그 병에 걸리지 않기 위해 침을 뱉고 혹은 배척하는데 갈라디아 교인들은 그렇게 하지 않았다는 것이다. 갈라디아 성도들은 "오직 나(바울)를 하나님의 천사(삼하 19:27; 말 2:7)와 같이 또는 그리스도 예수(마 10:40; 눅 10:16; 요 13:20; 살전 2:13)와 같이 영접하였다." 성도들은 바울 사도를 보고 업신여길 수도 있었으며 또 아주 배척할 수도 있었는데 오히려 바울 사도를 천사와 같이 영접하였다. 우리는 복음 전도자들을 하나님의 천사와 같이 영접해야 한다. 이유는 복음 전도자는 하나님의 말씀을 가지고 전파하는 사람이니 천사처럼 대접해야 한다. 그리고 갈라디아 성도들은 바울 사도를 "그리스도 예수와 같이 영접하였다." 바울 사도는 그리스도 예수는 아니지만 그리스도 예수의 복음을 전하는 사람이니 그리스도 예수를 대접하듯 했다(눅 10:16). 바울 사도는 과거에 루스드라 사람들이 사도를 신으로 알고 숭배하려고 했을 때 적극적으로 만류했다(행 14:12-15). 그러나 바울 사도는 갈라디아 성도들이 사도 자신을 그리스도 예수처럼 영접한 것을 칭찬하였다. 우리는 복음 전도자들을 그리스도 예수처럼 대우하고 사랑해야 한다. 오늘 복음 전도자들의 윤리가 많이 문제가 된다고 해도 우리는 그들이 가지고 있는 복음을 생각하여 여전히 귀하게 여겨야 한다. 다윗은 한 평생 사울을 극히 귀히 여겼다. 이유는 사울이 하나님의 기름 부음을 받았다는 이유에서였다. 오늘의 교역자는 기름 부음만 받은 것이 아니라 하나님의 말씀을 전파하는 사역자들이다.

갈 4:15.너희의 복이 지금 어디 있느냐 내가 너희에게 중언하노니 너희가 할 수만 있었더라면 너희의 눈이라도 빼어 나를 주었으리라.
사도는 갈라디아 성도들의 복이 사라진 현재와 복되었던 과거를 비교하면서 복음으로 돌아오라고 권한다. 바울 사도는 "너희의 복이 지금 어디 있느냐"고 말한다. 곧 율법주의자들의 유혹에 넘어가서 그리스도를 점점 떠나는 지금 무슨 복이 있느냐고 묻는다. 그들은 과거에 복이 있었다고 서로들 말하곤 했는데 지금은 모두 썰렁한 황야를 만났다는 것이다.

그리고 사도는 갈라디아 교인들의 복 되었던 과거를 회상시킨다. 곧 "내가 너희에게 증언하노니 너희가 할 수만 있었더라면 너희의 눈이라도 빼어 나를 주었으리라"고 말한다. 바울 사도는 그가 말하는 사실을 더 엄숙하게 단언하기 위해 "내가 증언하노니"라고 말한다(5:3; 롬 10:2; 골 4:13). 갈라디아 성도들은 과거에 바울 사도를 사랑하는 마음으로 바울 사도의 안질을 생각해서 할 수만 있었더라면 눈들이라도 빼어 줄만큼 사랑의 관계였다는 것이다. 그처럼 사도를 아끼고 사랑했었는데 이제는 그 심정은 식어버리고 쌀쌀해져서 행복은 간 곳 없이 사라졌다. 성도는 그리스도를 가까이 하고 또 복음 전도자를 가까이 하며 사랑할 때 복이 있는 법이다. 사도는 갈라디아 교인들을 향하여 과거에로의 회귀를 권하고 있다. 우리는 다른 것에 있어서는 전진해야 하나 그러나 그리스도의 종들을 사랑하는 마음은 과거로 회귀해야 한다. 오늘 그리스도의 종들을 사랑하고 그리스도의 종들을 위해 희생하는 정신은 너무 식어버렸다.

갈 4:16.그런즉 내가 너희에게 참된 말을 하므로 원수가 되었느냐

바울 사도는 갈라디아 교인들을 향하여 자신을 멀리하고 원수처럼 대하는 이유가 무엇이냐고 질문한다. 바울 사도는 "참된 말을 하므로 원수가 되었느냐"고 비아냥한다. 여기 "참된 말"이 무엇이냐를 두고 의견이 갈린다.

　　1) '복음'을 지칭한다는 견해(박윤선, 이상근, F. F. Bruce, Morris, 2:5, 14; 엡 4:15). 모리스(Morris)는 "참된 말"을 '복음'이라고 하면서도 갈라디아를 첫 방문했을 때에 전한 복음과 그 복음을 반복해서 전한 것을 지칭하는 것이라고 주장한다. 복음을 전했다고 원수 되는 일은 없어야 하는데 갈라디아 교인들은 바울 사도가 전하는 복음을 듣기 싫어하여 원수같이 대하고 있다는 뜻이다.

　　2) "참된 말"이란 '쓴 소리'를 지칭한다는 견해(옥스퍼드 성경원어해설, 월럼 헨드릭슨, 존 스톳트). 월럼 헨드릭슨은 "지금 바울이 쓰고 있는 본 서신의 앞부분에서 사용된 강경한 언어"를 지칭한다고 말한다(1:6; 3:1f; 4:11). 갈라디아 교인들은 사도가 전해주는 쓴 소리를 듣고 율법주의자들로부터 돌아섰어야 했는데 오히려 바울을 원수처럼 대했다는 것이다. 두 견해 중에 첫 번째 견해도 가능하지만 두 번째의 견해가 더 타당한 것 같다(다음 절 참조). "참된 말"(ἀλη-θεύων)이라는 글자의 뜻으로 보아서는 두 가지가 다 옳다. 즉 복음이라는 견해도 옳고 또 바울 사도가 말해주는 참된 말(쓴 소리)도 옳다. 그러나 바울 사도가 이 말을 하는 정황을 살필 때 바울 사도가 진실을 밝힌 것(진리를 떠나지 말고 온전히 진리 가운데 서서 믿음을 지킬 것을 권장한 말)을 지칭하는 것으로 보아야 할 것이다. 바울 사도가 과거에 복음을 전해주었을 때는 갈라디아 교인들은 심히 바울 사도를 환영했다(14절). 그러나 율법주의자들이 들어와서 유혹한 다음부터는 아주 달라져서 바울 사도는 다른 복음은 없다고 말했고 돌아서라고 말을 해주었는데 그렇게 진실을 말했기에 그들은 원수같이 되었다.

　　오늘 교역자를 등지는 사람들이 많이 있는데 교역자 측에 잘못된 점은 없어야 한다. 교역자가 진실을 말하다가 교인들이 등을 돌리는 것은 어쩔 수 없이 감수해야 한다. 그렇게 감수하노라면 하나님께서 책임을 져주신다.

갈 4:17. 그들이 너희에게 대하여 열심 내는 것은 좋은 뜻이 아니요 오직 너희를 이간 붙여 너희로 그들에게 대하여 열심을 내게 하려 함이라.

바울 사도와 갈라디아 교인들 사이가 벌어지고 원수가 되어 가는 것은 전적으로 율법주의자들에게 있고 또 그들을 따르는 갈라디아 교인들에게 있다는 것이다. 바울 사도는 율법주의자들이 "너희(갈라디아 교인들)에게 대하여 열심 내는 것은 좋은 뜻이 아니라"고 말한다(롬 10:2). 그들의 열심(관심)은 자기들을 위한 열심이었고 교인들을 자기들 앞으로 끌어가려는 좋지 않은 열심(관심)이었기에 좋은 뜻이 아니라는 것이다. 교회 안에도 선한 뜻이 아닌 일로 열심 내는 사람들이 많이 있다. 내용은 비었어도 워낙 열심을 내면 사람들은 그 열심에 그만 끌리고 만다. 갈라디아 교회들 안으로 침투한 율법주의자들은 퍽 열심을 냈다. 그러나 그 열심은 결코 좋은 뜻으로 내는 열심은 아니었다. 아주 악의적인 열심이었다.

바울 사도는 율법주의자들이 열심 내는 이유는 "오직 너희를 이간 붙여 너희로 그들에게 대하여 열심을 내게 하려는 것이라"고 말한다. 여기 "이간 붙여"(ἐκκλεῖσαι)란 말은 '제외시키다,' '내쫓다,' '사이를 갈라놓다'라는 뜻이다. 율법주의자들은 갈라디아 교인들을 그리스도로부터 갈라놓고 또 바울 사도로부터 갈라놓기 위해 열심을 냈다. 바울 사도로부터 교인들을 갈라놓지 않고는 교인들을 율법주의자들에게 끌어간다는 것은 불가능했기에 바울 사도와 갈라놓는 일에 열심을 다했다.

그리고 율법주의자들이 열심 낸 것은 갈라디아 교인들이 자기들에게 관심을 갖게 하려는 것이었다. 율법주의자들은 갈라디아 교인들의 관심을 완전히 독점하고 사랑을 독점하기 위하여 열심을 내면서 바울 사도와 이간질했다. 바울 사도에게 눈이라도 빼어줄 정도로 바울 사도에게 사랑을 보였던 사람들이 이제는 율법주의자들에게 모든 것을 줄 듯 기울어져 가고 있었다.

우리의 열렬한 관심은 그리스도에게 있는가 아니면 나 자신에게 있는 것인

가. 교회 성장주의자들의 열심은 그리스도의 영광에 있는 것인가, 아니면 자기의 명예에 있는 것인가 곰곰이 살펴야 할 것이다. 그리스도의 영광을 위하여 성장시키려 한다면 좋은 일이다.

갈 4:18. 좋은 일에 대하여 열심으로 사모함을 받음은 내가 너희를 대하였을 때뿐 아니라 언제든지 좋으니라.

바울 사도는 갈라디아 교인들이 좋은 일로 율법주의자들에게 사랑받고 또 관심의 대상이 되는 것은 바울 사도가 갈라디아 사람들과 한 자리에 있을 때나 혹은 함께 있지 않을 때나 언제든지 좋은 일이라고 말한다. 바울 사도는 앞 절(17절)에서 갈라디아 교인들이 나쁜 일(율법주의자들이 갈라디아 교인들을 율법에로 끌고 가려는 것)로 율법주의자들의 관심의 대상이 된 것은 좋은 뜻이 아니라고 말했는데 이제는 그런 나쁜 뜻만 아니고 좋은 일(복음의 일)로 사모함을 받는 것은 언제든지 환영할 일이라고 말한다. 갈라디아 교인들은 과거에 바울과 함께 있을 때 바울로부터 좋은 일(복음의 일)로 사모함을 받았고 사랑을 받았다. 그러나 지금의 경우는 좋지 않은 일(갈라디아 교인들을 끌어가는 일)로 율법주의자들로부터 사모함을 받는 것이니 문제라고 한다. 오늘도 교회에서나 일터에서 좋지 않은 일로 사람들로부터 사랑받고 사모함을 받는 것은 좋은 일이 아니다. 이단자들이 교인들을 끌고 가려는 일로 교인들이 이단자들로부터 사모함을 받는 일은 아주 나쁜 일이다. 우리는 좋은 일로 사랑받고 관심을 받는지 아니면 나쁜 일로 인기를 끌고 관심의 대상이 되는지를 확인해야 할 것이다. 눅 16:15 참조.

갈 4:19. 나의 자녀들아 너희 속에 그리스도의 형상을 이루기까지 다시 너희를 위하여 해산하는 수고를 하노니.

바울 사도는 이제 갈라디아 교인들을 위하여 "나의 자녀들아"(딤전 1:18; 딤후 2:1; 요일 2:1, 12, 28)라고 부르며 뜨거운 사랑으로 권면한다. 사도는 여기서 비장한 결심을 발표한다. 곧 "너희 속에 그리스도의 형상을 이루기까지 다시

너희를 위하여 해산하는 수고를 하겠다"고 밝힌다. 갈라디아 교인들은 과거에
이미 그리스도의 형상을 이루었었다. 그런데 율법주의자들의 유혹에 넘어가
그리스도의 형상을 잃어버렸다. 그래서 이제 바울 사도는 "다시" 갈라디아
교인들의 마음속에 그리스도의 형상이 이루기까지 해산하는 수고를 하겠다고
말한다. 여기 "그리스도의 형상을 이룬다"는 말은 '그리스도께서 마음을 주장하
시는 상태, 그리스도만 생각하는 마음 상태, 그리스도의 영광만을 도모하는
삶, 그리스도 때문에 기뻐하는 삶, 그리스도만을 소망하는 삶을 이룬다'는 뜻이
다. 바울 사도는 이제 다시 복음을 전하여 갈라디아 교인들의 마음속에 그리스도
로 충만했던 옛날을 회복시키겠다고 말한다. 그런데 그렇게 하기 위해서는
"해산하는 수고를 해야 한다"고 말한다. 해산하는 수고야 말로 인간의 수고
중에서는 최고의 고생임에 틀림없다. 어느 교역자가 교인들에게 설교하기 전에
기도를 하느라 말로 형언할 길 없이 애쓰고 있었는데 사모가 옆에서 보다가
"아이 낳기보다 힘드세요?"라고 질문했다. 그 노(老) 교역자는 "아이 열 낳기보
다 힘들어요"라고 했다. 사람들의 마음속에 그리스도의 형상을 새겨준다는
것은 아이 열 낳기 보다 더 힘든 일이다. 우리는 그리스도의 형상을 잃어버리지
말고 더욱 생생하게 그리스도의 형상을 지니고 있을 뿐 아니라 더욱 성화의
삶을 살아야 할 것이다. 그리스도의 형상이 지워지게 되는 원인은 율법주의로
돌아가거나, 또는 세상을 사랑하거나, 혹은 신앙생활을 등한하게 하기 때문이다.
그러나 일단 그리스도의 형상을 이루었던 성도는 아주 그 형상이 지워진 것은
아니다. 그러나 다시 이루려면 피나는 노력을 해야 그리스도의 형상을 회복할
수가 있다.

**갈 4:20. 내가 이제라도 너희와 함께 있어 내 언성을 높이려 함은 너희에 대하여
의혹이 있음이라**(ἤθελον δὲ παρεῖναι πρὸς ὑμᾶς ἄρτι καὶ ἀλλάξαι τὴν φωνήν
μου, ὅτι ἀποροῦμαι ἐν ὑμῖν).
바울 사도는 본 절에서 두 가지를 말한다. 하나는 "내가 이제라도 너희와 함께
있기"를 원한다는 것이다. 다시 말해 이렇게 편지로 쓰는 것보다는 직접 찾아가

서 얼굴과 얼굴을 대하여 말해보고 싶다고 한다. 그리고 다른 하나는 "내(바울의) 언성을 변하려 한다"고 말한다. 여기 개역개정판 성경에 "높이려"(ἀλλάξαι)라는 말은 오역(誤譯)으로 보인다. "변경하려" 혹은 "변하려"라는 말로 번역해야 옳을 것이다. "변하려"란 말은 '바꾸려'라는 뜻으로 바울 사도가 음성을 부드럽고 온유하게 변경하기를 원한다는 뜻이다. 바울 사도는 갈라디아 성도들을 만나서 온유하게 그리고 부드럽게 어머니의 심정으로 말을 해보고 싶다는 것이다. 이유는 "너희(갈라디아 성도들)에 대하여 의혹이 있기" 때문이라고 말한다. 여기 "의혹이 있다"(ἀποροῦμαι)는 말은 '망설이다' 혹은 '의심이 있다'는 뜻으로 바울 사도가 갈라디아 성도들을 향하여 의심이 있다는 뜻이다. 다시 말해 바울 사도는 갈라디아 성도들이 왜 그렇게 쉽사리 율법주의자들의 유혹에 넘어 갔는지 이해하기 어렵고 당혹스럽기도 하다는 것이다. 그래서 바울 사도는 그들을 찾아가서 함께 있으면서 부드러운 말로 말해보고 싶다고 한다. 바울 사도는 아직도 갈라디아 성도들을 사랑하는 마음을 포기하지 않고 다른 시도를 해보려고 한다. 우리도 성도들을 지도하기 위하여 기도하는 중에 여러 가지 시도를 해보아야 한다.

3. 율법과 약속을 하갈과 사라에 비유함 4:21-31

바울 사도는 율법과 약속의 차이를 설명하려고 아브라함의 첩 하갈과 본부인 사라 그리고 하갈의 아들과 사라의 아들을 등장시킨다. 바울 사도는 율법과 약속(은혜)의 차이를 예리하게 대조하고(21-27절), 갈라디아 성도들이 약속의 자녀라고 말하며(28절), 약속의 자녀들은 지금도 율법주의자들에 의하여 박해를 받으나(29절), 율법주의자들을 경계해야 한다고 말한다(30절). 그리고 사도는 결론적으로 우리는 율법으로부터 자유를 얻은 자유인이라고 선언한다(31절).

1) 율법과 약속(은혜)의 대조 4:21-27

바울 사도는 앞에서 갈라디아 교인들이 바울 사도를 사랑으로 영접했던 사실을 말하고(12-14절), 그것을 근거하고 교인들을 바른 길로 돌리려고 호소했는데(15-20절), 이제 이 부분(21-27절)에서는 율법과 약속을 대조한다. 사도는 율법과 약속을 대조함에 있어 아브라함의 두 아내와 두 아들을 가지고 설명한다. 다시 말해 하갈과 사라를 예리하게 대조하되 계집종과 자유 여인, 시내산과 약속, 율법과 믿음, 육체와 성령, 지금 예루살렘과 위에 있는 예루살렘, 종의 어미와 자유인의 어머니 등의 예리한 대조로 비교하고 있다. 히 12:18-29 참조.

갈 4:21. 내게 말하라 율법 아래에 있고자 하는 자들아 율법을 듣지 못하였느냐
바울 사도는 율법주의로 돌아가려는 갈라디아 성도들을 향하여 명령조로 "내게 말하라"고 명령한다. 곧 '사람을 율법에 매어놓고 또 구원도 주지 못하는 율법이 무엇이 그렇게 좋으냐 내게 말하라'는 것이다. 본문의 "율법 아래 있고자 하는 자들아"란 말은 '율법주의로 돌아가려는 갈라디아 성도들아'라고 부르는 말이다(1:6; 4:11, 17). 갈라디아 교인들은 율법주의자들의 유혹에 넘어가서 율법 아래 있기를 좋아하는 사람들이 되었다. 불행으로 넘어가는 사람들이었다. 그리고 "율법을 듣지 못하였느냐"는 말은 '율법의 참 뜻에 대해서 듣지 못하였느냐?'는 질문으로 질책조의 질문이다. 다시 말해 '율법은 시내산에서 온 것이고(24-25절) 또 사람들을 종으로 만드는 것이며(25절) 유업을 얻지 못하게 하는 결과를 가져오는 것임(30절)을 듣지 못했느냐'는 질문이다. 바울 사도는 이제 율법주의로 돌아간다는 것이 얼마나 비참한 것인가를 과거 하갈의 실례로 돌아가 설명하려고 한다. 하갈과 그의 아들 이스마엘의 종살이와 또 유업을 얻지 못하는 비참함이 어떤 것인지 설명해 주려고 계획하면서(22-25절) "율법을 듣지 못하였느냐"고 갈라디아 성도들을 질책한다.

갈 4:22. 기록된바 아브라함이 두 아들이 있으니 하나는 여종에게서, 하나는 자유 있는 여자에게서 났다 하였으며.
"기록된 바," 곧 '구약 성경 창세기 16장, 21장에 기록된 바' "아브라함이 두 아들이 있다”고 말하면서 설명한다. 사실은 아브라함에게는 후처 그두라를 통한 여섯 명의 아들이 더 있었다(창 25:1-2). 그러나 본 절에서는 탄생과 관계되어 서로 판이한 점을 가진 두 아들, 곧 이스마엘과 이삭만을 예로 들고 있다.

바울 사도는 그 두 아들 중에 “하나는 여종에게서, 하나는 자유 있는 여자에게서 났다”고 말한다. 곧 ‘이스마엘은 노예 신분의 여자에게서 났고(창 16:15), 또 다른 한 사람 이삭은 자유 있는 여자 사라에게서 났다(창 21:2-3)’고 말한다. 아버지는 똑 같은데 거기서 태어난 두 아들은 서로 다른 어머니 곧 노예 신분에게서 난 이스마엘은 그 어머니와 똑 같은 신분인 종의 신분이 되었고 또 자유 있는 여자 곧 사라에게서 난 이삭은 그 어머니와 똑 같은 신분으로 유업을 얻을 자가 되었다는 것이다. 율법이나 약속(믿음)은 똑 같이 하나님에게서 났지만 서로 판이하게 다르다는 것이다. 롬 4:19-20; 9:8-9; 히 11:11 참조.

갈 4:23. 여종에게서는 육체를 따라 났고 자유 있는 여자에게서는 약속으로 말미암았느니라.

바울 사도는 여기서 아브라함이 두 여인, 다시 말해 신분이 다른 두 여인에게서 아들들을 얻은 방식의 차이를 말한다. 신분이 다르니(여종과 자유인) 출생방식 (육체를 따라, 약속으로 말미암아)도 달랐다. “여종에게서는 육체를 따라 났다” 고 말한다(롬 9:7-8). 곧 ‘하갈에게서는 육체관계만으로 이스마엘을 얻었다’는 것이다(창 16:1-4). 그리고 “자유 있는 여자에게서는 약속으로 말미암았다”고 말한다(창 18:10, 14; 21:1-2; 히 11:11). 곧 ‘자유 있는 여인 사라에게서는 하나님의 약속이 있어서 아들을 얻었다’는 것이다. 하갈과 관계하여 이스마엘을 얻을 때는 하나님의 약속도 없었고 무슨 초자연적 역사도 없었으며, 사라와 관계하여 이삭을 얻을 때는 하나님의 약속도 있었으며(창 17:16; 18:10) 또한 하나님의 초자연적인 간섭도 있었다(창 18:13-14; 21:1-2; 히 11:11). 그러니까 여종이 아들을 잉태할 때는 하나님의 약속도 초자연적 간섭도 없이 그저 육체관계만 있었다는 것이며 사라가 아들을 잉태할 때는 하나님의 약속과 간섭이 있었다는 것이다. 마찬가지로 율법과 약속(복음) 사이에는 큰 차이가 있음을 말한다.

갈 4:24. 이것은 비유니 이 여자들은 두 언약이라 하나는 시내산으로부터 종을 낳은 자니 곧 하갈이라.

바울 사도가 말한바 "이것(ἅτινα-관계대명사복수)은 비유니"란 말은 "이것들은 지금 풍유되어진다"라고 번역되어야 한다. 여기 "이것들"(관계대명사복수)이란 말의 선행사는 앞에 말한(23절) '여종과 자유 있는 여자'이다. 곧 하갈과 사라가 "이것들"이란 말의 선행사이다.

그리고 "비유"(ἀλληγορούμενα)란 말은 "풍유"라는 뜻이고 시제(時制)는 현재분사 수동태이다. "풍유"[41]라는 말은 '다른 뜻으로 말 되어지다,' '달리 해석되어지다,' '우의적(寓意的)으로 말 되다'라는 뜻이다. 풍유(우화)는 성경의 글자 하나하나에 숨겨있는 뜻을 모두 찾는 것이다. 이 풍유는 예수님께서 자주 사용하시던 비유와는 현저히 다르다. 비유는 두 개의 유사성을 가진 사물이나 사건을 함께 옆에 놓고 대조하므로 교훈을 찾아 전달하는 것임에 반해, 풍유(우화)는 과거의 역사적인 사실로부터 현재 상황에 적응할 수 있게 뜻을 찾는 것이다.[42] 바울 사도는 앞 절에 나온 하갈과 사라에다가 영적인 뜻을 붙여 전달하고 있다. 다시 말해 하갈과 사라는 율법과 약속(복음)을 설명하기 위해

---

41) 신약원어대해설의 번역위원회는 주장하기를 "바울은 갈라디아 4:24에서 두 언약에 대한 해석에 대하여 우화(allegory)를 사용하지만 그 이후 필로와 많은 설교자들이 한 것처럼 이 우화를 마구 남용하게 한 것은 아니다"라고 했다. 문법해설집, 신약원어대해설 (서울: 요단출판사, 1994), p. 94.

42) 윌렴 헨드릭슨은 말하기를 "아키바(Akiba)같은 사람은 히브리 문자의 꼬리나 수염에서 신비한 의미를 추출하였고 필로(Philo)는 에덴 입구에 세운 그룹들이 하나님의 자애와 그의 위엄을 표현한다고 상상하였으며 오리겐(Origen)은 '성경을 때로 가능한 모든 방식으로 곡해하며 그 참된 의미에서 떠나게 했다'(갈빈). 그리고 대단히 저명한 오늘날의 성경주석가는, 어떤 의미에서는 가치 있는 이론이 될지 모르지만, 요셉의 아내 아스낫을 이방인 중에서 부름 받아 그리스도의 신부가 되는 그리스도 교회의 전형으로 묘사하고 있는데 그것은 거의 믿을만한 이야기가 못 된다"고 했다. 갈라디아서, 헨드릭슨 성경주석, 김경신옮김, (서울:아가페출판사, 1984), p. 251.

해석되어져야 한다는 것이다. 하갈과 사라는 아브라함의 부인들이라는 것에
멈추어서는 안 되고 풍유적으로 말해야 한다는 것이다.[43]

바울 사도는 "이 여자들은 두 언약이라 하나는 시내산(신 33:2)으로부터
종을 낳은 자니 곧 하갈이라"고 말한다. "이 여자들," 곧 '하갈과 사라'는 두
언약이라는 것이다. 하갈도 언약이고 사라도 언약이라는 뜻이다. 여기 "언약"이
란 말은 '하나님께서 찾아오셔서 맺어주신 약속'을 지칭하는데 하나는 은혜언약
이고 다른 하나는 행위언약이다. 은혜언약은 하나님께서 아브라함과 맺으신
언약, 곧 은혜로 구원해주시겠다는 약속(갈 3:16-18)을 지칭하고, 행위언약은
하나님께서 시내 산에서 모세와 맺으신 언약, 곧 율법을 지키면 구원받는다는
약속(갈 3:19)을 지칭한다.

그런데 바울 사도는 "하나는 시내산으로부터 종을 낳은 자니 곧 하갈이라"고
규명한다. 곧 '둘 중에 하나는 하갈인데 시내산으로부터 종을 낳은 자'라는
뜻이다. 하갈은 아브라함의 첩이지만 또 다른 뜻을 내포하는데 그것은 바로
율법의 상징인 시내산에 비유되고(25절) 또 종을 낳은 자에 비유된다는 말이다.
여기 "시내산으로부터 종을 낳은 자"(the one from the mount Sinai, which
genereth to bondage)란 말은 시내산에서 종을 낳았다는 뜻이 아니라 "시내산으
로부터"라는 말과 "종을 낳은 자"란 말을 분리해서 해석해야 할 것으로 보인다.
그러니까 하갈은 시내산에서 모세가 받은 율법에 비유되고 또 종을 낳은 자에
비유된다는 뜻으로 보아야 할 것이다. 하갈은 종으로서 종 이스마엘을 낳았다.
종 하갈이 종 이스마엘을 낳았다. 그처럼 율법은 사람을 구원하지 못하고 사람을
속박하고 종으로 삼으며 자유를 주지 못한다. 율법주의자들이 강요하는 율법은
다른 사람들을 구원하지 못하고 속박할 뿐이다.

갈 4:25. 이 하갈은 아라비아에 있는 시내산으로서 지금 있는 예루살렘과 같은

---

43) 풍유는 어떤 역사적 사실이나 잘 알려진 사실들로부터 의미를 추출하여 어떤 특정한
사실을 해석하는 것을 말한다. 그에 비해 비유란 자신이 나타내고자 하는 사상이나 감정을
직설적으로 표현하지 않고 이것들과 유사한 상황이나 사물에 빗대어 표현하는 수사학적 기법이
다. 주로 추상적 원리나 교훈을 친근한 구체적 사물이나 이야기에 빗대어 전달하는 방식이다.

곳이니 그가 그 자녀들과 더불어 종노릇하고.

바울 사도는 아브라함의 첩 하갈에게 또 다른 뜻이 있다고 말한다. 곧 하갈은 "아라비아에 있는 시내산으로서 지금 있는 예루살렘과 같은 곳이라"고 말한다. 다시 말해 첫째, 하갈은 아라비아에 있는 시내산에 비유되고, 둘째, 지금 있는 예루살렘에 해당된다는 것이다. 아라비아(넓은 의미의 아라비아)에 있는 시내산은 율법이 시발(始發)한 곳이고 또 바울 당시 존재하고 있는 예루살렘도 역시 그리스도를 거부한 유대인들의 중심지이며 또 율법주의자들의 중심지이고 율법을 고수하는 곳이다.

그리고 바울 사도는 "그(하갈)가 그 자녀들과 더불어 종노릇한다"고 말한다. 하갈은 그 자녀들, 곧 시내산의 산물인 율법의 자녀들과 또 예루살렘의 산물인, 그리스도를 거부한 유대인들과 또 율법주의자들과 함께 율법의 종노릇을 한다는 것이다. 율법의 종들은 구원을 얻지 못하고 복음의 자유를 누리지 못한다. 갈라디아 교회의 성도들도 율법의 종들이 되어서는 안 된다고 주장한다. 오늘 우리도 역시 율법으로 구원을 얻으려고 거기에 매어서는 안 된다.

갈 4:26. 오직 위에 있는 예루살렘은 자유자니 곧 우리 어머니라.

바울 사도는 여기서 앞 절(25절)에서 말한 "지금 있는 예루살렘"(25절)과 전혀 다른 또 하나의 "예루살렘"(사 2:2; 히 12:22; 계 3:12; 21:2, 10)을 말한다. "위에 있는 예루살렘"이란 "하늘에 있는 예루살렘으로(히 12:22-24) 모든 기독교인들이 자녀로서 생활하고 있는 신령한 도성"을 말한다.[44] 모든 기독교인들이 자녀의 신분으로 생활하고 있는 신령한 도성, 곧 교회가 하늘에 있다는 말은 교회가 영적으로 하나님께 속해있다는 뜻이다. 빌 3:20; 계 3:12; 21:2, 10 참조

그런데 바울 사도는 그 교회가 "자유자"라고 말한다. 곧 '교회는 율법으로부터 해방되어 있다'는 뜻이다. 그리고 교회는 모든 형태의 속박으로부터 해방되었고 주님의 존전에서 완벽한 평화를 누린다.

---

44) Edward R. Roustio, "The Epistle to The Galatians," *King James Bible Commentary* (Nashville: Thomas Nelson Publishers, 1999) p. 1552.

그리고 사도는 그 교회가 "우리 어머니라"고 말한다. 교회를 어머니라고 하는 이유는 그 교회에 속한 회원들은 성령의 역사에 의하여 중생했음을 뜻하는 것이며 또한 모든 성도들은 그 교회를 통하여 양육을 받고 있다는 것을 지칭한다 (벧전 2:2). 바울 사도는 갈라디아 교인들이 그리스도를 믿고 자유를 얻어야 한다는 것을 말하고 있다.

2) 약속의 자녀들은 즐거워하라   4:27-28

갈 4:27. 기록된바 잉태하지 못한 자여 즐거워하라 산고를 모르는 자여 소리 질러 외치라 이는 홀로 사는 자의 자녀가 남편 있는 자의 자녀보다 많음이라 하였으니.

바울 사도는 바로 앞 절(26절)에 나온 "우리 어머니," 곧 '신약 교회'(신약 교회 공동체)를 향하여 "즐거워하고" 또 "소리 질러 외치라"고 부탁하기 위하여 이사야 54:1을 인용한다. 이사야 선지자는 사 54:1에서 유대민족이 바벨론에 사로 잡혀갔기에 텅 비어버린 예루살렘이 마치 "잉태하지 못한 자," "산고를 모르는 자"와 같다고 말한다. 그러나 이사야는 잉태하지 못한 자 같은 예루살렘, 아이 낳는 고통을 모르는 듯이 보였던 예루살렘을 향하여 "즐거워하라," "소리 질러 외치라"고 부탁한다. 말할 수 없이 기뻐하라는 것이다. 이유는 앞으로 하나님으로부터 버림을 당하여 홀로 머나먼 이역만리 타국 땅에서 외로이 살던 유대인들이 다시 예루살렘으로 돌아오면(스 2:1-65; 느 11:3-36) 바벨론에 사로 잡혀 가지 않았던 "남편 있는 자," 곧 '하나님을 모시고 살던 유대인들' 보다 더 많아질 것이기 때문이라고 한다. 다시 말해 바벨론에 포로로 잡혀갔다가 돌아온 유대인들의 숫자가 포로로 잡혀가지 않은 유대인들의 숫자보다 많아질 것이라는 것이다. 그런고로 이사야는 외로이 처량하게 서 있는 예루살렘 성을 향하여 앞으로의 복된 때를 소망하고 즐겁게 외치라고 말한다. 이사야는 사라와 하갈의 사건을 이용하여 이런 예언을 한 것이다. 사라는 90세가 되도록 아이가 없었고(창 17:17) 하갈은 일찍이 아이 이스마엘을 낳아서 큰 소리를 쳤지만 결국 훗날 사라에게서 낳은 이삭의 후손들이 하갈의 후손보다 훨씬 많아졌다.

사라의 자녀가 더 많아지게 된 것은 이삭의 후손이신 그리스도의 복음을 통하여 된 것이다. 곧 성도들의 숫자가 더 많아지며 더 큰 영적인 복을 받았다.

바울 사도는 이 역사적인 사건을 들어 신약 교회 성도들의 숫자(이방인 성도들과 유대인 성도들을 합한 숫자)가 유대주의, 곧 율법주의를 고수하는 사람들의 숫자보다 더 많아질 것이니 기뻐하라는 것이다. 바울 사도는 갈라디아 교회 성도들을 향하여 즐거워하고 소리 질러 외치라고 말한다. 이유는 신약 교회의 성도들의 숫자가 갈라디아 교회를 유혹하고 또 핍박하는 율법주의자들의 숫자보다 훨씬 더 많아질 것이기 때문이다. 오늘도 우주적인 교회는 망하지 않고 계속 성장하며 또 복을 받아 세계의 문명을 지배하고 있다. 신약 교회 안에서 신앙생활을 하고 있는 우리 성도들은 지금도 즐거워하고 소리 질러 그리스도에게 찬양을 드리며 기뻐해야 한다. 우리는 그리스도 때문에 결코 망하지 않을 것이고 구원을 받을 것이며 또 영적인 복을 넘치게 받을 것이다.

갈 4:28. 형제들아 너희는 이삭과 같이 약속의 자녀라.

바울 사도는 갈라디아 성도들을 향하여 "형제들아"고 부드럽게 부르면서 너희는 "이삭과 같이($\kappa\alpha\tau\grave{\alpha}$ $\text{I}\sigma\alpha\grave{\alpha}\kappa$)," 곧 '이삭을 따라' "약속의 자녀"라고 알려준다 (3:29; 행 3:25; 롬 9:8). 이삭은 약속의 자녀였다. 하나님의 약속에 따라 태어난 사람이었다(창 15:4). 아브라함이나 사라는 이삭이 탄생할 것을 기대하지 못하고 있을 때 하나님께서 아들을 주시겠다고 약속하셨다. 이삭은 결코 육체관계를 따라 탄생한 아들이 아니라 하나님께서 약속하셨기에 태어난 아들이었다. 그처럼 갈라디아 성도들도 이삭의 대열에 서 있는 약속의 자녀라는 것이다. 갈라디아 성도들이 이삭의 후손이신 그리스도의 복음을 영접하였으므로 영적으로 이삭의 대열에 선 사람들이 되었다는 것이다. 오늘 우리는 이스마엘 대열에 선 사람들이 아니고 이삭의 대열, 곧 그리스도의 복음을 받아들여 성령으로 거듭난 사람들이 되었다.

3) 약속의 자녀들은 지금도 율법주의자들에 의하여 박해를 받음   4:29

갈 4:29. 그러나 그 때에 육체를 따라 난 자가 성령을 따라 난 자를 박해한 것같이 이제도 그러하도다.

바울 사도는 앞에서(21-28절) 그리스도인들의 복된 신분에 대해서 언급하다가 이제는 육체적으로 핍박을 받고 고난을 받아야 하는 입장을 설명하려고 "그러나"라는 말을 사용한다. 바울 사도는 갈라디아 성도들이 율법주의자들로부터 박해를 받고 고생할 것을 말하기 위하여 옛날의 역사적인 실례(實例)를 든다. 곧 "그 때에 육체를 따라 난 자가 성령을 따라 난 자를 박해한 것같이 이제도 그러하다"고 말한다(창 21:9). "그 때에," 즉 '이스마엘과 이삭의 때에' "육체를 따라 난 자," 즉 '아브라함과 하갈의 육적인 결합으로 태어난 이스마엘'이 이삭을 희롱했다는 것이다(5:11; 6:12; 창 21:8-9). 이스마엘은 이삭이 아버지의 재산 상속자라는 사실 때문에 이삭을 괴롭혔다. 바울 사도는 이삭을 "성령을 따라 난 자"라고 묘사한 것은 이삭이 태어날 것을 성령님께서 약속하셨다는 것을 지칭하는 말이다(3:3). 본문의 "박해한"(ἐδίωκεν)이란 말은 미완료 능동태로 이스마엘이 계속해서 이삭을 박해한 사실을 지칭한다. 그처럼 갈라디아 지방의 율법주의자들도 계속해서 성도들을 괴롭히고 박해한다는 것이다. 지금도 세상은 우리 그리스도인들을 계속해 싫어하고 괴롭힌다. 우리는 세상에서 환영을 받으리라는 계산을 포기해야 한다. 가족 중에서도 아직 믿지 않는 가족이 믿는 가족을 박해하고 또 사회에서도 마찬가지로 믿지 않는 사람들이 믿는 사람들을 싫어하고 박해하며 또 국가적으로도 믿지 않는 사람들이 믿는 사람들을 싫어하고 박해한다. 불교나 유교에서는 신봉하지 않는 자가 신봉하는 사람들을 미워하거나 박해하는 일이 없는데 세상은 기독교인들을 미워하고 박해한다. 그 이유는 기독교는 생명의 가르침이기 때문이다. 죽은 종교는 박해가 없으나 산 기독교에는 박해가 있다. 그러나 박해가 있으면 있을수록 기독교는 퍼져나간다.

4) 약속의 자녀들은 율법주의자들을 경계하라   4:30

갈 4:30. 그러나 성경이 무엇을 말하느냐 여종과 그 아들을 내 쫓으라. 여종의

아들이 자유 있는 여자의 아들과 더불어 유업을 얻지 못하리라 하였느니라.
바울 사도는 앞 절(29절)에서 율법주의자들이 성도들을 박해하고 있는 현상을
말하다가 이제는 전혀 다른 말을 하려고 "그러나"라는 말을 사용한다. 바울
사도는 "성경(3:8, 22)이 무엇을 말하느냐"고 질문한다. 성경이 말하는 대로
해야 하니까 성경이 무엇을 말하느냐고 질문한 것이다. 성경은 "여종과 그
아들을 내 쫓으라"(창 21:10, 12)고 명령한다. 바울 사도는 갈라디아의 성도들이
율법을 문자대로 추종하여 율법을 지켜야 구원을 얻는다고 믿는 율법주의자들
(여종과 그 아들 이스마엘)을 냉정하게 대하고 박대하며 경계해야 한다고 말한
다. 우리는 오늘날 이단자들을 교회에서 박대하고 추방해야 한다. 종교다원주의
이단자들을 교회 공동체에서 추방해야 한다. 이유는 성경에 "여종의 아들이
자유 있는 여자의 아들과 더불어 유업을 얻지 못하리라 하였기" 때문이다(창
21:12; 요 8:35). 하갈의 아들 이스마엘이 아브라함의 집에서 쫓겨나서 유업을
얻지 못했던 것처럼 율법주의자들은 결국은 구원을 얻지 못한다는 것이다.
이들은 그리스도의 피를 믿지 않고 율법을 지켜서 구원을 얻으려고 하기 때문에
결국은 구원을 얻지 못하고 추방되는 것이다. 그리스도인들은 율법을 완성하신
그리스도를 믿기 때문에 구원을 얻는 것이고 율법주의자들은 그리스도께서
율법을 완성하신 줄도 모르고 자기들이 친히 율법을 완성하려고 하니 구원을
얻지 못한다. 율법주의자들은 세상에서 고생만 하다가 결국은 구원도 못 얻고
세상에서 평강을 누리지도 못하며 신령한 복도 받지 못한 채 결국은 지옥으로
떨어진다(마 22:1-14). 우리는 율법주의를 경계해야 한다. 넓은 의미로는 유교,
불교, 회교도 다 율법주의이다.

5) 우리는 율법으로부터 자유를 얻은 자유인이다   4:31
**갈 4:31. 그런즉 형제들아 우리는 여종의 자녀가 아니요 자유 있는 여자의
자녀니라.**
바울 사도는 이제 21절부터 말해오던 주장에 결론을 내리기 위해 "그런즉"(διό)
이라고 말한다. 사도는 중요한 다음의 것을 말하기 위해 "형제들아"라는 애칭을

사용하며 말씀을 연결한다. 사도는 갈라디아 성도들을 향하여 "우리는 여종의 자녀가 아니요 자유 있는 여자의 자녀라"고 못 박아 말한다(5:1, 13; 요 8:36). 곧 그리스도의 복음을 영접하고 그리스도를 따르는 사람들은 율법으로부터 자유 함을 얻었으므로 이제는 더 이상 종이 아니라 자유인이라는 것이다. 사도가 이렇게 성도들의 정체를 말해주는 것은 성도로서 당당하게 살게 하려는 것이고 또 율법주의자들을 교회에서 추방하라는 의미에서이다. 그리고 다음(5:1-15)의 말씀을 권면하기 위한 것이기도 하다. 바울 사도는 다음(5:1-15)에 갈라디아 성도들로 하여금 그리스도께서 주신 자유를 지키라고 명한다. 절대로 율법주의로 돌아가지 말라고 말한다. 우리는 참 자유를 얻은 사람으로 그리스도만 따르는 중에 참 자유인으로 살아야 한다. 우리가 참 자유인으로 산다면 우리의 육신도 결국은 자유 함을 얻는다.

제 5 장

자유를 지켜라 그리고 성령의 열매를 맺으라

X. 자유를 지켜라 5:1-15

바울 사도는 앞에서 율법주의를 경계할 것을 권장한(4:8-31) 다음 이제는 그리스도를 믿는 자들에게 자유를 지키라고 부탁한다(1-15절). 바울 사도는 먼저 성도들을 향하여 자유를 지켜야 할 것을 서론적으로 말하고(1절), 자유를 지키지 못하고 할례를 받는 사람들은 불행할 것이라고 말한다(2-4절). 그리고 자유를 지키는 성도들은 성령의 역사를 힘입어 그리스도를 믿는 중에 온전히 의롭게 되는 것을 기다리게 된다고 말한다(5-6절). 또한 사도는 성도들의 진리에 대한 순종을 방해한 사람들은 율법주의자들임을 밝히고는(7-9절), 율법주의자들에게는 심판이 있을 것을 선언하며(10-12절), 성도들은 사랑으로 서로 종노릇함으로써 자유를 지키라고 부탁한다(13-15절).

1. 그리스도께서 주신 자유를 지켜라 5:1

갈 5:1. 그리스도께서 우리로 자유롭게 하려고 자유를 주셨으니 그러므로 굳건하게 서서 다시는 종의 멍에를 메지 말라.

바울 사도는 본 절에서 그리스도께서 우리에게 주신 자유를 지키라고 말한다. 사도는 "그리스도께서 우리로 자유롭게 하려고 자유를 주셨다"고 말한다(요 8:32; 롬 6:18; 벧전 2:16). 곧 '그리스도께서 우리로 하여금 율법으로부터 자유롭게 하려고 자유를 주셨다'고 말한다. 그리스도는 우리로 하여금 율법의 멍에로부터 자유하게 하셨다. 그리스도께서 율법을 다 지키셔서 이제는 그리스도만 믿으면 구원을 받는 것이니 이제는 우리가 율법을 하나하나 지켜서 구원을 받으려고 율법 하나하나에 매일 필요가 없다.

본문의 "자유를 주셨으니"(ἠλευθέρωσεν)란 말은 부정(단순)과거로 그리스도께서 '벌써 과거에 단번에 자유를 주셨다'는 말이다(요 8:36). 그리스도께서 과거에 십자가에서 율법을 완성하셔서 우리가 예수님만 믿으면 구원을 받도록 만드셨다는 뜻이다. 우리는 이제 율법을 수행해서 구원을 얻으려는 생각을 포기해야 한다. 안식일을 지켜서 구원을 얻으려 하고 할례를 받아서 구원을 얻으려 하며 율법을 지켜서 구원을 얻으려 할 것이 아니다. 우리의 자유는 그리스도로부터 왔다. 세상의 무력으로부터 온 것도 아니고 그 어떤 개인으로부터 온 것은 더더욱 아니다. 우리는 매일 그리스도에게 더욱 가까이 나아가 자유를 누리는 사람들이 되어야 한다.

바울 사도는 갈라디아 성도들에게 "그러므로 굳건하게 서서 다시는 종의 멍에를 메지 말라"고 부탁한다(2:4; 4:9; 행 15:10). 여기 "그러므로"란 '그리스도께서 우리에게 자유를 주셨으므로'(상반 절)란 뜻으로 바울은 그리스도로부터 자유를 받은 그리스도인들이 해야 할 두 가지를 권면한다. 하나는 "굳건하게 서라"는 것이고, 다른 하나는 "다시는 종의 멍에를 메지 말라"는 것이다. "굳건하게 서서"(στήκετε)란 말은 명령형으로 '굳세게 서라'는 뜻이다. 굳세게 서라는 말은 요지부동하는 말인데 이는 그리스도 안에서 흔들림 없이 계속해 서 있으라는 뜻이다. 우리가 그리스도 안에서 흔들림 없이 서 있으려면 그리스도의 말씀을 읽고 기도함이 반드시 필요하다. 본문의 "멍에"(ζυγῷ)란 '짐을 끄는 짐승의 목에 얹어놓는 나무로 된 틀'을 지칭하는데 이는 포로 생활의 속박이나(렘 28:10-11) 세상의 힘든 삶(마 11:29-30)을 묘사하는데 사용된다. 바울 사도가 갈라디아 성도들을 향하여 부탁하는 것은 벌써 그리스도를 영접하여 자유를 얻었으니 다시는 율법주의로 돌아가지 말라는 것이다. 우리는 율법주의뿐만 아니라 세상의 많은 종교의 굴레 속으로 들어가서는 안 된다.

2. 할례를 받으면 불행해진다 5:2-4

갈 5:2. 보라 나 바울은 너희에게 말하노니 너희가 만일 할례를 받으면 그리스도께서 너희에게 아무 유익이 없으리라.

바울 사도는 갈라디아 교인들의 주의를 집중시키려고 "보라"(ἴδε)라는 말을 사용한다. 그리고 "나(ἐγὼ) 바울은"이라는 강조적인 표현도 사용한다(고후 10:1; 엡 3:1; 골 1:23). 간절히 부탁하려고 그런 표현들을 사용한다.

그리고 바울 사도는 "너희가 만일 할례를 받으면 그리스도께서 너희에게 아무 유익이 없으리라"고 말한다(행 15:1). 곧 '너희(갈라디아의 교인들)가 아직은 할례를 받지 않았지만 만에 하나라도 구원을 받기 위하여 할례45)를 받는 경우 그리스도께서 너희에게(갈라디아 교인들에게) 아무 유익을 주시지 않으실 것이라'고 말한다. 다시 말해 그리스도께서 구원해 주시지도 않고 일상생활에서 은혜도 베푸시지 않으실 것이다. 그리스도로부터 끊어지고 떨어질 것이라는 말이다. 우리는 모든 유익을 위해서 그리스도만을 바라보아야 한다(빌 3:14). 만일 우리도 율법을 지켜야 구원을 받으리라고 기대하고 율법을 지키면 그리스도께서는 우리에게 아무 은혜도 베푸시지 않을 것이다. 오늘 우리가 그리스도를 바라보면 무수한 유익을 받는다. 그 유익을 다 헤아리기 어렵다. 각자에게 다른 유익들이 많으니 말이다.

갈 5:3. 내가 할례를 받는 각 사람에게 다시 증언하노니 그는 율법 전체를

---

45) "할례"(Circumcision)란 남성의 음경(penis)의 포피(包皮)를 절개 혹은 일부를 베어내는 의식이다. 양피절제수술인 외과적 수술의 일종으로, 일반적으로 예리한 칼로 집행되었는데, 고대에는 부싯돌 같은 석도가 쓰이었다(출 4:26; 수 5:2). 이 의식은 아버지에 의해 행해지는 것이 원칙이었는데(창 17:23), 이스라엘인이면, 누가 행해도 좋았다. 여성이라도 무방했으나(출 4:25), 이방인은 금지되어 있었다. 후대에는 성인의 할례는 의사가 행했다. 현재 유대인으로 할례를 집행하도록 임명되어 있는 자를 [모-헬- Mohel] (할례를 주는 자의 뜻)이라 부르고 있다. 후대에는 어린아이의 명명식은 할례식과 동시에 행해졌다(눅 1:59). 유대인의 할례의 역사는 아브라함의 때에 시작되었다. 하나님께서 아브라함과 언약(계약)을 맺으신 후(창 15장), 언약(계약)의 표로서 모든 남자에 있어서 아브라함의 자손이면 물론이고, 돈으로 산 노예도, 그 자식들도, 모두 할례를 받아야 했다. 그리고 이스라엘의 남자는 생후 8일째에 할례를 거부하는 자는 언약(계약)을 깨치는 것이므로, 백성 중에서 끊긴바 되었다(창 17:10-14). 할례의 의식은 모세에 의해 제정되었다(레 12:3; 요 7:22, 23). 이것은 유대인의 남아 뿐 아니라, 유대인 집에서 태어난 노예 및 돈으로 산 노예, 또 유월절을 지키려는 외국인(이방인)이라든가, 유대인으로 귀화하려는 외국인에게도 적용되었다(출 12:48).

행할 의무를 가진 자라.

바울 사도는 앞 절(2절)에서 성도가 할례를 받는다면 그리스도로부터 구원의 은혜와 각종 은혜를 받지 못한다고 했는데 본 절에서는 할례를 받으려는 사람이 있다면 할례만 받을 것이 아니라 율법 전체를 행할 의무가 있다고 말한다.

　　바울 사도는 "할례를 받는 각 사람에게 다시 증언한다"고 말한다. 사도는 과거 갈라디아 지방을 방문했을 때 할례의 무익함을 증언했는데 지금 다시 할례의 무익함을 증언하겠다는 것이다. 바울 사도는 할례의 무익함과 유해(有害)함을 과거에는 말로 증언했고 지금은 글로 증언하고 있다. 필요한 말은 거듭 말할 필요가 있다.

　　바울 사도가 할례를 받으려는 각 사람에게 증언하는 내용은 "그는 율법 전체를 행할 의무를 가진 자라"고 말한다(3:10). 곧 '할례만 받는 것이 아니라 율법 전체를 행할 의무를 가진 사람이라'는 것이다. 할례를 받아 의(구원)를 얻으려는 사람은 할례뿐 아니라 율법 전체 즉 율법의 일점 일획이라도 빼지 말고 다 지켜야 한다는 것이 성경의 증언이다(신 27:26; 28:15). 우리가 율법 전체를 행한다는 것은 불가능하다. 그 많은 율법을 다 지키는 것은 불가능하다. 한 가지도 제대로 지킬 수가 없는데 그 많은 법을 다 지킨다는 것은 불가능하다. 그래서 율법을 다 지키지 못한 것 때문에 우리는 저주 아래에 있게 마련이다. 우리는 우리가 율법 전체를 지켜서 의(義)에 이르려고 할 것이 아니라 율법을 완성하신 그리스도 한분을 의지해야 한다.

갈 5:4. 율법 안에서 의롭다 함을 얻으려 하는 너희는 그리스도에게서 끊어지고 은혜에서 떨어진 자로다.

바울 사도는 2절에서 할례를 받으면 그리스도로부터 구원의 은혜를 받지 못한다고 말하고 본 절에서는 갈라디아 성도들이 "율법 안에서 의롭다 함을 얻으려 하는 너희는 그리스도에게서 끊어지고 은혜에서 떨어진 자"가 된다고 말한다(2:21; 3:10; 롬 9:31-32). 여기 "율법 안에서"(ἐν νόμῳ)란 말은 성경에 많이 등장하는 "그리스도 안에서"란 말과 정반대의 개념을 가진 말이다. 곧 '율법과 하나가 되어' 혹은 '율법과 일체가 되어'라는 뜻이다. 그리고 "의롭다 함을 얻으려 한다'(δικαιοῦσθε)는 말은 현재동사로 '현재 계속해서 의롭다 함을 얻으려 노력하는 것'을 지칭한다. 만일 갈라디아 교인들이 율법과 합일(合一)되어 의롭다 함을 얻으려고 계속해서 노력한다면 그리스도로부터 끊어지고 은혜로부터 떨어지는 사람이 된다는 것이다. 다시 말해 그리스도와 인격적인 관계가 끊어지고 또 그리스도께서 주시는 은혜를 받지 못하는 사람이 될 뿐 아니라 불행한 사람이 된다.

3. 성도들은 의의 소망을 기다리게 된다 5:5-6

갈 5:5. 우리가 성령으로 믿음을 따라 의의 소망을 기다리노니(ἡμεῖς γὰρ πνεύματι ἐκ πίστεως ἐλπίδα δικαιοσύνης ἀπεκδεχόμεθα).
바울 사도는 본 절에서 앞 절에 말한 것("율법 안에서 의롭다 함을 얻으려 하는 너희는 그리스도에게서 끊어진다"는 말)과는 전혀 반대가 되는 내용을 말한다. 사도는 본 절 초두에 "왜냐하면"(γὰρ-우리 한역에는 나타나 있지 않다)이란 말을 썼는데 그것은 본 절이 앞 절에 말한 이유임을 말하기 위함이다. 즉 할례를 받아서(=율법 안에서) 의롭게 되려 하면 그리스도에게서 끊어지고 은혜에서 떨어진다. 그 이유(γὰρ)는 의롭게 되는 것은 성령으로 믿음을 좇아 되기 때문이다.

바울 사도는 "우리가 성령으로 믿음을 따라 의의 소망을 기다린다"고 말한다 (롬 8:24-25; 딤후 4:8). 여기 "성령으로"(πνεύματι-through the Spirit)란 말은 '성령을 통하여' 혹은 '성령님의 역사에 의하여'란 뜻이다. 우리가 믿음으로 의롭다 하심을 기다리는 것은 성령의 역사에 의해서 되는 일이다. 성령님의 역사가 아니면 우리는 의(義)의 소망을 기다리지 못한다. 다시 말해 구원의 소망을 기다리지 못한다. 윌럼 헨드릭슨은 "믿음으로 우리의 의롭다 하심을 간절히 기다리는 것이 성령을 통해서 된다는 사실은 율법이 사망의 열매를 맺으나(롬 7:10) 성령은 살게 하며(갈 4:29; 롬 8:3-4, 10; 참조 요 3:5), 율법은 두려움과 누추함을 가져다 주지만(롬 8:15) 성령은 소망과 확신을 가져오며(롬 8:16; 엡 1:13), 율법은 종노릇하게 만들지만(갈 3:23; 4:24-25) 성령은 자유함을 베풀어준다(갈 4:29-5:1)는 가르침과 일치하는 사상이다. 그러므로 하나님 편에서 생각할 때 구원은 성령의 은사이다(살후 2:13; 참조 엡 2:5, 8)'라고 말한다.[46] 아무튼 우리는 성령님이 아니면 의의 소망을 기다릴 수 없는 사람들이다. 성령님이 우리로 하여금 구원을 받도록 주장하신다.

그리고 "믿음을 따라"(ἐκ πίστεως)란 말은 '그리스도를 믿음으로' 혹은 '그리스도를 믿어서'라는 뜻이다. 성도가 온전히 의로워지는 것은 우리의 공로로 되는 것이 아니라 그리스도를 믿음으로 된다. 우리는 그리스도를 믿음으로 의를 얻었다. 이는 마치 아브라함이 하나님을 믿음으로 의롭다 함을 얻은 것과 같다(창 15:6). 그러니까 우리가 온전히 의로워지기를 바라는 소망이 이루어지기 위해서는 성령님의 역사가 있어야 하고 우리의 그리스도를 믿는 믿음이 있어야 하는 것이다. 하나님 측에서는 성령님의 역사, 우리 측에서는 믿음이 필수이다. 물론 우리가 그리스도를 믿는 것도 성령님께서 믿게 해주셔서 믿는 것이다.

그리고 "기다리노니"(ἀπεκδεχόμεθα)란 말은 현재동사로 '계속해서 기다리다,' '계속해서 기대하다,' '계속해서 바라다'라는 뜻이다. 우리는 성령님의 역사를 힘입고 또 그리스도를 믿는 믿음을 가지고 온전히 구원에 이르기를 바라는 소망을 계속해서 가져야 한다. 우리는 이미 그리스도를 믿는 자들로서 하나님으로부터 법정적으로 의롭다 하는 선언을 받았으나 그러나 아직은 완성되지 못했으므로 지금도 구원을 소망해야 하고 앞으로 온전히 구원이 완성되기를 기대해야 한다. 예수님의 재림의 날에 우리의 구원이 완성되었음이 공개적으로 선포될 것이다.

갈 5:6. 그리스도 예수 안에서는 할례나 무할례가 효력이 없으되 사랑으로써 역사하는 믿음뿐이니라.

---

46) 헨드릭슨, *갈라디아서*, p. 272.

바울 사도는 앞 절(5절)에서 "믿음"을 말했는데 이제 본 절에서는 그 믿음이 어떠한 믿음이어야 하는가를 말한다. 바울 사도는 "그리스도 안에서는 할례나 무 할례가 효력이 없으되(3:28; 6:15; 고전 7:19; 골 3:11) 사랑으로써 역사하는 믿음뿐이라"(살전 1:3; 약 2:18, 20, 22)고 말한다. 곧 '할례를 받는 것도 구원을 받는 공로가 되는 것이 아니고 또 할례를 받지 않는 것도 구원받는 공로는 아니라'고 말하고, 다만 '사랑을 산출하는 믿음만이 중요하다'고 말한다. 다시 말해 사랑을 나타내는 믿음이라야 사람에게 의를 준다고 말한다. 사랑을 나타내지 못하는 믿음은 죽은 믿음이라고 성경은 말씀한다(약 2:14-26). 산 믿음은 반드시 사랑의 행위를 표출한다. 이 말은 믿음에다가 사랑을 보태야 구원을 받는다는 말은 결코 아니다. 믿음은 반드시 사랑으로 표출되어야 한다는 뜻이다. 오늘 사랑을 표출하지 않는 믿음이 많이 있다. 부부간에도 사랑을 표출하지 못하는 신자가 많고 가족 간에도 사랑을 표출하지 못하고 돈 몇 푼 때문에 머리가 터져라 하고 싸우는 신자들이 있다. 그리고 교회에서도 전도자들에게 잔인하고 피차 잔인하게 행동하는 성도가 많다. "사랑으로써 역사하는 믿음"이 너무 중요하다. 사랑으로 표출되는 믿음이 아니면 진정한 믿음이라고 할 수 없다.

4. 갈라디아 성도들의 진리 행진을 막은 자들은 율법주의자들임 5:7-9

갈 5:7. 너희가 달음질을 잘 하더니 누가 너희를 막아 진리를 순종하지 못하게 하더냐.

바울 사도는 먼저 갈라디아 성도들이 그리스도의 복음을 영접하여 신앙생활을 시작할 때는 "달음질을 잘 했다"고 칭찬한다(고전 9:24). 바울 사도는 그리스도인의 신앙생활을 종종 경주로 비교하여 설명했다(고전 9:24; 빌 3:14; 딤후 4:7). 그들은 처음에 진리 되시는 그리스도에게 순종했고 또한 그리스도 복음의 사자들을 향해서도 매우 호의적이었다(4:14). 본문의 "달음질을 잘 하더니"(ἐ-τρέχετε καλῶς)라는 말은 미완료 과거 시제로 '과거에 계속해서 잘 달렸다'는 뜻이다. 바울 사도는 칭찬에 인색하지 않았다.

그러나 이제 바울 사도는 그들의 신앙생활에 이상한 바람이 들어간 것을 안타까워한다. 사도는 "누가 너희를 막아 진리를 순종하지 못하게 하더냐"고 질문한다(3:1). 이 말은 누가 방해꾼인지 몰라서 묻는 말은 아니다. 참 야속하다 는 뜻을 표현하기 위한 말이다. 율법주의자들은 갈라디아 성도들의 경주 앞에 장애물을 설치한 방해꾼들이었다. 여기 "막아"(ἐνέκοψεν)란 말은 '방해하다,' '가로막다,' '저지하다'라는 뜻으로 율법주의자들이 의도적으로 앞길을 가로 막았다는 뜻이다. 맹인 앞에 의도적으로 장애물을 놓는 사람들이 있듯이 율법주 의자들은 갈라디아 성도들의 복음으로 말미암은 자유를 보고 예수님만 믿어서 구원을 받는 것이 아니라 율법을 지켜야 구원을 받는 것이라고 말하여 갈라디아 성도들을 엉뚱한 방향으로 나아가게 하여 "진리를 순종하지 못하게" 했다. 여기 "진리"란 말은 '그리스도' 혹은 '그리스도의 복음'을 지칭하는 말이다. 세상에는 우리의 달음질에 방해꾼들이 많이 있다. 이단과 자유주의 신학, 음란문 화와 세속주의 등 수많은 방해꾼들이 우리 앞에 즐비하게 놓여있다. 성도들은 그리스도만 바라보고 잘 달려야 한다.

갈 5:8.그 권면은 너희를 부르신 이에게서 난 것이 아니라.
바울 사도는 갈라디아 성도들을 엉뚱한 방향으로 가도록 권면한 악질적인 "그 권면은 너희를 부르신 이에게서 난 것이 아니라"고 말한다(1:6). 여기 "권면"(ἡ πεισμονὴ)이란 말은 '설득 행위'(the act of persuasion)[47]란 뜻이다. 바울 사도 는 여기서 성도들을 권면할 때나(딛 1:9) 또는 성도들 간에 서로 권면할 때(골 3:16; 딛 2:6; 히 3:13)에 사용하는 "권면"(παράκλησις)이란 말과 판이하게 다른 낱말을 사용한다. 여기에 사용한 "권면"(πεισμονὴ)이란 말은 악의적인 권면, 술책, 궤계 등을 나타내는 낱말이다. 바울 사도는 그 악의적인 권면은 "너희를 부르신 이에게서 난 것이 아니라"고 말한다. 곧 '그리스도에게서 난

---

47) James Hope Moulton, *The Vocabulary of the Greek Testament* (Grand Rapids: Eerdmans, 1982), p, 502.

것이 아니라'는 뜻이다. 오늘 우리가 받아야 할 진정한 권면은 그리스도의 권면
과 진실한 성도들의 권면뿐이다. 세상의 많은 권면은 많은 경우 악의적일 수가
있다.

갈 5:9. 적은 누룩이 온 덩이에 퍼지느니라.

바울 사도는 "누가 너희를 막아 진리를 순종하지 못하게 하더냐"고 갈라디아
성도들을 향하여 안타까운 질문을 했지만(7절) 실은 누가 그런 짓을 했는지
다 알고 질문한 것이다. 곧 "적은 누룩," 즉 '율법주의자들의 악한 교훈'이
처음에는 적은 규모이지만 결국은 누룩의 성질을 띠었으므로 온 덩이, 갈라디아
교회 전 공동체에 퍼지고 있다고 말한다(고전 5:6; 15:33). 여기 "누룩"(ζύμη)이
성경에서 때로는 좋은 뜻으로 사용되기도 하나(마 13:33; 눅 13:20-21) 많은
경우 나쁜 뜻으로 사용되었다. 바리새인들과 사두개인들의 외식을 지칭하는데
도 사용되었으며(마 16:6-12; 눅 12:1), 고린도 교회의 음행한 한 사람의 죄가
온 교회로 퍼져나가는 것을 묘사하는데도 사용되었다(고전 5:6). 바울 사도는
율법주의자들의 영향이 갈라디아 교회 공동체 전체에 퍼져 나가고 있는 것을
경계하고 있다. 오늘도 누룩은 2,000년 전이나 마찬가지로 퍼져나가고 있다.
많은 이단이 퍼지고 있다. 이단은 적은 규모로 있을 때 박멸해야 한다. 그렇지
않으면 누룩이 퍼지듯이 온 가정에 퍼지고 교회에 퍼지며 온 나라를 떠들썩하게
만든다. 이단 때문에 패가망신(敗家亡身)한 가정이 얼마나 많은가.

5. 율법주의자들은 심판을 받는다 5:10-12

갈 5:10. 나는 너희가 아무 다른 마음을 품지 아니할 줄을 주 안에서 확신하노라 그러나 너희를 요동하게 하는 자는 누구든지 심판을 받으리라.

누룩 같은 존재인 율법주의자들의 영향이 전(全) 공동체에 퍼져나가고 있지만
결국은 하나님의 심판을 받는다는 것이다. 바울 사도는 먼저 갈라디아 성도들을
주 안에서 아직도 신임하고 있다고 말한다. 사도는 "나는 너희가 아무 다른

마음을 품지 아니할 줄을 주 안에서 확신한다"고 말한다(고후 2:3; 8:22). 사도는 갈라디아 성도들이 "다른 마음," 곧 '율법으로 구원 받을 수 있으리라는 엉뚱한 마음'을 품지 않을 줄을 주 안에서 확신한다고 말한다. 바울 사도의 확신은 인간적인 차원에서의 확신이 아니라 주님 때문에 가지는 확신이었다. 곧 바울 사도는 자신이 그리스도를 믿기 때문에 갈라디아 성도들이 엉뚱한 마음을 품지 않을 것을 확신한 것이다. 사도는 사람을 믿은 것이 아니라 그리스도를 믿은 것이다. 오늘도 우리는 교인들을 믿는 것이 아니라 교인들을 주장하시는 주님을 믿어 확신을 가져야 한다. 우리는 온 우주를 주장하시고 사랑하시는 주님을 믿고 교인들을 바라보아야 한다.

바울 사도는 주님을 믿는다고 발표한 다음 "그러나 너희를 요동하게 하는 자(1:7)는 누구든지 심판을 받으리라(고후 10:6)"고 공언한다. 갈라디아 성도들을 "요동하게 하는 자," 곧 '갈라디아 교회 공동체를 율법주의 교리를 가지고 어지럽히는 자'는 그 누구든지 하나님의 심판을 면하지 못할 것이라고 공언한다. 교회 공동체를 어지럽히는 사람은 율법주의자뿐 아니라 다른 일로 어지럽혀도 심판을 받는다. 오늘도 어떤 일로든지 교회 공동체를 어지럽히는 사람들은 누구든지 심판을 받는 것을 많이 볼 수 있다. 자신을 위해 교회 공동체를 이용하는 사람들도 심판을 받고 또 자기의 자존심을 세우기 위해서 교회를 어지럽히는 사람들도 심판을 받는다. 하나님의 심판의 방법은 다양하다. 현세에도 심판하시고 예수님 재림 때에 심판하기도 하신다. 그리고 하나님께서 현세에서 심판하시는 방법도 역시 다양하다.

갈 5:11. 형제들아 내가 지금까지 할례를 전한다면 어찌하여 지금까지 박해를 받으리요 그리하였으면 십자가의 걸림돌이 제거되었으리니.

헬라어 원문을 보면 본 절 초두에는 "그러나 내가"(ἐγὼ δὲ)라는 말이 있다. 바울 사도는 자신이 바로 앞 절(10절)에 말한 교회 공동체를 "요동하게 하는 자," 곧 '율법주의자들'과는 완전히 다른 차원의 사람임을 부각시키고 있다. 사도는 그들의 주장과는 완전히 다른 것을 주장하는 사람이다. 그들은 율법을 주장하였고 바울 사도는 그리스도를 전파하였다. 전혀 차원이 달랐다.

바울 사도는 "형제들아"라는 애칭으로 부르고 말을 이어간다. 사도는 "내가 지금까지 할례를 전한다면(6:12) 어찌하여 지금까지 박해를 받으리요(4:29; 6:17; 고전 15:30)"라고 말한다. 바울 사도는 예수님을 믿기 전에 "할례"를 전했던 것처럼 지금까지 계속해서 할례를 전한다면 어찌하여 지금까지 박해를 받을 것이냐고 말한다. 아마도 율법주의자들이 자기들의 교리인 할례를 퍼뜨리기 위하여 바울 사도도 지금 할례를 찬성하며 전한다고 거짓 선전을 한 것 같다. 바울 사도는 이러한 거짓 선전을 바로 잡기 위하여 그것은 사실과 다른 선전이라고 말한다. 바울 사도가 지금 할례를 전한다면 어찌 박해를 받을 것이냐는 것이다. 할례를 전하지 않고 십자가를 전하니 박해를 받는 것이라는 말이다.

바울 사도는 "그리하였으면 십자가의 걸림돌이 제거되었을 것"이라고 말한다(고전 1:23). 다시 말해 '할례를 전한다면 십자가의 걸림돌이 제거되었을 것'이라는 뜻이다. 여기 "십자가의 걸림돌"(τὸ σκάνδαλον τοῦ σταυρου)이란 말은 '십자가라고 하는 덫' 혹은 '십자가라고 하는 올가미'라는 뜻으로 십자가는 율법주의자, 곧 할례주의자들에게는 거치는 것이고 따라서 십자가를 전하는 사람은 반드시 박해를 받게 되어 있는 것이다. 만일 바울 사도가 십자가를 전하지 않고 할례를 전했다면 할례주의자들에게는 십자가라는 덫이 사라지게 되니 바울 사도가 박해를 받지 않았을 것이다. 지금도 십자가가 시험이 되고 덫이 되는 사람들이 있다. 십자가를 믿지 않고 미련한 것으로 보는 사람들은 그 누군가 전도자가 십자가를 전하면 금방 덫에 걸린 듯이 행동한다.

갈 5:12. 너희를 어지럽게 하는 자들은 스스로 베어 버리기를 원하노라.
바울 사도는 앞에서(10절) 율법주의자들은 하나님의 심판을 받을 것이라고 선언했는데 이제는 그들 스스로가 자신들을 심판하기를 원한다고 말한다. 바울 사도는 율법주의자들을 향하여 "너희(갈라디아 교회의 성도들)를 어지럽게 하는 자들"이라고 묘사한다(행 15:1-2, 24; 17:6; 21:38). 곧 율법주의자들은 '갈라디아 교회의 성도들을 아주 뒤집어 놓는 자들'이라는 것이다. 바울 사도는 교회 공동체를 뒤집어 놓는 할례주의자들, 곧 율법주의자들은 할례(남경의 끝만 베는 의식)만 행하지 말고 "스스로 베어 버리기를 원한다"고 말한다(1:8-9; 수 7:25; 고전 5:13). "스스로 베어버리기를"(ἀποκόψονται)이란 말은 수동태도 되고 또 중간태도 되는데 대부분의 헬라어 학자들은 본 절에서 중간태로 사용되었다고 주장한다. 그러니까 뜻은 '스스로 베어버리다'라는 뜻이다. 그렇다면 "스스로 베어버리기를"이란 말은 무슨 뜻인가. 당시 헬라 문화 속에서 '거세하라'는 말로 사용되었다는 주장에 따라 '스스로 아주 남경 전체를 끊어버리기를 원한다'는 뜻이다. 남경을 끊는 것은 큰 심판이다. 끝만 벨 것이 아니라 한 걸음 더 나아가 성기 전체를 잘라 버리라는 것이다.

여기 "스스로 베어 버리기를 원하노라"는 말에 대해 달리 해석하는 학자들도 있다(Ramsay 가 강하게 주장한다). 스스로 교회에서 떨어져 나가라는 뜻으로 해석하기도 한다. 다시 말해 스스로 알아서 교회에서 물러가라는 뜻으로 해석한다. 그러나 이 해석보다는 남경을 끊어버리라는 뜻으로 해석하는 것이 일반적인 경향이다.

오늘도 교회 공동체를 어지럽히는 자들은 스스로를 심판하는 것이 필요하다. 그러면 그들은 하나님으로부터 심판을 받지 않는다. 스스로 자신들을 심판하면 하나님으로부터 심판을 면하게 된다. 그렇지 않으면 하나님으로부터 놀라운 심판을 받게 된다.

6. 성도들은 사랑으로 서로 종노릇하라   5:13-15

갈 5:13. 형제들아 너희가 자유를 위하여 부르심을 입었으나 그러나 그 자유로 육체의 기회를 삼지 말고 오직 사랑으로 서로 종노릇하라.
바울 사도는 "형제들아"라는 애칭으로 성도들을 부르며 성도들끼리 사랑으로 서로 봉사하라고 권면한다(롬 7:4; 고전 1:26; 빌 1:12; 살전 2:9). 바울 사도의 첫 번째 권면은 "너희가 자유를 위하여 부르심을 입었으나 그러나 그 자유로 육체의 기회를 삼지 말라"고 한다(고전 8:9; 벧전 2:16; 벧후 2:19; 유 1:4).

여기 "너희가"(ὑμεῖς)라는 말은 헬라어 성경에서 강세 형이다. 이 강세 형은 바로 앞 절(10-12절)에 나온 할례주의자들과 갈라디아 성도들을 대조하기 위한 말이다. 다시 말해 바로 너희, 곧 갈라디아 성도들은 "자유를 위하여 부르심을 입었다"는 것이다. 이 말씀에 대해서는 1절에 있는 주해를 참조하라. 자유롭게 되기 위해서 하나님의 부르심을 입은 사람들은 자유의 기회를 육체의 기회로 삼지 말아야 한다는 것이다. 다시 말해 그리스도께서 십자가에서 율법을 다 이루셔서 우리에게 주신 자유를 계속해서 지켜야지 그 자유를 받고 마구 사는 기회, 아무렇게나 사는 기회, 죄를 짓는 기회, 향락의 기회로 삼아서는 안 된다.

바울 사도의 또 하나의 권면은 "오직 사랑으로 서로 종노릇하라"는 것이다 (6:2; 고전 9:19). '사랑을 가지고 서로 섬기라'는 말이다. 죄를 짓는 것과 섬기는 것은 엄청난 차이가 있다. 여기 "사랑으로"(διὰ τῆς ἀγάπης)란 말은 '희생적인 사랑을 가지고'라는 뜻이다. 성도는 세속적인 사랑이 아니라 그리스도께서 보여 주신 희생적인 사랑을 가지고 성도 간에 서로 섬김의 삶을 살아야 한다. 그러지 못하다면 그리스도에 대한 배신행위이다.

갈 5:14. 온 율법은 네 이웃 사랑하기를 네 자신 같이 하라 하신 한 말씀에서 이루어졌나니.

바울 사도는 바로 앞 절(13절)에서 말한 사랑이라는 것이 무엇인지 본 절에서 다시 말한다. 성경에서 말하는 모든 도덕법(의식 법을 뺀 도덕법)은 "네 이웃 사랑하기를 네 자신과 같이 하라 하신 한 말씀(레 19:18; 롬 13:8-9)"에서 온전히 이루어지고 완성된다는 것이다(마 7:12; 22:40; 약 2:8). 가령 사람이 그 어떤 도덕법을 지킨다고 할지라도 이웃을 사랑하지 않는다면 도덕법을 이루는 것이 아니고 완성하는 것이 아니다. 십계명 중 제 5, 6, 7, 8, 9, 10계명은 모두 이웃 사랑을 말하는 계명이니 "네 이웃 사랑하기를 네 자신과 같이 하라"는 말씀만 이룬다면 그 모든 계명을 다 이루는 것이다. 혹시 다른 계명이 있다할지라도 네 이웃을 네 자신과 같이 사랑하기만 하면 그 다른 계명도 지키는 것이 된다. 모든 율법은 이웃을 잘 대하라는 것으로 이웃을 사랑하라는 말씀 가운데다 들어 있다. 우리는 이웃을 내 몸같이 생각해야 한다. 그것이 바로 자유를 위하여 부름 받은 자들이 해야 할 일이다.

본문의 "이루어졌나니"(πεπλήρωται)란 말은 현재완료 수동태로 '완성되었나니' 혹은 '끝내게 되었나니'라는 뜻으로 "사랑은 율법의 완성"이라는 것이다 (롬 13:10). 우리는 성령님을 힘입어 율법(도덕법)을 이루어야 한다. 다시 말해 이웃을 사랑해야 한다. 이웃은 유대인들이 말하는 대로 유대인만 아니라 우리의 원수까지도 포함해야 한다(마 5:43-48). 우리는 그리스도께서 십자가에서 이루신 자유를 오해하여 방종의 기회로 삼을 것이 아니라 희생적인 사랑을 가지고 서로 섬기는 기회로 삼아야 한다.

갈 5:15.만일 서로 물고 먹으면 피차 멸망할까 조심하라.

바울 사도는 앞에서 "사랑으로 서로 종노릇 하라"(13절)고 권면한 다음 이제는 그 사랑의 섬김과는 전혀 반대되는 상황을 연출하는 것을 금하고 있다. 바울 사도는 "만일 서로 물고 먹으면 피차 멸망할까 조심하라"고 말한다. 바울 사도가 "만일"이란 말을 여기에 쓴 이유는 실제로 그런 일이 아직은 연출되지 않았지만 일어날지도 모를 것이기 때문이다. 성도들이 복음으로 말미암은 자유의 기회를 받고 사랑으로 서로 섬겨야 하는데 자유하다고 하여 그 자유를 방종할만한 좋은 기회로 알고 서로 물고 먹으면 피차 멸망한다는 것이다. "물고 먹는다"(δά-κνετε καὶ κατεσθίετε)는 말은 '야생의 짐승들이 먹이 하나를 놓고 서로 물고 먹는 것'을 지칭하는 말이다. 교회 공동체 회원들도 사랑으로 섬기는 삶을 살지 않으면 서로 물고 먹는 싸움판을 연출할 수가 있다. 성령의 충만을 구하지 않는 교회는 대체적으로 전쟁터가 된다. 우리 한국인의 최고의 약점은 서로 물고 먹는 것이다. 본국에 있는 한국인이나 국외로 흩어져 사는 한국인이나 그 어디든지 교회가 세워진 곳에는 대체적으로 싸움의 소리가 있다. 성도들은 "피차 멸망할까 조심해야" 한다. "조심하라"(βλέπετε)는 말은 '분별하라,' '삼가라,' '주의하라'(막 4:24; 눅 21:8; 고전 8:9; 빌 3:2; 골 2:8)는 뜻이다. 우리는 우리의 행위를 조심해야 한다. 우리는 우리의 감정이 움직이는 대로 살 것이 아니라 하나님의 말씀이 지시하는 대로 살아야 한다.

XI. 성령의 열매를 맺으라   5:16-26

그리스도께서 주신 자유를 지키라고 말한(1-15절) 바울 사도는 이제 그 자유를 가진 성도들이 성령의 열매를 맺을 것을 부탁한다(16-26절). 바울 사도는 먼저 성령의 주장(지배)과 인도를 따라 살면 육체의 욕심을 이룰 수 없음을 말하고(16-17절), 동시에 율법에 매이지 않게 되며(18절), 반면에 육체의 욕심을 따라 사는 자는 불행하게 됨을 말한다(19-21절). 그리고 바울 사도는 성령이 맺어주시는 열매를 열거하고(22-24절), 끝으로 성령의 주장과 인도를 따라 살면서 죄를 멀리 할 것을 권장한다(25-26절).

1. 성령의 사람은 육체의 욕심을 이루지 않음   5:16-17

갈 5:16. 내가 이르노니 너희는 성령을 따라 행하라 그리하면 육체의 욕심을 이루지 아니하리라.

바울 사도는 바로 앞에서(15절) "만일 서로 물고 먹으면 피차 멸망할까 조심하라"고 말하고는 이제 본 절에서는 갈라디아 교인들에게 "성령을 따라(in the Spirit, by the Spirit) 행하라"고 말한다(25절; 롬 8:1, 4; 13:14). 여기 "성령을 따라"($\pi\nu\epsilon\acute{\upsilon}\mu\alpha\tau\iota$)란 말은 '성령의 주장(지배)과 성령의 인도를 따라서'라는 뜻이다. 오순절에 모였던 15개국 사람들은 성령의 주장(지배)을 따라 "다른 방언으로 말했고"(행 2:4) 또 바울 사도는 성령의 인도를 따라 여러 곳을 다니며 선교했다(행 16:6-10). 본문의 "행하라"($\pi\epsilon\rho\iota\pi\alpha\tau\epsilon\hat{\iota}\tau\epsilon$)는 말은 현재명령형으로 '계속해서 살아라,' '삶을 계속 영위하라'는 뜻이다(막 7:5; 요 8:12; 행 21:21; 롬 6:4; 8:4; 고전 3:3). 그러니까 "성령을 따라 행하라"는 말은 '성령의 주장과 인도 안에서 살라'는 뜻이다. 다시 말해 '성령의 충만을 입어 살라'는 뜻이다. 성도가 성령을 따라 살기 위해서는 우선 성령의 감화를 소멸시킨 죄(살전 5:19)와 성령을 근심시킨 죄(엡 4:30)를 자백해야 하고 또한 말씀을 사랑해야 하며(행

10:44; 골 3:16) 성령의 지배와 인도를 받기 위하여 기도해야 한다.

바울 사도는 성도가 성령을 따라 살면 "육체의 욕심을 이루지 아니하리라"고 말한다. "육체의 욕심"이란 '인간의 부패성의 본능적 욕구'를 뜻하는 말로, 사람이 성령님의 지배와 인도를 따르면 인간 부패성의 본능적인 욕구를 따르지 않게 된다. 다시 말해 "음행과 더러운 것과 호색과 우상 숭배와 주술과 원수 맺는 것과 분쟁과 시기와 분냄과 당 짓는 것과 분열함과 이단과 투기와 술 취함과 방탕함과 또 그와 같은 죄들"을 범하지 않게 된다(5:19b-21). 사람이 성령의 지배와 인도를 따라 살면 각종 죄로부터 자유를 얻게 된다.

갈 5:17. 육체의 소욕은 성령을 거스르고 성령은 육체를 거스르나니 이 둘이 서로 대적함으로 너희가 원하는 것을 하지 못하게 하려 함이니라(ἡ γὰρ σὰρξ ἐπιθυμεῖ κατὰ τοῦ πνεύματος, τὸ δὲ πνεῦμα κατὰ τῆς σαρκός, ταῦτα γὰρ ἀλλήλοις ἀντίκειται, ἵνα μὴ ἃ ἐὰν θέλητε ταῦτα ποιῆτε).
본 절 초두의 이유접속사 "왜냐하면"(γὰρ)이란 말은 본 절이 앞 절(16절)의 이유를 설명하고 있음을 말한다. 바울 사도는 앞 절에서 성도가 "육체의 욕심을 이루지 아니하게 된다"고 했는데(16절) 그 이유는 "육체의 소욕은 성령을 거스르고 성령은 육체를 거스르기" 때문이라고 한다(롬 7:23; 8:6-7). 다시 말해 '성령이 육체(인간의 부패성)가 원하는 것을 거스르기' 때문에 성도가 육체의 욕심을 이루지 않게 된다고 말한다.

본 절 상반 절의 "육체의 소욕은 성령을 거스르고 성령은 육체를 거스르나니"라는 말을 해석할 때 육체(인간의 부패성)의 소욕과 성령의 소욕(소욕이라는 말은 우리 본문에 없으나 있는 것으로 보아야 한다)이 서로 거스르는(대적하는) 것이라고만 해석하면 본 절이 앞 절(16절)의 이유를 설명하는 절이라고 할 수 없다. 분명히 앞 절(16절)은 성도가 성령을 따라 행하면 육체의 욕심을 이루지 않는다고 말한 고로 본 절 상반 절의 해석은 성령이 육체를 거스르는 사실을 부각시켜 해석해야 한다. 성도가 승리하는 이유는 성도가 힘이 있어서가 아니라 성령님이 육체의 소욕들을 거스르기 때문이다.

그리고 바울 사도는 하반 절에서 "이 둘이 서로 대적함으로 너희가 원하는 것을 하지 못하게 하려 함이리라"고 말한다(ταῦτα γὰρ ἀλλήλοις ἀντίκειται, ἵνα μὴ ἃ ἐὰν θέλητε ταῦτα ποιῆτε, 롬 7:15, 19). 하반 절 초두에도 역시 이유를 말하는 접속사 "왜냐하면"(γὰρ)이란 말이 있어 이 하반 절이 상반 절의 내용에 대한 이유를 제공하고 있다. 상반 절은 "육체의 소욕은 성령을 거스르고 성령은 육체를 거스르나니"라고 말했는데 그 이유는 "이 둘이 서로 대적하기" 때문이라고 말한다. 상반 절은 분명히 성령은 육체를 거스르고 있다는 것을 부각시키고 있는데 그 이유는 이 두 요소(육체의 소욕과 성령의 소욕)가 서로 대적하기 때문이라는 것을 말한다. 물론 여기 이 구절도 서로 대적하는 것을 말하지만 성령님의 우월함을 말하고 있는 것은 숨길 수 없는 사실이다.

그리고 하반 절중에서도 뒷부분에 있는 구절이 결과를 말하는 구절이냐 아니면 목적을 말하는 구절이냐를 두고 학자들의 의견은 둘로 갈리지만 목적을 말하는 구절로 보아야 한다. 즉 "너희가 원하는 것을 하지 못하게 하려 한다"(ἵνα μὴ ἃ ἐὰν θέλητε ταῦτα ποιῆτε)는 말은 목적을 말하는 구절로 보아야 한다. 결과로 보는 학자들은 '결과적으로 너희가 원하는 것을 하지 못하게 된다'라고 해석하나 성령님이 주도권을 가지고 계시니 이 구절을 목적절로 보아야 한다. 즉 성령님이 주도권을 가지고 '너희가 원하는 육체의 소욕을 하지 못하도록' 하신다고 해석해야 한다.

그러니까 본 절 하반 절은 '부패한 육신의 본능적인 욕구를 이루지 못하도록 이 둘이 서로 대적하고 있다'는 것이다(롬 8:1-2; 고전 15:55-58). 그런데 혹자는 여기 "너희가 원하는 것을 하지 못하게 하려 함이니라"는 말이 육체의 거스름 때문에 성령의 소원이 이루어지지 못하는 것을 의미한다고 해석하나 문맥에 부합하지도 않고 또 성령의 소원이 그만큼 약한 것이라고 주장하는 셈이니 받을 수 없는 학설이다. 성령님의 소원은 강하다는 것을 부각시켜야 한다. 그리고 혹자는 육체나 성령, 쌍방의 소원이 이루어지지 못하는 것으로 해석하나 쌍방을 동등한 것으로 보는 것도 성령님의 능력을 약화시키는 것으로 보는 것이기에 온당한 해석으로 볼 수 없다. 우리는 항상 성령의 지배와 인도를 따라 살기에 죄의 소원을 이기는 승리자가 되는 것이다. 우리의 심령 속에서 두 요소가 싸우고 있긴 하나 그러나 성령이 승리하시기에 우리가 승리자가 되는 것이다. 두 요소(육체의 소욕과 성령의 소욕)가 싸운다고 해서 항상 갈등상태에 있는 것만은 아니다. 바울은 "오호라 나는 곤고한 사람이로다 이 사망의 몸에서 누가 나를 건져내랴"(롬 7:24)고 외쳤으나 그는 금방 "우리 주 예수 그리스도로 말미암아 하나님께 감사하리로다"라고 외쳤다(롬 7:25). 그리스도의 승리는 곧 성령님의 승리를 말하는 것이다. 우리들은 성령님 때문에 항상 승리자들이 된다.

2. 성령의 사람은 율법에 매이지 않음 5:18

갈 5:18. 너희가 만일 성령의 인도하시는 바가 되면 율법 아래에 있지 아니하리라.

성도가 "성령의 인도하시는 바가 되면," 다시 말해 '성령의 지배 하에서 살면'(16절) "율법 아래에 있지 아니하게" 된다(롬 6:14; 8:2). 곧 '소극적으로 율법에 매여 이런 저런 죄를 짓는 것이 아니라 적극적으로 성령님께서 주시는 힘을 가지고 하나님의 도덕법을 실행하게 된다'(5:1). 성도가 성령님의 인도하시는 바가 되면 앞에서 말한 바와 같이 육체의 욕심을 이루지 아니할 뿐 아니라(16b), 율법 아래에 매어 이런 저런 지저분한 죄를 짓지도 않고 오히려 적극적으로 하나님께서 주신 도덕적 계율을 지키게 된다. 성령의 사람은 한 마디로 승리자이다. 죄를 짓지 않으니 승리자이고 도덕적 율법을 적극적으로 실천하며 살게 되니 승리자이다.

3. 육체의 욕심을 따라 사는 사람은 불행하게 된다 5:19-21

바울 사도는 앞에서(16-18절) 성령의 지배와 인도를 따라 사는 사람은 욕심을 실현하지 않는다고 말하고는 이제 부패한 육신이 하자는 대로 하는 경우 각종 죄들을 연출하게 된다고 말한다.

갈 5:19. 육체의 일은 분명하니 곧 음행과 더러운 것과 호색과.

바울 사도는 육체(부패한 인간성)가 행하는 일들, 곧 죄들(아래에 열거된 수많은 죄들)은 분명하게 드러난다고 말한다(고전 3:3; 엡 5:3; 골 3:5; 약 3:14-15). "분명하니"(φανερὰ)란 말은 '명확한,' '잘 알려진,' '눈에 띄게 드러나는'이란 뜻으로 부패한 인간성이 행하는 죄들은 숨길 수 없이 분명하게 드러난다는 뜻이다. 사람이 성령의 주장과 인도를 따라 살지 않으면 결국 부패한 육신이 죄들을 연출하는데 그 죄들은 명확하게 드러난다.

바울 사도는 분명하게 드러나는 것들을 열거한다. 사도는 먼저 성적 죄악 세 가지를 묶어놓는다. 사도는 고후 12:21에서도 세 가지 성적인 죄악들을 한데 묶어놓았다. 성령의 지배하에 살지 않는 사람들은 먼저 성적인 죄악들을 짓기에 열중한다. "음행"(πορνεία)은 '불법적인 성적 교제'를 뜻하는 말이고(고전 5:1; 6:13, 18; 7:2; 고후 12:21; 엡 5:3; 살전 4:3), "더러운 것"(ἀκαθαρσία)은 '성적으로 깨끗하지 못한 것'을 지칭하는데 '마음으로나 행동으로 짓는 성적인 불결'을 뜻한다(롬 1:24; 엡 4:19). 다음 "호색"(ἀσέλγεια)은 '색을 아주 탐닉하면서도 부끄러운 줄 모르는 것'을 지칭하는데(고후 12:21; 엡 4:19) 오늘 우리 사회는 색(色)을 탐닉하면서도 전혀 부끄러운 줄 모르고 자연스러운 것으로 여기고 있다. 오히려 색을 탐닉하는 방법을 가르쳐주고 있고 그 유익도 말하고 있다. 지구의 종말이 얼마 남지 않았음을 보여주는 사례(事例)이다.

갈 5:20. 우상 숭배와 주술과 원수 맺는 것과 분쟁과 시기와 분냄과 당 짓는 것과 분열함과 이단과.

"우상숭배와 주술"은 종교적 죄악들로서 바울 사도는 이 두 죄악들을 한데 묶어놓고 있다. "우상숭배"(εἰδωλολατρία)란 '우상을 만들어 놓고 섬기는 것을 지칭할 뿐 아니라 피조물을 하나님보다 더 숭배하는 행위'를 말한다(고전 10:14; 골 3:5; 벧전 4:3). 무엇을 하나님보다 더 탐하는 것을 바울 사도는 우상숭배라고 정의한다(골 3:5). 성경은 하나님께 경배하고 다만 그를 섬기라고 명령한다(마 4:10). "주술"(φαρμακεία)이란 '마술,' '마법,' '매혹하는 것'이란 뜻으로 교묘하게 만든 예언으로 개인의 사욕을 채우기 위하여 사람을 속이는, 소위 허탄한 예언이다. 이러한 마술을 통한 속임수는 당시 로마 제국내의 국가들 간이나 혹은 소아시아의 도시들 가운데서 성행하였다(행 19:19: 딤후 3:13). 오늘도 비슷한 주술이 있다. 우리는 성부 성자 성령의 예언에만 귀를 기울여야 한다.

바울 사도는 여기 또 8가지 죄악을 한 덩이로 묶는다. 곧 "원수 맺는 것과 분쟁과 시기와 분냄과 당 짓는 것과 분열함과 이단과 투기"죄들은 한 마디로 불화(不和)의 죄악들이다. "원수 맺는 것"(ἔχθραι)이란 말은 '서로 적대감을 가지고 갈등을 일으키는 것'을 지칭하는데 이 단어가 복수형인 것을 감안할 때 여러 사람들 사이, 여러 계층들 사이, 여러 집단들 사이, 여러 민족들 사이에서 서로 적대감을 가지고 갈등을 일으키는 것을 지칭한 것으로 보인다. 성령의 주장과 인도를 받지 않는 사람들은 많은 사람들과 원수가 되어 살아가고 있다. 성경은 원수를 용서하고 도우면서 살라고 말씀한다(출 23:4-5; 욥 31:29; 잠 24:17; 롬 12:20). "분쟁"(ἔρις)이란 '논쟁하는 기질,' '퇴폐적인 다툼'이라는 뜻이다(고후 12:20). 분쟁은 사람이 성령의 인도를 받지 못하고 한쪽으로 기우는데서 일어난다. 성경은 분쟁을 심각하게 경고하고 있다(잠 17:14; 18:19; 25:8). "시기"(ζῆλος)란 '남이 나보다 잘 되는 것을 보고 미워하는 것,' '다른 편이 잘 되었을 때 품는 앙심'을 뜻한다(고후 12:20). 성령의 사람은 다른 사람이 잘 되었을 때 절대로 앙심을 품지 않고 오히려 하나님께 감사한다. 그리하여 자기도 잘 되는 복을 받는다. "분냄"(θυμοί)이란 '마음속에 있는 노여움이 충만하여 밖으로 표출되는 것'을 뜻하는데(눅 4:28; 행 19:28) 성경은 분내는 것을 경고한다(잠 16:32; 27:3; 전 7:9). 우리는 노여움으로 충만할 것이 아니라 성령으로 다스림을 받아야 한다. 이 "분냄"이란 단어는 하나님의 분노를 표현할 때도 사용된다(롬 2:8; 계 14:10). "당 짓는 것"(ἐριθεῖαι)이란 말은 본래 "삯군"(ἔριθος)이란 말에서 파생된 말인데 '삯을 받고 어느 당파에 매수되어 당쟁에 몰두하는 것'을 지칭한다. 성령의 인도를 받지 않는 사람들은 파당을 지어 진리 아닌 것을 위하여 힘써 싸운다. 교회 안에도 당을 지어 하나님을 대적하는 사람들이 있다. "분열함"(διχοστασίαι)이란 당을 지은 결과 '서로 나누어지는 것' 혹은 '알력'을 의미한다(롬 16:17). 분리된 사람들은 자신들의 명예와 유익만을 추구한다. 그러나 교회 회원 중에 누가 교회의 부패를 경고하며 진리와 의를 주장하다가 교권의 억압을 받아 축출을 당한다면 그런 사람들은 분열의 죄를 범한 것은 아니다. 그러나 조심할 것은 교회의 부패를 경고하는 중에 혹시 자신의 느낌을 표준하고 주장하지는 않아야 한다. 어디까지나 성경 말씀을 표준하고 경고해야 한다. "이단"(αἱρέσεις)이란 말은 문자적으로는 '종교적으로나 철학적으로 특별한 견해나 사고방식을 가진 자'(행 5:17; 15:5), 혹은 '특정한 견해를 가지고 뭉쳐진 집단'(행 24:14; 26:5; 28:22)을 지칭한다. 그러나 보통으로는 기독교에서 '그리스도의 십자가를 부인하는 악한 사람들'을 부르는 말로 사용되었다(고전 11:19; 딛 3:10; 벧후 2:1). 그러나 본 절의 "이단"이란 말은 교리적인 것이 아니고 성령의 인도를 따르지 않는 사람들이 부패한 육신의 생각을 따라(19절) 한편에 서서 다른 편에 선 사람들과 대치하는 것을 지칭하는 말이다.

갈 5:21. 투기와 술 취함과 방탕함과 또 그와 같은 것들이라 전에 너희에게 경계한 것같이 경계하노니 이런 일을 하는 자들은 하나님의 나라를 유업으로 받지 못할 것이요

"투기"(φθόνοι)란 말은 "시기"(ζῆλος)와 비슷한 말이기는 하나 시기라는 말이 때로는 긍정적인 뜻의 '열심'이라는 뜻을 가지고 있는 반면 투기는 항상 부정적인 뜻으로 사용된다(롬 1:29; 빌 1:15; 딤전 6:4; 딛 3:3). "투기"는 '남이 소유한 좋은 것을 빼앗으려는 악심'을 말한다. 윌렴 헨드릭슨은 "아벨을 살해한 동기나, 요셉을 구덩이에 던졌던 동기나, 고라, 다단 및 아비람으로 하여금 모세와 아론에게 반역케 한 동기나, 사울로 하여금 다윗을 추적케 한 동기, '그 큰 형'(탕자의 비유에서)으로 하여금 악의에 찬 말을 그 부친 앞에서 토로케 한 동기, 그리스도를 십자가에 못 박게 한 동기가 모두 이 투기인 것이다"라고 말한다.[48] 성령의 사람은 결코 이런 투기에 휩싸이지는 않는다. "술 취함"(μέθαι)이란 '지나친

폭음,' '지나친 음주'를 뜻하는데 예수님께서는 제자들에게 술 취함의 위험을
경고하셨다(눅 21:34). 성경은 지나친 음주에 대해 자주 경고한다(잠 23:35;
31:5; 엡 5:18). 박윤선목사는 술에 취함이 불가한 이유를 몇 가지 말한다.
"(1) 신자는 하나님의 제사장이니(벧전 2:9) 술에 취하면 하나님을 경배하는
일과 진리를 분별하는 일에 실수하게 된다(레 10:9; 겔 44:21). (2)술에 취하면
일반적 행동에도 실수하게 된다(잠 23:29-35). 신자가 올바른 정신을 가지고도
하나님의 진리를 다 준행하지 못하는데 술에 취하여서 어떻게 경건한 생활을
할 수 있으랴? (3)술에 취함은 건강을 해하는 것이다"라고 말한다.49) "방탕
함'(κῶμοι)이란 '술에 취해 흥청거리는 것,' '흥청망청 떠들기'라는 뜻으로 세상
을 아무렇게나 사는 것을 지칭한다. 성령님의 인도를 떠난 사람들은 세상 흘러가
는 대로, 바람 부는 대로 살 가능성이 얼마든지 있다. "그와 같은 것들"(τὰ
ὅμοια τούτοις)이란 말은 바울 사도가 위에 기록한 15가지의 죄들과 비슷한
죄들을 염두에 둔 말이다. 성령의 지배와 인도를 받지 않는 사람은 위에 기록된
죄와 비슷한 죄를 얼마든지 지을 수 있는 것이다. 오늘 이 시대는 죄악으로
충만한 시대로서 성적인 죄악만 해도 유사성행위가 수없이 등장하고 있고 또
인터넷을 통하여 상상할 수 없는 죄악들이 행해지고 있다. 우리는 성령의 인도를
구하여 성령의 인도를 따라 살아야 할 것이다.

　　바울 사도는 육신으로부터 나오는 죄들을 서슴없이 짓는 사람들을 향하여
"전에 너희에게 경계한 것같이 경계하노니 이런 일을 하는 자들은 하나님의
나라를 유업으로 받지 못할 것이라"고 경고한다(고전 6:9; 엡 5:5; 골 3:6; 계
22:15). 바울 사도는 전에 갈라디아 지방을 순회하면서 여러 차례 경계한 것같이
지금도 다시 편지를 통하여 사랑으로 경계한다고 말하면서 계속해서 죄를 짓는
교인들은 "하나님의 나라를 유업으로 받지 못할 것이라"고 말한다. 여기 "하나님
의 나라"는 그리스도께서 재림하실 때에 이루어질 하나님의 나라를 가리킨다(고
전 5:1-13; 엡 4:17-32; 5:5; 살전 4:1-8).

---

48) 윌렴 헨드릭슨, p. 303.
49) 박윤선, p. 87.

4. 성령이 맺으시는 열매   5:22-24

바울 사도는 앞에서(16-21절) 성령의 지배와 인도를 따라 삶으로 죄를 짓지 말 것을 권고하고는 이제 성령이 맺으시는 열매가 어떤 것들인가를 말한다 (22-24절).

갈 5:22. 오직 성령의 열매는 사랑과 희락과 화평과 오래 참음과 자비와 양선과 충성과.

바울 사도는 앞에서(19-21절) 부패한 육신이 산출하는 죄들을 열거하고는 이제는 대조적으로 성령님께서 맺으시는 열매를 열거한다. "성령의 열매"란 말은 '성령님께서 맺으시는 열매'란 말이다(요 15:2; 엡 5:9). 여기 "열매"($\kappa\alpha\rho\pi\grave{o}\varsigma$)란 말이 단수인 것은 성령님께서 맺으시는 열매가 아무리 많을지라도 결국은 하나라는 뜻이다. 곧 열매가 아무리 많아도 그 열매들은 성령 안에서 하나로 통일된다는 것이다. 다시 말해 성령님의 열매가 아무리 많아도 한분 성령님께서 맺으신 열매이다.

"사랑"($\dot{\alpha}\gamma\acute{\alpha}\pi\eta$)은 '희생적이며 무조건적인 사랑'으로 하나님의 사랑을 입은 자들이 이웃에게 보여야 하는 사랑을 지칭한다(롬 5:8). 성령님의 나머지 열매들도 이 사랑을 바탕으로 하고 맺어지는 것이다. "희락"($\chi\alpha\rho\acute{\alpha}$)은 '하나님의 사랑으로 구원받은 자가 가지는 거룩한 기쁨'을 지칭한다(살전 1:6). 하나님의 사랑으로 구원받은 자에게는 거룩한 기쁨이 있다. 성도에게 이 기쁨이 있을 때 하나님께 더욱 감사하게 되고 또한 신앙이 건전하게 성장하게 되며 육신도 건강에 이른다. "화평"($\epsilon\dot{\iota}\rho\acute{\eta}\nu\eta$)은 '성령님께서 성도들로 하여금 그리스도의 십자가 사랑을 깨닫게 하여 상호간에 화목하게 하시는 것'을 말한다. 하나님의 사랑을 깨달은 사람은 서로 화목을 힘씀으로 화평하게 되고(마 5:24-26), 서로 용납함으로 화평이 이루어진다(엡 4:2-3). "오래 참음"($\mu\alpha\kappa\rho\text{о}\theta\nu\mu\acute{\iota}\alpha$)은 '감정을 상하게 하는 것을 견뎌내는 것'을 지칭하나 사람들이 행하는 불의를 볼 때에도 하나님께서 심판해 주실 것을 믿으며 오래 기다리는 것을 뜻한다. 오래 참음에 대해 이상근목사는 "이는 단순한 참음이 아니라 '해치려는 악의에 대해 안정된 마음으로 오래 참는 것'이라"고 정의한다.[50] "자비"(χρηστότης)란 '남을 향한 친절,' '남을 향한 너그러움,' '관용,' '도덕적인 선'을 의미한다(골 3:12; 약 3:17). 이 낱말은 하나님의 자비를 묘사하는데도 사용되었고(눅 6:35; 딛 3:4-7), 본문에서처럼 성도가 추구해야 할 덕목으로도 사용되었다(고후 6:6). 성령님께서는 성도들로 하여금 십자가 사랑을 알게 하셔서 남을 향하여 자비한 마음을 가지게 하신다. "양선"(ἀγαθωσύνη)은 '자선행위'를 뜻한다(롬 15:14; 엡 5:9; 살후 1:11). 이 낱말은 "마음과 행동의 관대함"[51]을 가리킬 수 있는 점에서 자비보다는 더 능동적인 선으로 해석할 수 있다. "충성"(πίστις)이란 말은 하나님께 대한 '믿음'이란 낱말과 똑 같은 단어지만(롬 3:3; 12:3, 6; 고전 12:9; 13:7), 본문에서는 '사람에 대한 신실성'(faithfulness)을 지칭한다. 이유는 본문은 성령의 열매를 열거하는 중에 사람 상대한 미덕을 열거하고 있으므로 충성도 역시 사람 상대하여 신실한 것을 말하는 것으로 보아야 할 것이다. 성도는 사람 상대하여 믿음직하게 행해야 한다.

갈 5:23. 온유와 절제니 이 같은 것을 금지할 법이 없느니라.

"온유"(πραΰτης)는 '이웃을 향한 관용,' '이웃을 향한 부드러움,' '이웃을 향한 친절'을 뜻한다. 온유는 그리스도께서 품으신 마음이며(마 11:29) 또 그리스도를 본받는 자들이 품어야 할 마음이다(6:1; 마 5:5; 빌 2:1-11; 딤후 2:25). 모세는 그 당세에 가장 온유한 사람이었고(민 12:3), 다윗은 자기를 죽이려는 사울을 향하여 끝까지 복수하지 않는 온유한 사람이었다. 온유한 사람은 많은 사람을 친구로 얻는다(마 5:5). 성령님은 우리로 하여금 계속해서 온유한 사람으로 만드신다. "절제"(ἐγκράτεια)란 '자기 통제' 혹은 '모든 악덕에 대한 극기'(고전 7:1-9; 9:25)를 뜻한다. 특별히 본문의 "절제"는 문맥을 살필 때 육체의 마지막 악덕인 "술 취함과 방탕함"(21절)과 대조되는 것으로 보인다.

바울 사도는 성령의 아홉 가지 열매를 열거하고 난후 "이 같은 것을 금지할

법이 없느니라"고 선언한다. 여기 "이 같은 것"이란 말은 '성령님께서 맺으시는 열매'를 지칭하는데 바울 사도의 선언은 성령님께서 맺으시는 열매들을 정죄하고 금할 율법이 없다는 것이다. 바꾸어 말해 율법은 성령이 맺으시는 열매를 금하거나 정죄하지 못한다는 것이다. 성령님이 맺으시는 열매는 율법 이상이다. 아무튼 성령의 지배와 인도를 받고 사는 사람들은 율법 아래에 있지 않게 된다 (18절).

갈 5:24. 그리스도 예수의 사람들은 육체와 함께 그 정욕과 탐심을 십자가에 못 박았느니라.

바울 사도는 앞에서(23b) 성령님의 열매를 "금지할 법이 없다"고 말하고는 본 절에 와서는 성령님의 열매를 금지할 인적(人的)인 요소들(육체, 정욕, 탐심)도 없다고 말한다. 다시 말해 성령님의 열매를 맺지 못하게 할 인간적인 요소들도 없다는 것이다. 이유는 "그리스도 예수의 사람들은 육체와 함께 그 정욕과 탐심을 십자가에 못 박았기" 때문이라고 말한다(2:20; 롬 6:6). 여기 "그리스도 예수의 사람들"이란 말은 '그리스도께 속한 사람들'이란 뜻으로 성령님을 따라 행하는 사람들(16절), 성령님의 인도를 받는 사람들을 지칭하는 말이다(18절). 그리스도께 속한 사람들은 "육체," 곧 '인간의 부패성'과 함께 그 "정욕"과 "탐심"을 십자가에 못 박은 사람들인 고로 성령님께서 우리 안에서 열매를 맺는데 있어서 하등의 방해를 받지 않고, 하등의 지장을 받지 않는다는 것이다. "정욕"(παθήμα)이란 '고난' 혹은 '고통'이란 뜻도 있고(롬 8:18; 고후 1:5-7; 빌 3:10), '정'이란 뜻도 있는데(롬 7:5), 본문에서는 '정' 혹은 '자동적으로 일어나는 죄악의 욕구'를 뜻한다. 그리고 "탐심"(ἐπιθυμία)이란 말은 '간절한 욕구,' '불순한 욕구'를 뜻한다. "탐심은 소극적인 욕구, 정은 그 적극적인 경향"이다(이상근). 탐심과 정은 19-21절에서 지적한 15가지의 죄악을 포함하는 말이다. 바울 사도의 요지는 그리스도께 속한 성도들은 육체와 함께 15가지 죄악을 십자가에 못 박았다는 것이다.

"십자가에 못 박았느니라"(ἐσταύρωσαν)는 말은 완료 능동태로 이미 과거에 못 박은 것이 지금도 여전히 효력을 발휘하고 있다는 것을 뜻한다. 그리스도인들은 예수 그리스도께서 십자가에 못 박히실 때 함께 그 정욕과 탐심을 십자가에 못 박았다(고후 5:14-17). 그 정욕과 탐심을 십자가에 못 박았다고 해서 정욕과 탐심이 완전히 없어진 것은 아니고 성령님께서 일하시는데 지장을 주지 않을 정도로 그 세력을 상실한 것을 지칭한다. 그런고로 성령님께서 그리스도인들 속에서 열매를 맺는 일을 금할 세력이 없는 것이다.

5. 성령의 사람들은 죄를 멀리 하라 5:25-26

　그리스도인들이 그리스도와 함께 십자가에 못 박혔다고 해도 아직 세상에서는 죄악의 잔재가 남아 있으므로 성도들은 죄악을 멀리 해야 하는 것이다.

갈 5:25. 만일 우리가 성령으로 살면 또한 성령으로 행할지니.
바울 사도는 우리 그리스도인들이 "성령으로 살면," 곧 '우리 안에 하나님의 영이 거하시면,' '그리스도께서 계시면'(롬 8:9-11) "성령으로 행하라"는 것이다(16절; 롬 8:4-5). 다시 말해 성령님이 우리 안에 내주하신다면 반드시 "성령으로 행하라"는 말이다. 여기 "행할지니"(στοιχῶμεν)란 말은 일인칭 복수 현재 가정법으로 '줄을 지어 전진하다,' '행렬을 지어 걸어가다'라는 뜻이다. 그리스도인들은 성령의 인도하심 따라 전진해야 한다. 성령님을 심령 속에 모신 그리스도인들은 성령의 인도를 따라 계속 전진해야 한다. 이렇게 성령의 인도 따라 전진하면 성령님의 열매를 맺을 수 있게 된다.

갈 5:26. 헛된 영광을 구하여 서로 노엽게 하거나 서로 투기하지 말지니라.
성령님을 마음속에 모신 사람들은 적극적으로 성령님의 인도를 따라서 전진할 뿐 아니라 또한 소극적으로 "헛된 영광을 구하여 서로 노엽게 하거나 서로 투기하지 말아야" 한다는 것이다(빌 2:3). "헛된 영광"(κενόδοξοι)이란 '속이 빈 영광,' '허무한 영광'이란 뜻이다. 육체를 중심하고 외모를 중심하여 사는 사람들은 항상 허무한 영광을 구한다. 그러다가 "서로 노엽게 하거나 서로 투기한다." 곧 '서로 상대방을 노엽게 하여 싸우거나 서로 상대방이 잘 되는 것을 싫어하여 방해한다.' 그리스도인 된 우리는 주님의 영광만을 구하고 또 남을 나보다 낮게 여기는 중에 상대방을 노엽게 하거나 상대방을 시기하는 일은 아예 없어야 한다.

제 6 장
서로 도우며 살라는 말씀과 마지막 결론

XII. 서로 도우며 살라   6:1-10

성령의 주장과 인도를 따라 살라고 권면한(5:16-26) 바울 사도는 이제 서로 도우며 살라고 권면한다. 바울 사도는 먼저 서로 짐을 지라고 권면하고(1-5절) 나아가 서로 도우라고 부탁한다(6-10절).

1. 서로 짐을 져라   6:1-5

갈 6:1. 형제들아 사람이 만일 무슨 범죄 한 일이 드러나거든 신령한 너희는 온유한 심령으로 그러한 자를 바로잡고 너 자신을 살펴보아 너도 시험을 받을까 두려워하라.

바울 사도는 앞부분과 약간 다른 권면을 하려고 "형제들아"라는 애칭을 사용하며 말을 이어간다. 바울 사도는 "사람이 만일 무슨 범죄 한 일이 드러나"는 경우(롬 14:1; 15:1; 히 12:13; 약 5:19) 어떻게 해야 하는지를 말한다. 여기 "범죄"(παραπτώματι)란 말은 '정로(正路)로부터 타락하는 것'이란 뜻이다. 이 범죄는 고의적으로 지은 죄가 아니라 우발적으로 혹은 나약해서 지은 죄를 말한다. 그리고 "드러나거든"이란 말은 '발각되거든'이란 뜻이다. 범죄자 자신이 발견하든지 아니면 이웃이 발견하든지 어쨌든 드러나는 것을 뜻한다. 그렇게 되는 경우 1)"신령한 너희는 온유한 심령으로 그러한 자를 바로 잡으라"고 말한다(고전 2:15; 3:1). 여기 "신령한 너희는"이란 말은 '마음속에 성령님을 모시고 사는 너희는'이란 뜻이다. 곧 '그리스도를 모시고 사는 너희는'이란 뜻이다. 성령님을 모시고 사는 성도는 "온유한 심령"으로 그러한 범죄자를 바로 잡아주어야 한다는 것이다(고전 4:21; 살후 3:15; 딤후 2:25). 다시 말해 '온유한 마음,' '겸손한 마음'을 가지고 그러한 범죄자를 바로 잡아주어야 한다는 말이다. 2)"너 자신을 살펴보아 너도 시험을 받을까 두려워하라"고 말한다(고전 7:5; 10:12). 바울 사도는 그리스도인들에게 "너 자신을 살펴보라"고 권한다. 우리 자신도 나약한 인간인고로 다른 범죄자를 겸손한 마음으로 다루어야지 나 자신은 마치 천년만년 죄를 짓지 않을 듯이 고압적인 자세로 범죄자를 대한다면 우리 자신도 별수 없이 범죄 하는 날을 맞이하게 된다. 우리는 우리 자신들도 시험을 받아 그런 범죄를 저지를까 두려워해야 한다. 교회 안에는 범죄면제자는 없다. 누구든지 교만하면 범죄 하게 되어 있다. 우리는 두려움으로 살아야 한다. "두려워하라"는 말은 공포심을 가지고 살라는 말이 아니라 조심하라는 뜻이다.

갈 6:2. 너희가 짐을 서로 지라 그리하여 그리스도의 법을 성취하라.

"짐"(τὰ βάρη)이란 말은 '짐들'이란 뜻으로 '혼자로서는 지기 힘든 무거운 것들,' '수고,' '중한 것'이란 뜻이다(마 20:12; 고후 4:17). "지라"(βαστάζετε)는 말은 현재 능동태 명령형으로 '계속하여 운반하라,' '계속하여 참아주라,' '계속하여 참고 견뎌주라'는 뜻이다. "짐을 서로 지라"는 말은 앞 절(1절)에서 말한 대로 이웃 사람이 범죄 했을 경우 마치 내 자신이 범죄 한 것처럼 내 자신도 낮아지고 불쌍히 여기며 그 고통을 함께 져주라는 말이다(5:13; 롬 15:1; 살전 5:14). 이웃이 범죄 했을 경우 냉소하며 정죄하면 결국은 내 자신도 똑같은 범죄를 저지르게 된다는 것이 성경의 증언이다(1절). 성도들 중에는 남이 범죄한 것을 보고 냉소하고 정죄하다가 자신이 똑 같은 구덩이에 빠지는 것을 볼 수 있다.

　　바울 사도는 성도들이 어려운 짐들을 서로 지는 것이 "그리스도의 법," 곧 '그리스도께서 내신 법'이라고 말한다(요 13:14-15, 34; 15:12; 약 2:8; 요일 4:21). 그리스도께서는 성도들이 서로 사랑하라고 하신다(마 22:39; 요 13:34). 오늘 그리스도인들은 그리스도께서 내신 사랑의 법을 전혀 생각지 않고 남을 쉽게 비판하고 정죄한다. 그러면서 자기는 영원히 죄를 짓지 않을 것처럼 처신하며 깨끗한척한다. 그러다가 결국 자신도 넘어진다. 우리는 그리스도께서 내신 사랑의 법을 성취해야 한다. 다른 이가 지은 죄를 내 자신이 지은 죄처럼 안타깝게 생각하고 권면하며 불쌍히 여겨 기도해 주어야 한다.

갈 6:3. 만일 누가 아무 것도 되지 못하고 된 줄로 생각하면 스스로 속임이라.
"만일 누가 아무 것도 되지 못하고(고후 3:5; 12:11) 된 줄로 생각하면(롬 12:3; 고전 8:2)"(εἰ γὰρ δοκεῖ τις εἶναί τι μηδὲν ὤν)이란 말은 '만일 누가 아무 것도 아닌데 무엇이라 생각하면'이란 뜻이다. 다시 말해 '누구든지 남이 범죄한 것을 보고 자기도 연약한 인간인고로 그런 죄를 범할 가능성이 있다고 생각하고 마음을 낮추어야 하는데 자신은 전혀 범죄 하지 않을 사람으로 알고 범죄한 사람을 냉소하고 정죄하면'이란 뜻이다. "참으로 된 사람은 자신을 되지 못했다고 생각하고, 되지 못한 사람은 된 줄로 생각하는 법이다"(이상근). 참으로 된 사람은 세상에 없다(롬 3:10). 그저 되었다고 생각하는 사람들이 많을 뿐이다. 바울 사도는 자신을 죄인들 중에 첫째가는 죄수라고 했다(딤전 1:15).
　　바울 사도는 낮은 마음을 품지 못하고 스스로 된 줄로 생각하는 사람은 "스스로 속이는"(φρεναπατᾷ ἑαυτόν) 사람이라고 말한다. 곧 '자기를 속이는' 사람이라는 것이다. 남이 죄를 범했을 때 자기 자신도 연약한 사람으로 알고 마음을 낮추고 남을 불쌍히 여겨야 하는데 오히려 냉소하고 정죄하면 자신의 마음을 속이는 것이다. 세상에 죄가 없다고 하는 사람들은 다 자신을 속이는 사람들이다(왕상 8:46; 대하 6:36; 욥 9:2; 15:14; 25:4; 잠 20:9; 요일 1:8). 죄가 없다고 생각하는 사람들은 마음이 어두운 사람들로서 영적인 진리를 알지 못하여 항상 자신의 마음을 속이며 사는 것이다. 참조 요 9:39-41.

갈 6:4. 각각 자기의 일을 살피라 그리하면 자랑할 것이 자기에게는 있어도 남에게는 있지 아니하리니.
바울 사도는 앞(1-3절)에서는 남이 범죄 했을 때 어떻게 처신해야 하는지를 말하고는 이제 본 절과 다음 절(5절)에서는 우리 자신들에게 눈을 돌려 자신들을 살피라고 부탁한다. 바울 사도는 누구나 다 "각각 자기의 일을 살피라"고 말한다 (고전 11:28; 고후 13:5). 여기 "살피라"(δοκιμαζέτω)는 말은 '시험하라'는 뜻으로 제련과정에서 원석(原石)으로부터 순금을 골라내는 작업을 뜻한다(벧전 1:7). 바울 사도는 한 사람도 예외 없이 우리 모두가 "자기의 일을" 시험하라(test)고 말한다. 곧 자기의 마음과 행위를 시험하여 하나님의 말씀에 어긋난 것은 다 걸러내고 제거하라고 말한다. 이 작업은 쉬운 일이 아니다. 때로는 뼈를 깎는 정도의 죄에 대한 고백이 있어야 한다. 요나단 에드워즈는 하나님 앞에 죄를 고백하는 중에 자신은 아담 시대부터 자기 당대까지 자신이 가장 흉악한 죄를 지은 죄인이라고 고백했다. 우리는 우리 자신들을 성령의 조명을 받아 살펴야 하고 말씀에 비추어 살펴야 한다.

　　"그리하면 자랑할 것이 자기에게는 있어도 남에게는 있지 아니하게"(καὶ τότε εἰς ἑαυτὸν μόνον τὸ καύχημα ἕξει καὶ οὐκ εἰς τὸν ἕτερον) 된다는 것이다. 이 헬라어 원문을 다시 번역해보면 "그리하면 그는 자랑할 것을 자기 자신에게서만 가질 것이고 남에게서는 그렇지 않을 것이다"라고 된다. 본문의 "있어도"(ἕξει)란 말은 직설법 미래 능동태로 "그가 가질 것이다"라는 뜻이다. 이 동사는 "자기에게는"(εἰς ἑαυτὸν)이라는 말과 또 "남에게는"(εἰς τὸν ἕτερον)이라는 말을 동시에 지배하는 것으로 "자랑할 것"을 자기 안에 가지고 있는 것이지 "남에게서" 즉 '남과 비교하여' 가지는 것이 아님을 말하고 있다. 그러니까 본문의 뜻은 자랑할 것을 다른 사람에게서 찾을 수 있는 것이 아니라 오직 자기 자신 안에서만 찾을 수 있는 것임을 강조하고 있다. 자신을 하나님의 말씀에 비추어 살피고 죄를 자백하면 자기에게서 장점(하나님의 은혜)을 발견하고 자부심을 가질 뿐이지 결코 다른 사람과 비교하여 자신을 자랑하지 않는다는 뜻이다. 박윤선목사는 "그는 그 장점으로 인하여 홀로 기뻐할 뿐이다. 그 이유는 그는 자기를 남과 비교하지 않는 사람이기 때문이다"라고 말한다. 자신을 살피는 성도는 자신을 다른 사람과 비교하여 자신이 남보다 더 낫다고 결론짓지 않게 된다. 그저 자신의 장점을 그냥 가지고 하나님께 감사하고 기뻐할 뿐이다. 자기 자신을 다른 사람과 끊임없이 비교하고 희열을 느끼는 사람은 지혜가 없는 사람이다(고후 10:12).

갈 6:5. 각각 자기의 짐을 질 것이라.

본 절 초두에 나오는 이유접속사 "왜냐하면"(γὰρ)이란 말은 본 절이 앞 절 말씀에 대한 이유를 말하고 있다. 곧 바울 사도는 앞 절(4절)에서 자신을 하나님의 말씀에 비추어 살피고 죄를 자백하면 자기에게서 장점(하나님의 은혜)을 발견하고 자부심을 가질 뿐이지 결코 다른 사람과 비교하여 자신을 자랑하지 않는다고 했는데 그 이유는 "각각 자기의 짐을 져야 할 것"이기 때문이다. 곧 성도는 하나님께서 주신 좋은 점들을 가지고 하나님께서 성도에게 맡겨주신 짐들, 곧 책임들을 수행해야 하기 때문이다. 여기 "짐"(φορτίον)이란 말은 2절에 나온 "짐"(τὰ βάρη)과는 다른 뜻을 가지고 있다. 2절의 "짐"은 혼자 지기에는 무거운 짐이고, 본 절에 나온 짐은 각자에게 지워진 '책임' 혹은 '책무'를 뜻한다(고전 12:5). 그리스도의 피로 구원을 받은 성도는 각자에게 맡겨진 책임을 감당해야 한다. 우리는 우리 자신들을 살펴서 장점들을 발견해야 하고 또 그 장점으로 우리의 각자의 직임을 감당해야 할 것이다.

2. 서로 도우라 6:6-10

바울 사도는 앞(1-5절)에서는 주로 남이 죄를 범했을 때 어떻게 처신하느냐 하는 문제를 다루었고 이 부분에서는 말씀을 가르침 받는 자들이 말씀을 가르치는 자에게 물질적으로 잘 대접하라고 교훈한다(6-10절).

갈 6:6. 가르침을 받는 자는 말씀을 가르치는 자와 모든 좋은 것을 함께 하라.

바울 사도는 갈라디아 교회의 가르침을 받는 성도들(초학자들)을 향하여 "말씀을 가르치는 자와 모든 좋은 것을 함께 하라"고 부탁한다(롬 15:27; 고전 9:11, 14). 여기 "말씀을 가르치는 자"는 '하나님 말씀을 가르치는 교사들'을 지칭하고 (고전 12:28; 엡 4:11) "모든 좋은 것"은 '물질,' '생활의 모든 필수품들'을 뜻한다(눅 12:18-19; 고전 9:11, 14; 고후 11:7; 빌 4:10; 딤전 5:17).

"함께 하라"(κοινωνείτω)는 말은 '주고받아라' 혹은 '전해주어라'는 뜻으로 말씀을 전달받는 사람은 말씀을 전달해주는 사람에게 물질로 대접하라는 뜻이다(빌 4:15). 바울은 빌 4:15에서 "빌립보 사람들아 너희도 알거니와 복음의 시초에 내가 마게도냐를 떠날 때에 주고 받는 내 일에 참여한 교회가 너희 외에 아무도 없었느니라"고 회고한다. 사도는 당시 빌립보 교회가 물질적으로 도운 사실을 생각하고 고마움을 표시하고 있다. 사도는 말씀을 가르치는 교사와 말씀을 배우는 성도 사이에 물질이 오고 가야 한다는 것을 고전 9:11에서 말한다. 즉 "우리가 너희에게 신령한 것을 뿌렸은즉 너희의 육적인 것을 거두기로 과하다 하겠느냐"고 말한다. 전도자가 신령한 것을 가르쳐주면 교육을 받는 사람들은 육신적인 것으로 대접하는 것은 당연한 것으로 알아야 한다. 전도자와 신자들 사이에 말씀과 물질이 오고 갈 때 진정한 교제가 이루어지는 것이다.

갈 6:7. 스스로 속이지 말라 하나님은 업신여김을 받지 아니하시나니 사람이 무엇으로 심든지 그대로 거두리라.

바울 사도는 앞 절(6절)에서 복음을 가르침 받는 사람들이 복음을 가르치는 사람들에게 물질적인 도움을 주라고 명령했는데 본 절에서는 앞 절에서 명령한 내용을 잘 순종하도록 심은 대로 거둔다는 진리를 제시한다. 사도는 "스스로 속이지 말라(고전 6:9; 15:33) 하나님은 만홀히 여김을 받지 아니 하신다(욥 13:9)"고 말한다. "스스로 속인다"(πλανᾶσθε)는 말은 '잘 못 인도하다,' '미혹하다'라는 뜻이고, 따라서 "스스로 속이지 말라"는 말은 '자신을 속이지 말라'는 뜻이다. 다시 말해 '속지 말라'는 것이다. 우리는 부패한 사람들이기에 스스로 속고 사는데 게다가 밖에서부터 우리를 속이려고 하는 것들이 얼마나 많은지 모른다. 우리를 속이는 피조물들은 여럿이다. 사람도 우리를 속이며(막 13:5-6), 이단자들도 우리를 속이고(막 13:22), 마귀도 우리를 끊임없이 속인다. 마귀는 아예 우리를 속이는 거짓말쟁이라는 이름이 붙어있다(요 8:44). 우리를 끊임없이 속이는 피조물들은 밖에 있는 존재들인데 우리는 이런 피조물들의 속임을 감당하지 못한다. 이유는 우리 안에 있는 우리의 부패성 때문이다. 우리가 성결하다면 밖에서 들어오는 속임수들을 얼마든지 막을 수 있으나 우리가 부패한 인간들이기 때문에 밖에서 들어오는 속임수들을 막을 수가 없다. 우리는 이런 것들에 의해 속임을 당해서는 안 된다.

우리가 우리를 속이면 하나님께서 그냥 계시지 않으신다. "하나님은 업신여김을 받지 아니 하신다"는 것이다(눅 16:25; 롬 2:6; 고후 9:6). "업신여김을 받는다"(μυκτηρίζεται)는 말은 '바보 취급당하다,' '우롱당하다'라는 뜻이다. 우리가 우리를 속여서 우리에게 복음을 전해주는 전도자들에게 물질적으로 도와주지 않아도 우리는 그냥 복을 받으리라고, 혹은 잘 되리라고 자위(自慰)해 보아도 소용이 없다. 이유는 하나님은 결코 우롱당하지 않으신다. 하나님은 우리가 잘 못 생각하고 있는 것을 훤히 아신다. 예수님은 70인 전도자를 파송하시면서 "일꾼이 그 삯을 얻는 것이 마땅하다"고 하셨고(눅 10:7), 바울 사도는 "우리가 너희에게 신령한 것을 뿌렸은즉 너희 육신의 것을 거두기로 과하다 하겠느냐'고 했다(고전 9:11). 하나님은 결코 인생에게 우롱을 당하시지 않는다. 이유(γὰρ)는 "사람이 무엇으로 심든지 그대로 거두기" 때문이다. 여기 "무엇으로"라는 말은 복음 전도자들에게 물질적으로 도움을 드리는 것뿐만 아니라 하나님께서 인생의 모든 분야(육신적인 방면과 영적인 방면)에 걸쳐서 심은 대로 거둔다는 진리를 내셨다는 것을 보여주는 말씀이다. 사람이 심은 대로 거둔다는 진리는 성경에 많이 기록되어 있다(마 7:16; 막 4:26; 눅 16:25; 19:21; 고후 9:6). 다음 절(8절)에 기록된 대로 육체를 위하여 심는 자는 육체로부터 썩어진 것을 거두고 성령을 위하여 심는 자는 성령으로부터 영생을 거둔다.

갈 6:8. 자기의 육체를 위하여 심는 자는 육체로부터 썩어진 것을 거두고 성령을 위하여 심는 자는 성령으로부터 영생을 거두리라.

바울 사도는 앞 절(7절)에서 "사람이 무엇으로 심든지 그대로 거두리라"고 말했는데 본 절에서는 "육체를 위하여 심는 자"와 "성령을 위하여 심는 자"는 심은 대로 거둔다고 말한다(욥 4:8; 잠 11:18; 22:8; 호 8:7; 10:12; 롬 8:13; 약 3:18). 복음 전도자들을 물질적으로 대접하지 않고 자기의 육체의 안일과

쾌락만을 위하여 물질을 쓰는 자는 비참한 결과를 거두고, 성령의 교훈 따라 전도자들을 물질적으로 대접하는 성도들은 성령이 주시는 신령한 은혜를 거둔다는 뜻이다. 이 진리는 신앙생활의 전반에 걸쳐 적용된다. 존 스탓트(John Stott)는 육체를 위하여 심는 것은 "육체를 만족시키고 애육(愛育)하고 애무(愛撫)하고 그것에 아첨하는 것이다...우리가 마음에 원한이나 불평을 품거나 불순하고 음란한 환상을 탐하거나 자기 연민에 탐닉하는 때에는 육체를 위하여 심고 있는 것이다. 우리가 사악한 동무들과 어울려 그 좋지 못한 물에서 헤어날 수 없음을 느끼게 되었을 때는, 일어나 기도할 시간임에도 불구하고 계속 침상에 누워 있을 때는, 외설 잡지 등속을 읽고 있을 때는, 절제를 잃고 발끈 혈기를 낼 때는 우리는 어김없이 육체를 위해 심고 있는 것이다'라고 말한다.52) 우리가 오늘 인터넷 음란물에 접속하고 시간을 보내든가 아니면 TV의 음란물에 정신을 쏟는다면 우리는 우리의 육체를 위하여 심는 것이다. 우리가 육체를 위하여 심는다면 "육체로부터 썩어진 것을 거둘 것"이다. "육체로부터 썩어진 것을 거둘 것"이란 말은 '육체를 위하여 심은 것으로부터 도덕적인 부패와 파탄을 맞이하게 될 것'이란 뜻이다. 육체를 위하여 심으면 반드시 육체를 위하여 심은 만큼 영원한 멸망을 맞이하게 된다(살후 1:9). 육체를 위하여 심는다는 것, 곧 육신의 부패성을 따라서 생활한 결과는 결국 자기가 행한 부패한 생활로부터("육체로부터") 영원한 멸망("썩어진 것")을 거둘 것이다. 그런 사람들은 영원한 멸망밖에 더 바랄 것이 없게 된다.

　　"성령을 위하여 심는다"는 것은 '성령을 좇아 행하는 것'을 뜻한다(5:16, 25). "성령을 위하여 심는 자는 성령으로부터 영생을 거둘" 것이다. 곧 성령의 지배와 인도를 따라 사는 사람들은 "성령으로부터" 즉 '성령을 따라 산 삶으로부터 영생을 거둘 것이다.' "영생을 거둘 것"이란 말은 '도덕적으로 성장할 것이며 영적으로 성장할 것이고 하나님과의 영교가 원만해질 것이며 가치 있는 삶을 영위하게 될 것이고 궁창의 빛같이 또 별과 같이 영원히 빛나게 될 것(단 12:3)'이

---

52) 존 스탓트, *갈라디아서강해*, 문인현, 김경신 역 (서울: 아가페출판사, 1981), p. 216.

다. 우리는 육체를 위하여 심는 일을 극력 피하고 성령을 위하여 심는 자들이
되어야 한다.

**갈 6:9. 우리가 선을 행하되 낙심하지 말지니 포기하지 아니하면 때가 이르매
거두리라.**

바울 사도는 갈라디아 성도들을 향하여 복음 전도자들에게 물질적으로 잘 대접
하라고 명령하면서 "우리가 선을 행하되 낙심하지 말지니(고전 15:58; 살후
3:13) 포기하지 아니하면(마 24:13; 히 3:6, 14; 10:36; 12:3, 5; 계 2:10) 때가
이르매 거두리라"고 말한다. 여기 "선"(καλὸν)이란 말은 6절의 "좋은 것"이란
말과 똑 같은 낱말로서 전도자들에게 물질적인 도움을 주는 것을 지칭한다.
그러나 "선"이라는 것이 비단 복음 전도자들에게 대접을 잘 하는 것만을 지칭하
는 것은 아니고 "성령을 위하여 심는 것"(8절)을 지칭한다. 곧 '성령의 주장
따라 살고 성령의 인도 따라 가는 것'을 가리킨다.

　　성도가 성령의 주장 따라 살고 성령의 인도 따라 산다고 해서 금방 복이
임하는 것이 아닐 수도 있는 고로 바울 사도는 "낙심하지 말라"고 부탁한다.
이유는 "포기하지 아니하면 때가 이르매 거두기" 때문이다. 곧 '선을 행하는
것을 포기하지 않고 꾸준히 행하면 하나님께서 원하시는 때에 선행을 갚아주신
다.' 영국 수상 윈스턴 처칠은 자기가 졸업한 고등학교 학생들 앞에서 강연을
할 때에 세 마디만 하고 내려 왔다고 한다. "포기하지 말라. 포기하지 말라.
포기하지 말라." 우리가 성령님의 인도 따라서 일을 수행한다면 결코 포기하지
말아야 할 것이다.

**갈 6:10. 그러므로 우리는 기회 있는 대로 모든 이에게 착한 일을 하되 더욱
믿음의 가정들에게 할지니라.**

바울 사도는 앞에 말한 사실(6-9절)에 대하여 다시 최종적으로 결론을 맺기
위해 "그러므로"(ἄρα οὖν)라고 말한다. 사도는 "우리는 기회 있는 대로 모든
이에게 착한 일을 해야" 한다고 말한다. "기회 있는 대로"란 말은 '기회가

있는 동안'이란 뜻으로 우리의 기회는 우리의 한 생애뿐이다(요 9:4; 12:35). 한 생애를 적당히 지내고 나면 후회만 남는다. 우리는 우리에게 기회가 주어진 생애 동안 "모든 이에게 착한 일을 해야 한다"(살전 5:15; 딤전 6:18; 딛 3:8). 신자나 불신자 모두에게 "선한 일"(9절), 곧 "성령을 위하여 심는 일"(8절)을 해야 한다. 그런데 바울 사도는 "더욱 믿음의 가정들에게 하라"고 말한다. 여기 "믿음의 가정들"이란 말은 '믿음의 권속'이란 뜻으로 그리스도를 믿는 사람들은 모두 한 가족이란 것을 암시한다(엡 2:19). 우리의 아버지는 하나님이시고 우리의 구주는 그리스도이시며 우리는 모두 한 가족 식구들이다. 우리는 식구들에게 선을 행해야 한다.

XIII. 결론 6:11-18

바울 사도는 앞(6-10절)에서 복음 전도자들과 믿음의 가정들에게 선을 행할 것을 권한 다음 이제는 마지막 결론을 쓴다(11-18절). 사도는 갈라디아 성도들을 위하여 줄곧 할례주의자(율법주의자)들을 공격해온 것처럼 마지막으로 다시 한 번 그들을 공격하고(11-13절), 자기는 십자가만을 자랑한다고 말하며(14-16절), 누구든지 바울 사도를 괴롭게 하지 말라고 경고하고(17절), 마지막 축도를 한다(18절).

1. 율법주의자들에 대한 마지막 공격 6:11-13

갈 6:11. 내 손으로 너희에게 이렇게 큰 글자로 쓴 것을 보라.

바울 사도는 마지막으로 할례주의자들을 향하여 일격을 가하기(12-13절) 전에 갈라디아 성도들을 향하여 "내 손으로 너희에게 이렇게 큰 글자로 쓴 것을 보라"고 말한다. 혹자는 여기 "큰 (πηλίκοις)글자"라는 말을 갈라디아 성도들에게 보내는 '긴 편지'라는 뜻으로 해석하기도 하나 '큰 글자'로 보는 것이 바를 것이다. 이유는 그가 편지를 쓸 때 처음에는 대필자를 사용하여 편지를 쓰게 하다가(롬 16:22) 그의 편지 마지막에 가서 친필로 쓰는 습관이 있었는데(고전

16:21; 골 4:18; 살후 3:17) 바울 사도가 강조하고 싶은 곳에 주의를 집중시키기
위하여, 곧 율법주의자들을 경계하기 위하여(12-13절) 큰 글자로 쓴 것으로
보인다. 다시 말해 바울 사도는 처음에는 대필자로 하여금 편지를 쓰게 하다가
끝에 가서 친필로 쓰는 중에 큰 글씨로 편지를 썼을 것이다. 사도는 편지를
쓰는 중에서도 특별히 할례주의자들을 경계하라고 강조하고 싶었을 것이다.
할례주의자들이야 말로 십자가의 원수들이었다(빌 3:18). 할례주의자들이 십자
가의 원수였던 이유는 그들이 할례를 행하고 율법을 지켜야 구원을 얻는다고
가르쳤으니 갈라디아 교인들로 하여금 십자가를 바라보지 못하게 했고 십자가
를 멀리하게 했기 때문이었다.

**갈 6:12. 무릇 육체의 모양을 내려 하는 자들이 억지로 너희에게 할례를 받게
함은 그들이 그리스도의 십자가로 말미암아 핍박을 면하려 함뿐이라.**
바울 사도는 본 절과 다음 절(13절)에 할례주의자들이 갈라디아 성도들에게
끈질기게 할례를 받도록 강요한 두 가지 목적을 말한다. 바울 사도는 목적을
말하기 전에 먼저 할례주의자들은 "무릇 육체의 모양을 내려 하는 자들"이라고
말한다. "모양을 내다"(εὐπροσωπῆσαι)는 말은 '좋은 모양을 내다'라는 뜻으로
할례주의자(율법주의자)들이 겉치레만을 일삼는다는 뜻이다(2:14). 그들은 예
수님을 믿어도 반드시 할례를 받아야 한다고 주장했는데(행 15:1) 그 이유는
바울 사도가 전해주는 대로 예수님도 믿고 또 율법주의자들이 주장하는 할례를
받아야 한다고 주장함으로써 그럴듯하게 보이기 원했다. 그들은 내용은 없었고
겉치레만 있을 뿐이었다.

　　그들이 할례를 강요하는 목적은 첫째(둘째는 13절에 있음), "그리스도의
십자가로 말미암아 핍박을 면하기" 위함이었다(5:11; 빌 3:18). 그들이 할례를
주장하지 않으면 율법주의자들로부터 심한 박해를 받아야 했다. 때로는 출교,
위협, 중상, 신체적 고통, 정신적인 고통을 받아야 했다(마 10:17; 행 5:33;
13:45, 50; 14:2, 19; 21:27-36; 고후 11:24; 살전 2:14-16). 그런고로 그들이
율법주의자들의 박해를 면하기 위하여 갈라디아 성도들에게 할례를 강요했다.

그들은 십자가의 대속의 공로를 모르고 겉치레를 하고 유대인들의 핍박을 면해 보기 위해 갈라디아 교회 성도들에게 할례를 강요했다.

갈 6:13. 할례 받은 그들이라도 스스로 율법은 지키지 아니하고 너희에게 할례 받게 하려 하는 것은 그들이 너희의 육체로 자랑하려 함이라.

바울 사도는 할례주의자들에 대하여 평하기를 "할례 받은 그들이라도 스스로 율법은 지키지 아니하는" 사람들이라고 한다. 할례주의자들은 할례는 받았으면서도 다른 율법들을 지키지 않는 사람들이라고 말한다. 할례주의자들이 갈라디아 성도들에게 할례를 받게 하는 두 번째 목적(첫번 째 목적은 앞 절에 있음)은 "너희(갈라디아 성도들)의 육체로 자랑하기 위함"이었다. 곧 '갈라디아 성도들이 할례를 받으면 갈라디아 성도들이 할례 받은 것을 가지고 자랑하기 위해서였다.' 할례 받는 사람이 한 사람이라도 더 늘었다는 자랑, 바울 사도의 콧대가 꺾였다는 자랑을 늘어놓을 수가 있었다. 그들은 외모 자랑에 관심이 있었다.

2. 십자가만을 자랑하는 바울 6:14-16

갈 6:14. 그러나 내게는 우리 주 예수 그리스도의 십자가 외에 결코 자랑할 것이 없으니 그리스도로 말미암아 세상이 나를 대하여 십자가에 못 박히고 내가 또한 세상을 대하여 그러하니라.

바울 사도의 자랑은 다른 데 있었다. 바울 사도는 "내게는 우리 주 예수 그리스도의 십자가 외에 결코 자랑할 것이 없다"고 말한다. 십자가만을 자랑한다는 것이다(빌 3:7-9). 바울 사도는 십자가 외에는 자랑하지 않기로 작정했다(고전 2:2). 바울 사도는 할례 같은 것은 이미 분토같이 버린 사람이다(빌 3:4-5).

바울 사도가 이처럼 그리스도의 십자가만을 자랑하는 이유는 "그리스도로 말미암아 세상이 나를 대하여 십자가에 못 박히고 내가 또한 세상을 대하여 그러하기" 때문이라고 말한다. 첫째, "그리스도로 말미암아 세상이 나를 대하여 십자가에 못 박혔기" 때문이라고 한다(2:20; 롬 6:6). 곧 '그리스도의 십자가로 말미암아 세상이 바울 사도를 향하여 유혹하지 못하게 되었기' 때문이라고 한다. 여기서 말하는 "세상"이란 하나님께서 만드신 지구 자체를 말하는 것이 아니라 '죄악 세계'를 지칭하는 말이다. 그런데 세상이 바울 사도에게 대하여 아무런 매력을 주지 못하고 배설물처럼 된 것이다. 명예도 물욕도 탐욕도 바울 사도에게는 다 매력 없는 것들이 되었다. 십자가의 사랑을 깨달은 성도마다 세상은 배설물로 돌변한다. 그런데 본문의 "십자가에 못 박히고"(ἐσταύρωται)란 말은 완료형 수동태로 '이미 과거에 십자가에 못 박힌 것이 지금까지 그 효력이 계속되고 있음'을 뜻한다.

둘째, "내가 또한 세상을 대하여 그러하기" 때문이라고 말한다. 바울 사도 자신도 세상을 사랑하는 사람이 되지 않게 되었다는 것이다. 그리스도의 십자가 의 사랑은 바울 사도로 하여금 세상을 사랑하지 않는 사람이 되게 했다. 십자가 사랑을 깨달은 사람마다 완전히 딴 사람이 된다. 하나님께서 나를 그토록 사랑하신 것을 알면 세상에 대한 미련은 없어진다. 아무 것도 아닌 것으로 변한다.

갈 6:15. 할례나 무 할례가 아무 것도 아니로되 오직 새로 지으심을 받는 것만이 중요하니라.

바울 사도는 중요하지 않은 것과 중요한 것이 무엇인가를 밝힌다. 율법주의자들 이 중요하게 여기는 할례는 바울 사도에게는 전혀 중요한 것이 아니다. "할례나 무 할례가 아무 것도 아니라"는 것이다(5:6; 고전 7:19; 골 3:11). 곧 '할례를 받든지 혹은 받지 않든지 그것은 구원에 전혀 관계가 없다'는 뜻이다(5:6).

바울 사도에게 있어서는 "오직 새로 지으심을 받는 것만이 중요하다"고 말한다(고후 5:17). "새로 지으심을 받는 것"(καινὴ κτίσις)이란 말은 '그리스도 의 십자가를 믿어 새로운 생명, 신령한 생명, 영원한 생명을 받는 것'을 지칭한다 (엡 2:10). 이 새로운 생명은 성령으로 말미암아 얻어지는 것으로 예수님께서는 "거듭난다"는 말로 표현하신다(요 3:3). 사람이 영원한 생명을 얻는 것만큼 중요한 것은 없다. 새로 지으심을 받는 것, 곧 새로운 피조물이 되는 것만큼 중요한 것은 없다. 비록 할례를 받았을지라도 새로운 피조물이 되지 않은 사람은 아무 것도 아니며 또 할례를 받지 않았을지라도 새로운 피조물이 되었다면 더 바랄 것이 없는 것이다. 바울 사도는 감격하여 이렇게 말한다. "누구든지 그리스도 안에 있으면 새로운 피조물이라 이전 것은 지나갔으니 보라 새 것이 되었도다"(고후 5:17).

갈 6:16. 무릇 이 규례를 행하는 자에게와 하나님의 이스라엘에게 평강과 긍휼이 있을지어다.

바울 사도는 이제 편지의 마지막에 당도하여 갈라디아 교회의 성도들을 위하여 복을 구해주고 있다. 사도는 참 성도들을 두 가지 말로 묘사했는데 하나는 "이 규례를 행하는 자"라는 말로 묘사하고 또 다른 하나는 "하나님의 이스라엘 (3:7, 9, 29; 시 125:5; 롬 2:29; 9:6-8; 빌 3:3)"이란 말로 묘사한다. 여기 "규례"(κανών)란 말은 원래 '곧은 장대,' '곧은 잣대,' '기준,' '표준'이란 뜻으로(고후 10:13-16) 성경도 우리의 신앙과 행위의 표준이고 또 믿음으로 의롭게 되고 구원받는다는 그리스도교의 기본 교리도 표준이다. 따라서 바울 사도가 말하는 "이 규례"란 말은 문맥에 의하여 바로 앞에서 언급한 '그리스도의 십자가를 믿음으로써만 새 생명을 얻는다는 기독교의 기본 교리'를 지칭한다. 할례도 우리의 규례가 되지 못하고 안식일 성수도 우리의 규례가 되지 못한다. 십자가를 믿음으로 새 생명을 얻는 것이 우리를 위한 규례이다. 우리는 "이 규례를 행하는 자"들이다. 곧 '이 기준을 따라 가는 사람들이 되어야 한다. 우리는 할례 같은 율법에 얽매이지 말고 오직 십자가 대속만을 의지하고 따라가는 사람들이 되어야 한다.' 여기 "행하는 자"(στοιχήσουσιν)란 말의 해석을 위해서는 5:25절 주해를 참조하라.

바울 사도는 다음으로 참 성도들을 "하나님의 이스라엘"이라고 묘사한다. "하나님의 이스라엘"이란 말은 이스라엘 민족을 뜻하는 말이 아니라 그 어떤 민족적인 구별 없이 '믿음으로 새로 지으심을 받은 자들'을 총칭하는 말이다(요 1:47; 롬 9:7, 26). 다시 말해 믿음으로 거듭난 사람들을 총칭한다.

바울 사도는 갈라디아의 참 성도들에게 "평강과 긍휼이 있기를" 기원한다.

"평강"이란 '십자가의 대속을 믿은 성도가 마음에 누리는 평안함'을 뜻하고
(5:22), "긍휼"이란 '역경 중에 있는 죄인들에게 주시는 하나님의 지극한 동정'을
지칭한다. 우리는 우리들 자신에게 평강과 긍휼이 임하기를 기도해야 한다.
그리고 동시에 다른 성도들에게도 하나님께서 주시는 평강과 긍휼이 임하기를
기원해야 한다.

3. 누구든지 바울을 괴롭게 하지 말라는 쓴 소리   6:17

**갈 6:17. 이 후로는 누구든지 나를 괴롭게 하지 말라 내가 내 몸에 예수의
혼적을 지니고 있노라.**
바울 사도는 마지막 축도(18절)를 남겨놓고 율법주의자들과 갈라디아 교회의
성도들에게 쓰디쓴 말 한 마디를 한다. "이 후로는 누구든지 나를 괴롭게 하지
말라"는 말이다. 곧 '이 후로는 율법주의자들이든지 혹은 갈라디아 교회의 성도
들이든지 그 누구든지 막론하고 나(바울)를 슬프게 하지 말라'고 한다.
　　바울 사도는 1) 갈라디아 지방에 첫 번째 선교여행을 하면서 이미 큰 고통을
받은 바 있었고(행 13:50; 14:19; 고후 11:25; 딤후 3:10-11), 또 2) 갈라디아
지방에서 활동하던 율법주의자들이나 혹은 그들에게 동조하는 교인들이 ㄱ)
바울의 사도 권을 부인하며, ㄴ) 또한 예수 그리스도를 믿는 것만으로는 부족하
고 반드시 할례를 받아야 한다고 주장하는 유혹에 교인들이 동요되고 있다는
사실 때문에 큰 괴로움을 느꼈다. 그래서 바울 사도는 갈라디아서를 기록하여
바울의 사도 권 문제를 해결하였으며 또한 할례는 구원과는 무관함을 변증하였
는데 마지막으로 바울 사도는 한 마디 쓴 소리를 한다. 곧 "이 후로는 누구든지
나를 괴롭게 하지 말라"고 한다. 아마도 바울 사도의 괴로움은 율법주의자들의
거짓 선전 때문이라기보다도 갈라디아 교인들의 배신행위 때문이었을 것이다.
그는 큰 괴로움을 당했다. 그래서 편지를 끝내기 전에 쓴 소리를 한 것이다.
　　바울 사도는 쓴 소리와 함께 "내가 내 몸에 예수의 흔적을 지니고 있노라"고
흔적을 제시한다(고후 1:5; 4:10; 11:23). 바울 사도는 마음의 괴로움만 말하지

않고 몸에 새겨진 외부적인 흔적을 제시한다. 여기 "흔적"(τὰ στίγματα)이란 말은 '흔적들'(marks)[53]이란 말인데 그러면 바울 사도가 말한 "예수의 흔적"이란 구체적으로 무엇인가. 1) 바울 사도의 내면에 있는 '예수님을 닮은 형상'으로 해석하기도 하나 문맥에 맞지 않는다. 이유는 바울 사도는 그 흔적이 그의 내면에 있다고 하지 않고 그의 "몸"에 있다고 했기 때문이다. 2) 바울 사도가 예수의 한 종이라는 것을 보여주는 낙인이라는 설, 3) 바울 사도가 예수의 한 죄수라는 것을 보여주는 낙인이라는 설, 4) 바울 사도가 예수의 한 병사라는 것을 보여주는 낙인이라는 설, 5) 바울 사도가 예수님께 속한 사람이라는 것을 보여주는 상처들이라는 설이 있다(William Hendriksen). 위의 학설 중에서 다섯 번째의 학설이 가장 타당한 것으로 보인다. 바울 사도의 몸에는 수많은 상처들이 있었다. 고후 11:23-27[54]을 보면 바울 사도는 인간으로서는 상상할 수 없는 수많은 상처를 받았다. 그리고 그는 루스드라에서 돌에 맞아 죽은 사람처럼 보여 성 밖에 버림 당하기도 했었다(행 14:19).[55] 그의 상흔(傷痕)은 그가 사도라는 것을 보여주는 흔적들이었다. 바울 사도는 분명히 그리스도 때문에 이런 상흔을 받은 것이다. 바울 사도는 이런 상흔을 제시하면서 이제는 더 이상

---

53) "흔적"(스티그마타)은 표, 흔적, 낙인 등을 의미하는데, 새 번역에는 낙인으로, 개역판과 개역개정판에는 흔적으로 번역되어 있다(갈 6:17). 낙인은 불에 달구어 찍는 쇠도장, 즉 화인(brand-mark)으로서, 노예 및 병사는, 그들의 소유주나, 장군의 표(marks)를 몸에 화인하여 표시했다. 여기서 비롯하여 다시 씻기 어려운 불명예스러운 이름을 가지게 되었을 때, 낙인이 찍혔다고 하게 되었는데, 바울은 이것을 그리스도에 대한 충성 때문에 받은 상흔의 보다 높은 뜻으로 취해 썼다. 노예는 그 소유주에게 속한 것을 표시하기 위해 낙인 된 것 처럼, 바울은 예수 그리스도의 노예로서, 환난, 고통, 채찍질, 피습, 투옥 등으로 상흔을 갖게 되어, 그리스도에게 속함이 역연하게 되었다. 그러므로 바울은 진정한 사도이지 거짓 교사들과는 완전히 달랐다. 특히 유대인의 인(印)인 할례 같은 작은 문제로서 바울을 괴롭힐 것은 못되어, 이제 후로는 바울을 괴롭히지 말라고 했다.

54) 바울 사도는 "내가 수고를 넘치도록 하고 옥에 갇히기도 더 많이 하고 매도 수없이 맞고 여러 번 죽을 뻔하였으니 유대인들에게 사십에서 하나 감한 매를 다섯 번 맞았으며 세 번 태장으로 맞고 한 번 돌로 맞고 세 번 파선하고 일 주야를 깊은 바다에서 지냈으며 여러 번 여행하면서 강의 위험과 강도의 위험과 동족의 위험과 이방인의 위험과 시내의 위험과 광야의 위험과 바다의 위험과 거짓 형제 중의 위험을 당하고 수고하며 애쓰고 여러 번 자지 못하고 주리며 목마르고 여러 번 굶고 춥고 헐벗었노라"고 말한다(고후 11:23-27).

55) "여기서 그가 말한바 지울 수 없는 흉터들은 틀림없이 그가 루스드라에서 투석과 폭행을 당했을 때 생긴 상처들이었을 것이다"(F. F. Bruce, 사도행전하-F. F. 브루스 성경주석, 김재영, 장동민 옮김, 서울: 아가페출판사, 1986), p. 59.

바울의 사도 권을 의심치 말 것이며 또한 바울 사도의 복음이 참이라는 것을 믿어달라는 것이었다. 아무도 바울 사도의 마음에 괴로움을 주어서는 안 되었다.

4. 축도 6:18

갈 6:18. 형제들아 우리 주 예수 그리스도의 은혜가 너희 심령에 있을지어다 아멘.

바울 사도는 아직 갈라디아 성도들이 율법주의자들한테 온전히 넘어가지 않은 것을 확인하고 "형제들아"(ἀδελφοί)라고 부르면서 축도를 한다. 사도의 갈라디아 성도들에 대한 사랑은 식지 않고 뜨거웠다. 바울 사도는 "우리 주 예수 그리스도의 은혜가 너희(갈라디아 교회의 성도들) 심령에 있기를" 기원한다(딤후 4:22; 몬 1:25). "은혜"란 '하나님께서 그리스도를 통하여 주시는 무조건적인 호의(好意)'를 지칭한다. 하나님의 호의가 심령에 있을 때 죄악을 이길 수도 있고 이단을 이길 수도 있다. 우리는 우리 자신들에게도 은혜가 임하기를 기원해야 하고 다른 성도들에게도 은혜가 임하기를 기원해야 할 것이다. 바울 사도는 편지를 시작할 때 은혜를 구했고(1:3) 또 편지를 끝낼 때 은혜를 구해준다. 예수님의 은혜가 아니고는 우리의 심령과 육체가 견딜 수 없기 때문이다. 예수님의 은혜만이 우리의 심령과 육신에 빛을 주고 활력을 주며 살 소망을 준다.

특제: 성경 주해를 하는 순서와 방법

성경주해를 하는 순서는 각 학자마다 혹은 전도자마다 다를 것이다. 각자 자신이 해온 순서를 따라서 주해를 하고 또 그 주해를 근거하여 설교를 작성하고 성경공부 교안을 작성할 것이다. 그리고 바쁠 때와 좀 덜 바쁠 때의 주해 순서도 다를 것으로 보인다. 필자(본인은 성경 저자와 본인을 구별하기 위하여 본인 자신을 필자라고 묘사함)는 갈라디아서 주해(비교적 얇은 책)를 마치고 지면의 여유로움을 느끼고 여기 주해를 하는 순서와 방법을 써 보고자 한다.

1. 본인이 주해하려고 택한 성경 본문(개역판, 개역개정판, 새 번역, 표준번역들 중에서 하나를 택해서)을 대략 50-60번쯤 정독하는 것이 좋다. 글의 흐름(문맥)을 완전히 파악할 때까지 읽는 것이 좋다는 뜻이다. 여기서 말하는 정독이란 말은 아주 중요한 말이다. 결코 속독은 바람직하지 않다. 속독은 무독(無讀, 전혀 읽지 않는 것을 무독이라고 표현해본다)보다는 낫지만 정독에 비하면 잃는 것이 너무 많다. 정독을 하되 처음에는 아주 천천히 읽는 것이 좋다(정독 중에 정독). 마치 서울역에서 부산까지 가는 완행열차가 과거 1950년대나 혹은 1960년대에 12시간 정도를 소요했듯 아무튼 천천히 뜻을 생각하면서, 그리고 은혜 받을 욕망을 가지고 읽어 내려가는 것이 좋다. 최대한 천천히 한 번 읽은 다음 또 두 번째도 역시 천천히 읽어 내려가야 한다. 이런 식으로 여러 차례 인내심을 가지고 성경에서 꿀맛을 빼내기 위해서 읽으면 그 단락(paragraph) 안에서 많은 것을 보게 되고 얻게 된다. 그리고 은혜를 받게 된다. 그런 식으로

단번에 50-60번쯤 읽든지 아니면 잠시 쉬었다가 읽든지 50-60번쯤 읽노라면 점점 읽는 속도가 빨라지게 마련이다. 사람마다 다른데 대략 한 20번쯤 읽으면 속도가 빨라지기 시작한다. 빨라지더라도 결단코 속독해서는 좋지 않다. 여전히 천천히 읽어야 한다. 30-40번 넘으면 결국 속도가 빨라지고 문장 전체가 한 눈에 들어오는 듯 문장이 내 것이 된다.

2. 본인이 읽는 성경책을 다 읽은 다음에는 한국말 다른 번역판들 중에서 한 가지나 혹은 두 서너 번역판을 읽는 것이 좋다. 이때는 비교적 빨리 읽을 수 있다. 이유는 벌써 50-60번쯤 읽어서 뜻이 밝아졌기 때문이다. 다른 번역판 한 가지만 읽어도 문맥(글의 흐름)을 더 파악할 수 있게 되고 또 더 많은 은혜를 받게 된다.

3. 다음으로 영어번역판들 중에 하나를 택하여 정독하는 것이 좋다. KJV, NASB, RSV, NEB 들 중에 하나 혹은 시간이 되는대로 몇 권의 번역판을 정독하면 글의 뜻이 더욱 명료하게 머리에 들어온다. 이럴 때 영어 실력도 더 늘게 된다.

4. 다음으로 가능한 분은 원어(헬라어원본, 히브리어원본)로 정독하는 것이 좋다. 헬라어나 히브리어 원본을 읽을 수 없는 분은 낙심할 필요는 없다. 이유는 최근 세월이 갈수록 헬라어 성경이나 히브리어 성경을 더욱 깊이 연구해 놓은 연구서들이 많이 나왔기 때문에 그런 것들을 참고하면 된다.

5. 다음 단계로는 본인이 택한 단락(paragraph)의 앞과 뒤의 문장을 정독해야 한다. 그렇게 하는 이유는 자기가 택한 단락과의 연관을 살펴보아야 하기 때문이다. 다시 말해 문맥을 살펴야 하기 때문이다. 문맥을 살피는 것이 성경해석의 생명이다. 문맥을 살피지 않으면 엉뚱한 뜻을 내놓을 가능성이 너무 많다. 아무리 단어를 잘 안다고 할지라도 문맥을 살피지 못하면 영 엉뚱한 뜻을 택할 수가

있다. 이렇게 글의 앞뒤를 살피노라면 단어의 뜻을 거의 파악할 수 있게 된다. 할 수만 있다면 다른 주석(=주해 혹은 강해)이나 혹은 성경사전을 참고하지 않은 채 단어의 뜻을 파악하면 좋다. 혹자들은 성경 문맥 안에서 단어나 구절의 뜻을 찾지 않고 다른 주해서나 주석서를 의지하여 단어의 뜻을 파악하고 구절의 뜻을 파악하려고 하는데 이런 방법은 별로 좋지 않은 방법이다. 더욱 심한 경우 혹자들은 성경 사전에서 단어의 뜻을 찾아 설교를 작성하고 혹은 성경공부 교안을 작성하려고 하나 그렇게 하면 정확한 뜻을 찾기가 참으로 힘들어진다. 혹자는 아예 성경 사전에서 단어의 뜻을 여럿 찾아서 설교의 대지들로 쓰는 수가 있으나 그것은 성령님의 의도와는 사뭇 다른 뜻을 설교하게 되는 흠 점이 있다. 글 속에 나온 단어는 분명히 한 가지 뜻만 있는 법인데 여러 뜻을 찾아서 대지로 정하면 안 된다.

6. 다음 단계로는 아무래도 뜻이 통하지 않는 낱말(word)이나 절(verse)의 뜻을 알기 위해 주해서를 보시되 최소한 다섯 권을 참고해야 한다. 이유는 한권의 주해(주석 혹은 강해)에 의존하면 한쪽으로 치우치기 쉽기 때문이다. 그런고로 보수주의 주해서들 중에서 최소 다섯 권을 참고해야 하는데 그럴 때 주해(주석 혹은 강해)들의 뜻이 서로 다를 때는 더 많은 주해서들을 참고해야 한다. 흔치는 않으나 때로는 10권 20권까지 참고해야 하는 수가 생긴다. 필자는 어느 때 한번 50권까지 참고해 본 경험이 있다.

　　여기서 한 가지 주의할 것은 주해(주석 혹은 강해)중에서도 학적으로나 여러 방면으로 보아 권위 있는 책을 택하는 것이 중요하다. 사실 할 말은 못되나 어떤 책들은 거의 참고할 가치가 없는 책들이 있다.

7. 전체적인 뜻을 파악한 후에는 각 절의 뜻을 묵상해야 한다. 이 작업을 할 때 큰 은혜를 받는다. 한 절 한 절 그리고 한 단어 한 단어의 뜻을 묵상하는 일이야 말로 하나님의 말씀 속에서 꿀을 채취하는 작업이다. 이 때 은혜 받은 만큼 설교에나 혹은 성경공부에서 성도들에게 은혜를 끼칠 수 있게 된다. 이

때 한 단어나 한 절을 묵상할 때 오랜 시간 묵상할수록 은혜의 폭이 넓어지고
깊이도 더 깊어져서 설교에나 성경공부에 더 큰 은혜를 끼치게 된다.

8. 다음 단계는 주해를 글로 옮겨 쓰기 위해 기도해야 한다. 예수 그리스도께서
그 글을 풀어주시도록 기도해야 한다. 예수님은 부활하시던 날 오후 엠마오로
가던 두 제자에게 나타나 예수님 자신에 관한 구약의 말씀을 풀어주실 때 제자들
이 큰 은혜를 받았다(눅 24:32). 그런고로 우리는 예수님께서 바로 우리가 풀려고
하는 문장의 내용을 풀어주시도록 간절히 기도해야 한다. 기도할 때 우리 자신들
은 참으로 무지한 인간임을 고백해야 한다. 비록 우리가 많은 지식을 이미
받았다할지라도 바로 우리가 택해서 풀려고 하는 문장은 처음 대하는 것이니까
예수님께서 풀어주시지 않으면 우리는 캄캄한 것밖에 없다. 그런고로 기도로
매 달려야 한다.

　　우리는 기도하는 중에 혹시 양심적으로 거리끼는 것이 있는지 확인해야
한다. 죄를 가지고 있는 동안 하나님의 말씀은 풀리지 않는다. 그리스도께서
우리의 약점을 보여주시면 그 죄를 깊이 자복해야 한다. 그러면 단락의 뜻이
훤히 풀린다(시 119:18).

9. 주해를 쓸 때는 수필 식(essay style)으로 쓰는 것이 좋다. 이야기 식으로
써야 하는 이유는 수필 식으로 써야 앞뒤가 잘 연결되기 때문이다. 앞뒤를
잘 연결할 수 있다는 말은 한 절 안에서의 상반절과 하반절의 뜻도 잘 연결할
수 있고 또 앞 절과의 관계도 잘 연결할 수가 있다. 혹자는 사전식으로 주해를
써 나가는 수가 있는데 사전식으로 단어의 뜻만 나열해 놓으면 독자들이 단어와
단어 사이를 연결하지 못하고 절과 절 사이의 뜻을 관련지어 이해하지 못하는
수가 많이 있다.

10. 주해자가 제일 유의해야 할 것은 문맥이다. 문법을 살피는 것도 중요하고
또 그 문장의 역사적인 배경을 살피는 것도 중요하지만 무엇보다도 문맥(글의

흐름)을 온전히 파악하여 글로 옮겨야 한다. 문맥을 살필 때는 먼저 같은 절의 상반 절과 하반 절의 관계를 살피고 또 좀 더 나아가 앞 단락과 뒤 단락과의 관계를 살피고 더 나아가 바로 그 책 전체를 살펴서 뜻을 정해야 한다. 그래도 뜻이 분명하지 않을 때는 내 자신이 지금 바울 서신(혹은 사복음서, 요한서신, 베드로 서신)을 주해하고 있다면 바울 서신 전체를 살펴서 뜻을 정하고 혹은 베드로 서신을 주해하고 있다면 베드로 전 후서를 다 살펴서 뜻을 찾는 것이 좋다. 그래도 뜻이 풀리지 않을 때는 신약 성경 전체를 살펴야 한다. 그래도 풀리지 않으면 구약까지 가야하고 구약을 주해하는 사람은 신약을 살펴야 한다. 이렇게 단계를 따라서 살피되 주변에서는 살피지 않고 갑자기 멀리 있는 책으로 뛰어가서 뜻을 살피려고 하면 잘 못이다. 어떤 분이 로마서 12장을 주해하면서 바로 12장에서 얼마든지 그 뜻을 알 수 있었는데 갑자기 창세기로 뛰어 가는 것을 보았는데 그것은 큰 실수이다. 간혹 어떤 주해자는 성경 66권에서 뜻을 찾지 못한다고 외경으로까지 넘어가는 수가 있는데 그것은 바람직하지 않은 주해이다. 우리는 외경으로 넘어가서는 안 된다. 만약 외경을 인용할 때는 외경은 성경의 권위를 가지고 있지 못한 책이라고 설명을 해야 한다.

그리고 주해자는 될 수 있는 대로 접속사의 뜻까지 다 주해에 나타나게 해야 하고 동사의 시제에까지 신경을 써서 글 속에 나타나도록 해야 한다.

11. 문장을 다 해석한 다음 자신이 해석한 것을 설교에 쓰려고 할 때나 성경공부 교재로 쓰려고 할 때는 타자지에 "하오"체로 원고를 정리해 두는 것이 좋다. 이유는 설교는 청중들 앞에서 경어체, 즉 "...합니다", "...했습니다"체로 말하는 것이니 말이다. 설교와 성경공부는 결코 "하다", "했다"라고 말을 하지 않는데 "...하다" 혹은 "...이다"체로 써 놓은 원고를 들고 청중들 앞에서 설교하고 혹은 성경공부를 인도하다가 갑자기 "...하다" 혹은 "...이다"체 말, 즉 반말체가 나오면 큰 실례가 될 것이다.

12. 설교 원고를 쓰려고 할 때는 총 제목의 빛 아래에서 서론도 쓰고 또 대지나

소지를 쓰되 복잡한 현대인들의 마음을 뚫기 위해서는 총 제목(sermon title)하에서 one-point 를 강조해야 한다. 이유는 설교 한편을 말할 때는 큰 것 한 가지를 주어야 하기 때문이다.

13. 신학교 학생들이 신학교에서 Term paper 를 쓸 때는 반드시 '하다'체로 써야 한다. 이때의 "...하다" 혹은 "...이다"체는 반말체가 아니다. 이것은 공문서체이다. 모든 서류는 "하다"체로 쓰게 되어 있다.

14. 주해 자체나 설교원고나 혹은 성경공부 교재를 써 내려갈 때 빠지지 않아야 할 것은 서론-본론-적용(결론)의 순서를 따라야 한다. 혹자들은 서론도 없고 본론도 없이 처음부터 적용을 시도하는 전도자들도 있다. 반드시 성경해석의 순서를 지켜야 한다. 가령 마태복음 7:1-5절을 가지고 설교를 쓰려고 하든지 혹은 성경공부 교재를 만들려고 할 때 먼저 "비판"이라는 것이 무엇인지 본문 안에서 찾아낸 다음 성도의 생활에 적용을 시도해야 하는데 서론도 없고 본론도 없이 곧바로 "우리는 남을 비판해서는 안 됩니다" 혹은 "우리는 남을 비판하면 비판을 도로 받을 것입니다"라고 하면 듣는 청중 쪽에서 도대체 비판한다는 것이 정확하게 무엇인지를 모른 채 설교를 들을 것이다. 그런고로 주해의 순서에 빠뜨릴 수 없는 것은 서론 본론 그리고 적용의 순서를 지켜야 하는 것이다. 주해를 하는 순서는 이것으로 끝이다.

15. 주해를 하는 전도자가 설교원고나 성경공부 원고를 다 완성한 후 실제 현장에 나가서 설교를 하거나 성경공부를 인도하기 전에 반드시 많은 기도를 하고 나아가야 한다는 것을 말하고자 한다. 필자의 경험으로는 주일 낮 설교에는 최소 2시간을 기도하지 않으면 성령님께서 크게 역사하시지 않는 것을 깨달았다. 그리고 수요기도회 시간을 위해서도 역시 마찬가지로 2시간을 기도해야 했다. 그리고 금요집회나 새벽기도회 때라 할지라도 최소 한 시간 이상 기도하지 않고는 성령님께서 별로 역사하시지 않는 것을 많이 경험했다. 그런데 기도는

미리미리 해도 좋다. 미리 기도한 것을 하나님께서 다 무효화 하시지 않는다. 닥쳐서 기도하나 미리 하루 이틀 전 기도하나 기도의 분량을 채우면 하나님께서 기쁨으로 응답하셔서 성도들이 큰 은혜를 체험하게 하신다. 오늘 한국 교회들이 영성이 약해졌다고 야단이다. 외치는 자는 많으나 생명수가 말라간다고 이구동성으로 아우성이다. 성도들의 영적 생명을 맡은 설교자들과 성경공부 교사들의 위치는 얼마나 중요한지 생각만 해도 참으로 아찔하다.

-갈라디아서주해 끝-

갈라디아서 주해

2009년 9월 30일   1판 1쇄 발행 (기독교연합신문사)
2024년 7월 23일   2판 1쇄 발행

지은이 ┃ 김수홍
발행인 ┃ 박순자
펴낸곳 ┃ 도서출판 언약
주 소 ┃ 수원시 영통구 중부대로 271번길 27-9, 102동 1303호
전 화 ┃ 031-212-9727
E-mail ┃ kidoeuisaram@naver.com
등록번호 ┃ 제374-2014-000006호

   정가 12,000원

ISBN : 979-11-89277-00-0 (94230)(세트)
ISBN : 979-11-89277-08-6 (94230)